ZHONGGUO JINDAI
TUDI WENTI YANJIU

中国近代土地问题研究

张 锋／著

人民出版社

目　录

序

    土地是极其重要的自然资源，是万物之母体。根据彼时彼地的特定社会历史条件，古今中外的执政者都制定出了自认为适应当时当地时代背景的土地制度和政策，其正确错误成功失败与否，皆一一为历史所抉择。

    历史的车轮驶入近代后，由于受到西方资本—帝国主义势力的强势入侵，中国一步步陷入了半殖民地半封建社会的深渊；中国正常的发展路径受到干扰，遭到破坏，政治、经济、社会、文化、思想等均无一幸免。土地问题变得更加复杂多样，扑朔迷离。各阶级纷纷提出符合本阶级利益的主张，执政者也按部就班地制定出代表本阶级利益的土地政策法令，然而，直到中国共产党进行土地改革实行了耕者有其田，真正解决了土地问题。其中，除了中国共产党的成功外，其余均不理想或失败。

    天若有情天亦老，人间正道是沧桑。历史老人是公正无私的。谁解决好了土地问题，谁就能取得民心，就能稳固政权，就能实现科学发展，就能人民幸福安康，就能推动社会进步。

    是为序。

金德群

2014 年 10 月 18 日

前　言

　　中华民族是有着五千年悠久历史的伟大民族,在清中叶以前一直走在世界的前列。中国古代社会经历了原始社会、奴隶社会和封建社会三种性质完全不同的社会形态。在漫长的古代历史上,土地作为最重要的生产资料和生产要素亦为历朝历代统治者所高度重视。其中,土地所有权又最为关键,土地所有制因此也就成为我们剖析洞察历史上所有生产关系和社会关系的一把钥匙。

　　所有制有主客体之分,它昭示的是所有制的不同形式。从主体上看,不同的阶级、集团和个人就会形成和决定不同的所有制形式,如奴隶主所有制、封建地主所有制、小生产者个人所有制等;从客体上讲所有制是在特定的主体所有制形式下不同的生产关系的表现,性质亦不相同;从理论上讲,所有制还通过不同的人与物的关系和人与人的关系决定着不同的所有制的内容。

　　恩格斯在批驳杜林时曾说:"为了证明人要征服自然界就必须事先奴役别人,杜林先生直截了当地把'自然界'转变为'大面积的地产',并且把这个地产——不管是谁的——又立即转变为大地主的财产……如果我们只限于谈大面积的地产的经营,那么,问题就在于,这个地产是属于谁的呢? 我们在所有的文明民族的初期所看到的不是'大地主',——杜林先生在这里也以他惯用的,被他称为'自然辩证法'的那种变戏法的手腕把大地主塞了进来,——而是土地公有的氏族公社和农村公社"①。

显然,在人与物和人与人这两者关系中,最主要的且最终起决定作用的还是人与人的关系。人与物的关系通常表现为人按照自己的意志对物的自由支配,也就是对某些生产资料的自由使用、处置,但仔细研究就会发现这其实只是表面现象,因为人类社会的生产活动归根到底是社会活动,具有明显的排他性。一人自由地支配某物,就意味着他人丧失了该物的支配权,而丢失了该物"所有"的人就不得不与"所有"者所拥有的生产资料生产条件相结合进而接受"所有"者的剥削和支配,如此一来,"不有"者不仅失去了生产条件和生产资料,进而亦失去了劳动,失去了自己本身和"所有"。考察所有制的内容,表面看来是人与物的关系,其实最终乃是人与人之间的关系。

不仅如此,马克思主义认为,在物质生产过程中,人与物的关系和人与人的关系最终都根植于社会制度这一大的时代背景之下,并且最终决定制约了社会制度本身。生产资料所有制(最主要的是土地所有制)是生产关系乃至整个社会结构的基础和主体。

滚滚长江东逝水,历史长河浪花飞。一部中国土地史(包括世界各国土地史)其实归根到底就是土地关系的变化史。为了维护统治阶级的利益,统治者总是利用强权和制度来保障和维护这种关系。下面,就让我们拿着土地所有制这把钥匙,沿着土地制度的轨迹打开中国近代历史上土地问题的大门……

---

① 恩格斯:《反杜林论》,见《马克思恩格斯全集》第 20 卷,人民出版社 1971 年版,第 191 页。

第一章　晚清时期的土地问题

　　我们知道,在人类漫长的古代文明发展史上,勤劳智慧的中华民族是一直走在世界前列的。我们的祖先创造了太多太多足以令后人和世人骄傲的灿烂辉煌。只是到了近代,由于统治者盲目陶醉闭关锁国,由于西方与时俱进迎头赶上,在西方坚船利炮的步步紧逼和轮番进攻之下,古老的中华帝国才从独立自主的封建社会一步步地坠入半殖民地半封建社会的深渊。这是近代中国的基本国情。它决定制约了近代中国前进的步伐和发展的方向,极其深刻地影响到了政治、经济、文化、思想、社会等领域的方方面面。作为封建社会最重要的生产资料和社会财富的土地当然更是深受影响。

　　要想准确分析研究近代中国的土地问题,我们需要了解把握土地问题的"昨天"。下面,就让我们先从中国古代的土地问题入手,来探讨中国近代土地问题的深厚"渊源"……

第一节　中国古代土地问题的简要回顾

一、夏商时期的土地问题

　　这一时期自大禹传启建夏至商纣王自焚灭亡,共存在了千年之久。由于时代久远,历史记载较少,其他资料匮乏,学术争论也较大,要想准确了解历史全貌很难,特别是了解原始氏族部落时期的状况更难,但是透过其中的一些"蛛丝马迹",我们还是能够"窥豹一斑"的。

在原始氏族社会初期,氏族部落散居于黄河流域和长江流域各地。在神农氏的引导下,人们学会了耕种土地、收获粮食。后来,随着强盛氏族部落的侵扰吞并,一些大的氏族部落逐渐形成和发展起来。据《史记·补三皇本纪》和《史记·五帝本纪》记载,当时的大氏族部落有天皇氏、地皇氏、人皇氏、五龙氏、燧人氏等20多个。在氏族部落初期,土地是归氏族部落公有的,氏族部落首领和成员共同劳动收获。除此以外,应该是没有什么其他土地方面制度的,因为这时"生产力"(如果能称为生产力的话)还十分低下,人口稀少,土地广阔。"制度"的产生是基于收获现实的需要,这时根本没有必要也不可能用"制度"的措施来"管理"土地。但是,在氏族社会后期,随着大氏族部落的兼并崛起,对土地的管理问题就渐渐地提上了议事日程。

据说,在"人文初祖"黄帝时期就已实施了"里田制",但"里田制"到底指的是什么,有什么具体内涵仍然是莫衷一是,众说纷纭,甚至连是否存在也很难辨明。但可以肯定的是,到了黄帝的继任者少昊氏时,有了管理农业的官吏,这就是设九扈为九农正,春扈趣民耕,夏扈趣民耘,秋扈趣民敛,冬扈趣民盖藏,棘扈笃果殴鸟,行扈昼为民殴鸟,宵扈夜为民殴兽,桑扈为蚕殴雀,老扈趣民收麦,令不得晏起,以九扈为九农之号,设一人为正,而责以数事,随其宜以教民。① 后来,杰出的部落联盟首领还有尧、舜、禹等。禹是最后一位因"禅让"而即位的部落联盟首领。大约在公元前2070年,随着夏朝的建立,漫长的原始社会至此结束,中国历史的车轮驶进了奴隶社会。

夏商时期是我国农业社会的初期,按照马克思的说法是东方亚细亚式的奴隶社会。在整个夏朝和殷商初期,农业生产还很简单,农业生产率低下,尚处于所谓的"游耕阶段"。这一阶段简陋的木器、石器不

---

① 参见[日]长野郎:《中国土地制度的研究》,强我译,袁兆春点校,中国政法大学出版社2004年版,第44页。

能深耕翻土,先民们还不知灌溉施肥,只能利用表层肥力,因而,愈在发展早期阶段,土地报酬的递减作用就表现得愈为显著。它是早期的农业生产不得不实行游耕以频繁改换耕地的原因所在,也是早期农业生产所面临的一个巨大矛盾。殷在盘庚以前,还没有超越这个发展阶段。① 到了殷商后期农业经济已经处于生荒耕作制的最后阶段,并开始逐步向熟荒耕作制转化。这一时期已有毁林造田之举。而且,毁林的同时还有打猎之功效,这对当时我们的先人都是必需的,二者巧妙地统一了起来。

商朝从公元前 1600 年确立政权至灭亡存了六百余年,这期间在盘庚迁殷前经常不断地处于迁徙状态中,从契到盘庚共迁徙了 13 次之多。这一时期仍处于生荒耕作制阶段。可以想见,在这些不断迁移的时期,每次迁移都与居住地的土地开垦程度有关。到了相对稳定状态的殷商时期,生荒耕作渐次进入熟荒耕作阶段。这时已不再抛荒。这是殷商王朝得以稳固的重要原因。

殷商时代的土地都是殷王室的土地。此时土地所有制形式是以商王为代表的王室贵族所有制。从甲骨文献可以判断,当时的土地不属于商王自己的土地,土地所有制的主体不是商王本人,而是整个商王室奴隶主贵族这个大集体,商王仅仅是这一集体的最主要代表和成员。商王和商王室不仅是土地的所有者,而且还直接经营管理着农田。这时的所有权和经营权尚未分离。奴隶在以商王为代表的奴隶主贵族的监督控制下被迫进行集体垦荒、集体耕种、集体劳作、集体生活,根本没有个人的时间、空间、财产和自由。他们整日在没有公田私田之分的所谓"公社"里"合力以田"。这个时期,在王室内部也没有不同阶层对土地所有权的等级分割和控制。很明显,在一个开垦土地尚且艰难,保持熟地更为不易的时代,土地很难连成大片,且地力亦很难维持,还需连

① 参见傅筑夫:《中国经济史论丛·续集》,人民出版社 1988 年版。

年不断地开荒,连公田私田都没有区分,在这种情况下,更难也没有必要和可能对各个阶层的土地权益进行再分配了。

殷商王朝是当时华夏大地上最大的国家,除此以外,在其统治的周围还活动着众多较小的酋国和部落即所谓的"方国"。这些"方国"被征服前还各自保存着原始氏族部落的土地所有制。他们被征服后,殷商王朝只是将奴隶主贵族土地所有制形式在新的征服区简单地复制出来,使被征服地成为殷商王朝的版图之一,使被征服者成为殷商王室奴隶制社会的一员。

二、周王朝时期的土地问题

统治中国 800 年之久的周王朝在中国历史上具有承前启后的历史作用,特别是西周时期制度创新不断,创立了分封制度、宗法制度、礼乐制度等,特别是把兴起于晚商时期的井田制度加以完善和巩固,在中国古代发展史上具有里程碑式的划时代意义。诚如王国维先生所说的"中国政治与文化之变革,莫剧于殷周之际"①。当然,决定政治和文化的终极原因和基础乃是经济和社会,上层建筑的剧变归根到底取决于经济基础。到了西周,以商王为代表的王室奴隶主贵族土地所有制已让位于领主制封建等级土地所有制。土地由王室所有实际上已变为领主所有。当然,这一变化经历了一个比较曲折的过程。本来,在武王灭纣之时,曾将纣王之子武庚封于原殷商旧地。这样,虽然商王的地位没有改变,虽然武庚仍是商王原有土地所有制的代表,这个堂堂的正统已成为原先偏居西隅的周邦附庸,但是影响决定经济社会发展的最根本要素即商王室奴隶主贵族土地所有制没有触动和变化,所以社会必将不得安宁。果然,武王病逝后,武庚趁机作乱,周公历尽艰辛平叛成功,

---

① 王国维:《殷周制度论》,见《观堂集林》卷十,中华书局 1957 年版,第 451 页。

并反思了封武庚"不绝殷后"的错误,遂"成周即成,迁殷顽民"①。这里的顽民不是指的一般的平民百姓,而特指"商王士",也就是拥有土地的殷商奴隶主贵族阶层。接着分封诸侯,最终确立了领主制封建等级土地所有制。

当然,西周的分封诸侯不是周公平乱之后才开始的,而是从武王灭纣后就已经开始。周武王当时的考虑是欲收一石三鸟之功效。一方面,他的政权建立毕竟是非正统的,有大批有势力之人不服,为了安抚笼络人心,暂时快速稳定天下,他需要这些人的支持和维护;第二方面,在政权建立的过程中,有一大批人立下了汗马功劳,这些人当然应该论功行赏;第三方面,新建立的政权也需要强大的军事力量来加以保护和巩固,在当时将这些人分封到一些特定的区域使这些地方成为他们自己的领地也非常容易调动这些人守卫领土的积极性,所以他"封诸侯,班赐宗彝,作分殷之四物。武王追思先圣王,乃褒封神农之后于焦,黄帝之后于祝,帝尧之后于蓟,帝舜之后于陈,大禹之后于杞。于是封功臣谋士。而师尚父为首封,封尚父于营丘曰齐,封弟周公旦于曲阜曰鲁,封召公奭于燕,封弟叔鲜于管,弟叔度于蔡,余各以次受封"②。没想到事与愿违,特别是武王建周后仅在位二年就去世了,武庚和本来负责监督武庚的管叔、蔡叔、霍叔三叔起兵作乱。周公汲取教训,"吊二叔之不咸,故封建亲戚,以蕃屏周"③。

分封诸侯都要举行仪式,周王根据不同的分封对象所赐的物品也不尽相同,但有两项内容是共同的,也是最重要的,即"受民受疆土",也就是给以受封者土地和人民。具体的分封情况,孟子是这样描述的:

北宫锜问曰:"周室班爵禄也,如之何?"孟子曰:"其详不可得闻也诸侯恶其害己也,而皆去其籍,然而轲也尝闻其略也。天子一

---

① 《尚书·多士·序》。
② 《史记·周本纪》。
③ 《左传·僖公二十四年》。

位,公一位,侯一位,伯一位,子男同一位,凡五等也。君一位,卿一位,大夫一位,上士一位,中士一位,下士一位,凡六等。天子之制,地方千里,公侯皆方百里,伯七十里,子男五十里,凡四等。不能五十里,不达于天子,附于诸侯曰附庸。

天子之卿受地视侯,大夫受地视伯,元士受地视子男;大国地方百里,君十卿禄。卿禄四大夫,大夫倍上士,上士倍中士,中士倍下士,下士与庶人在官者同禄,禄足以代其耕也;

次国地方七十里,君十卿禄,卿禄三大夫。……

小国地方五十里,君十卿禄,卿禄二大夫。……

耕者之所获,一夫百亩。百亩之粪,上农夫食九人,上次食八人,中食七人,中次食六人,下食五人。庶人在官者,其禄以是为差"①。

《孟子》一书是西汉时期修成的,孟子生活的时代距离西周已有700年之久,他的这一观点和历史的真相到底有多少距离值得存疑。普遍的观点是,西周封建领主等级土地所有制的等级是很明确的,就像西欧中世纪的等级分封,也是层层授封的,当然在具体分封形式上略有不同。有的认为是天子封授予诸侯,再由诸侯封授予卿大夫的二级封授,有的认为是天子封授予诸侯,再由诸侯封授予卿大夫,再有卿大夫封授予士的三级封授等。当然,也有研究者认为西周的分封制只有一层等级,仅仅只是天子分封诸侯的一级授封。不管在如何分封方面存在着各种观点,在土地的所有制方面论者的看法则是高度一致的,这就是《诗经》上所描绘的"普天之下,莫非王土,率土之滨,莫非王臣。"

"封"字的本意乃双手捧着土,也就是拿土把疆土边界圈起用以标志识别之意。周王在分封之前,先把欲分封授予某位被封者的土地划分出一个分界线,在界限上栽种上一些树木,把界限内的土地加以简单

---

① 《孟子·万章下》。

整理,然后才开始正式赐田授民。诸侯受封以后,再根据自己领地和欲再次分封对象的实际情况加以通盘考虑,以诸侯为中心,按照地理的远近和不同的等级分封在自己的周围;以此类推,获得受封的领主根据不同的等级再对自己的领地加以层层封分,直到最低一层的领主;最低等级的领主最后则将土地分配给农民加以耕种。这样,在土地所有权上,西周所有的土地都归周王所有,但这只是名义上的,在具体使用和管理上都归各级大大小小的诸侯领主。当然,这些受封者的下一级基本都是授封者的同姓子弟、姻亲和少数的异姓功臣,他们至少在短时间内都会对上一级领主表现出忠诚。而高高在上的周王的权威在此时也是不容置疑和不能蔑视的。这些封地都是能够传承的,这就是《礼记·礼运》所说的"天子有田以处其子孙,诸侯有国以处其子孙,大夫有采以处其子孙,是为制度。"而各级领主去世后,则采取嫡长子继承制。

我们知道,天子、诸侯及各级领主此时已不再亲自"肩挑手耕",在田地里劳作的是最下层的贫民。这些劳动者是如何具体进行劳动的呢?这个问题在学术界同样亦存在着分歧,但是在从事劳动的组织形式上大家的看法还是很一致的,即农民被有秩序地组织到"里"和"邑"里耕作和劳动。一般说来,用今天的标准来衡量,"里"是指城市里的区域范围,"邑"是指农村里的区域范围。这种组织此时应属于马克思所论证的"农村公社"时期。农村公社本来是马克思构建的一个重要理论范畴,是"亚细亚生产方式"理论的重要内容。他在 1881 年 3 月 8 日给俄国早期社会主义运动活动家、孟什维克领导人维拉·伊万诺夫娜·查苏利奇的复信和四个复信草稿中集中详细地阐述了这一思想。[①] 他认为,原始公社有各种类型,氏族公社是原始公社的原生类型,家长制家庭公社是次生类型,农村公社则为再次生类型,并且是古

---

① 参见马克思:《给维·伊·查苏利奇的复信草稿》,见《马克思恩格斯全集》第 19 卷,人民出版社 1971 年版,第 432—450 页。

代形态的最后阶段和最后时期。从性质和特点上看,西周时期的农村公社符合马克思的这一理论特质。当然,此时的"里"和"邑"还保留着十分浓厚的家长制家庭公社的特征,"里"和"邑"里的居民血缘关系还相当浓厚,但是,不容置疑的是,这时地缘关系已经和血缘关系密切结合起来并日益加强。在殷商家长制家庭公社时期,氏族名称、居地名称和公社名称往往是三者合一的,而在西周初期,已有证据表明这三者开始分离。

　　西周早期的青铜器上曾发现有陵氏家族和龚氏家族共用一个居住地徽号的史实,这充分说明了在一个农村公社里至少已经存在着两个或者两个以上的氏族,他们其中已经有一个或者一个以上的氏族已经是氏族名、居地名和公社名分离开来了。① 除此以外,从出土的西周墓葬来看,此时已出现了族葬和混葬结合在一起的现象。一个墓地通常是由不同的家族墓群组成,而一个墓群又往往由多个核心家庭的墓地组成,这充分说明了在一个居住地区已经混住着属于不同血缘关系的家族,而在一个具有血缘关系的家族里处于核心家庭的个体家庭已经崛起。这些事实都充分说明了血缘关系在一步步地淡化,地缘关系正在逐步加强。而且,更重要的是,从周天子任命"国家级"管理"里"和"邑"的官吏开始,逐层皆有专门管理"里"和"邑"的各级官员,直至管理"里"的"里人"、"里君",即农村公社的最基层管理人员;管理"邑"的官吏称为"师晨"、"师酉"、"询"等。也就是说,"里"和"邑"已从原来由自己管理的公社组织蜕变为周王朝最基层的政权组织。因为西周兵民合一,所以它也当然变成了周王朝最基层的军事组织。显然,"里"和"邑"已从具有高度社会一致性、组织一致性、劳动一致性和意识形态一致性的以血缘关系为内容和纽带的家长制家庭公社演变为以地缘关系为内容和纽带的周王朝国家政权的基层组织,也就是氏族首

---

　　① 参见俞伟超:《中国古代公社组织的考察》,文物出版社 1988 年版,第 50—51 页。

领已经国家政权官僚化,这些事实充分说明了这一时期的"里"和"邑"已属于"农村公社"阶段。

　　提起周王朝的土地问题,我们都会不由自主地想起井田制。井田原是指耕用之田,是指形状像井字的田地。它有天然形成的,但更多是由人为修造的道路和渠道分割而成的。本来,井田只是一种土地表面自然存在的形状而已,井田制在当时不是一种社会制度,也不是一种土地制度,更不是土地所有制形式。但是现在普遍地已经将井田制作为商周时期一种土地所有制形式了,作为土地国家所有的代名词了。

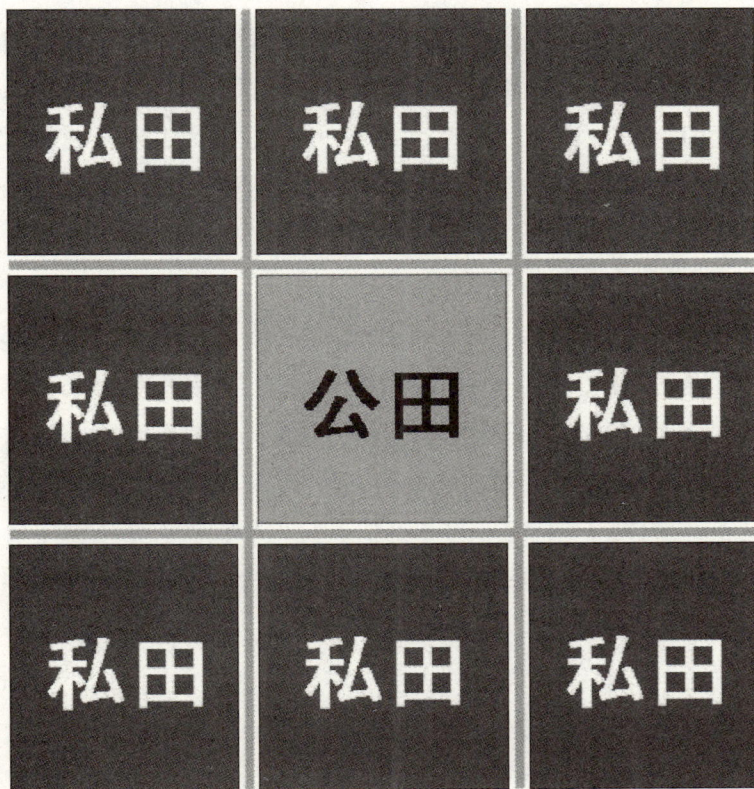

私田	私田	私田
私田	公田	私田
私田	私田	私田

井田制示意图

　　值得注意的是,殷商时期的井田上是没有公田和私田之分的,全部井田都属于公田,全体公社社员集体在井田里劳动。而周王朝时期井田上的土地名义上虽然都归周天子所有,但使用权是归诸侯和大小各级领主的。井田已有公私田之分。井田的中间是公田,有农村公社全体成员集体耕种;周边地区是私田,由家庭耕种。公田则分为两类,一是作为领主领受的国家公田,一是作为公社集体所有的公社公田。公私田的划分是适应当时经济社会发展的现实需要的。殷商末期各种矛盾尖锐,社会动荡不安,人们怨声载道。公私田制度的实施有利于缓和阶级社会矛盾,融合各种关系。公田的细致划分既考虑到国家的利益,也考虑到诸侯、各级领主和农村公社集体的利益;私田的划分更有历史性的意义。随着经济社会的不断发展,作为最底层的、人数最多的同时也是最重要的生产劳动者的农村公社社员的地位、作用、力量和要求越来越不能忽视。私田的确立有利于公社社员营建个人家庭经济、调动个人和家庭的生产积极性,有利于社会和国家的稳固和发展。

　　到了东周即春秋战国时期,不管是政治还是经济还是文化都发生了翻天覆地的变化。这一时期,周天子的绝对权威受到挑战,诸侯崛起和争霸;土地所有权单一的周王土地所有制遭到破坏,土地兼并日趋激烈,土地的私人所有权大量出现并快速发展,思想文化上各种学说纷纷创立和传播,出现了"百家争鸣"的局面,这又直接导致和快速推动了政治和经济社会的巨变和飞速发展。在这种情况下,天子诸侯间的关系、诸侯之间的关系、领主之间的关系、人与人之间的关系、社会生产关系等都在发生着激烈的嬗变。从东周初期郑国首先向周王发难开始,各诸侯国和大小领主间战争不断。这些战争也多以土地的纠纷交涉和争夺为缘由。据不完全统计,《春秋左氏传》中关于土地的交涉就有争田、夺田、抢田、赏田、贿田、易田、还田、取田等五六十次之多,动辄兵戎相见者更是屡见不鲜。同时,各国纷纷变革确立新的土地所有制。公元前 645 年,晋国晋惠公"赏众以田,易其疆畔"①,把公田和属于诸侯和各级领主的荒田交由普通农民耕种,包括国人和平民在居住地开垦的田地,都承认其为私人所有;公元前 594 年鲁国施行"履亩而税"的"初税亩",亦承认了私人土地使用权的合法性;公元前 252 年,魏国废除了"仕者世禄"的制度,确立了土地国家所有、私人使用的制度。当然,比较彻底的就是众所周知的秦国商鞅变法。公元前 356 年,秦孝公任用商鞅开始实施变法。变法的最重要内容就是"废井田"、"开阡陌封疆"、"民得买卖",也就是承认了土地自由买卖的合法性。

马克思在论及资产阶级的土地所有权时曾认为:"在每个历史时代中所有权以各种不同的方式,在完全不同的社会关系下面发展着。"②到了春秋战国时期,社会剧烈动荡,各种社会关系也在剧烈动荡,新的土地所有制的出现和土地所有权的变革也是历史的进步和必然。领主逐渐向地主过渡。随着这些关系的变化和优胜劣汰,适应时代的强者最终胜出。秦王嬴政抓住了这一难得的历史机遇,顺势而为在战国七雄中独霸鳌头,终于成就了一统天下的千秋大业。令人忍不住扼腕赞许!

三、秦汉魏晋南北朝隋唐时期的土地问题

秦朝通过商鞅变法"废井田开阡陌",允许人民进行土地买卖,再加上其他措施的有效实施,很快强大起来并最终统一了中国。当然,由于秦朝存在的历史短暂且处于剧烈的动荡中,在她统一后的有限统治时间里土地关系并没发生太多太大的变动。虽然秦始皇用强大的武力摧毁了六国的政权统治,六国的土地也随着主人的失败自然要被国家收回,但是,很显然,这只是形式上的措施而已,事实上这些大小封建领

①　《左传·僖公十五年》。
②　马克思:《哲学的贫困》,见《马克思恩格斯选集》第 1 卷,人民出版社 1995 年版,第 177 页。

主的实力依然一直存在着而且比较顽固地对其旧有的领地施加着影响,对土地上的农民还比较牢固地控制着,所以,为了彻底铲除各诸侯国大小领主的残存势力,秦朝统一后就加大了在统一前就已实施的迁徙富豪一族的措施力度,同时亦大量迁徙人民。《史记·始皇本纪》说秦统一后"徙天下豪富于咸阳十二万户",秦始皇二十八年又"徙黔首三万户琅琊台下"。刘邦建立政权后将这一有效措施加以继续实施,如在高祖九年(即公元前 198 年)"徙齐、楚大族昭氏、屈氏、景氏、怀氏、田氏五姓关中,与利田宅"。通过这一行之有效的措施,存在于各地的领主残存势力得以彻底清除,依附于领主土地上的农民也得以解放。秦始皇三十一年国家令民自实田,也就是在法律上承认土地属私人所有,最终确立了土地的私有化制度。

商鞅变法时期的废井田开阡陌示意图

当然,最重要的,特别值得一提的是,秦朝虽然历史短暂,但是不管是从经济基础还是从上层建筑来看他都为以后两千年封建社会的地主经济奠定了稳固而坚实的基础。诚如谭嗣同所言:"秦以后治乱损益不一,其大经大法,阅汉晋隋唐宋元明,未知有改。"①

归根到底,土地所有制关系的演变是和历史的进程特别是政权的变更息息相关并受其制约。汉代强有力的中央政权的建立为土地关系按照统治者意愿的确立打下了坚实的基础。西汉初年,由于秦末农民起义和激烈的社会动荡,人民流离失所,大量土地闲置荒芜。为了收拢民心、恢复生产、安定社会、稳固统治,汉初即诏令天下凡原来有爵位者只要回到原地,原来的田地和居宅就复归其所有;有高爵而无田宅可复者当地官府则要划拨一部分土地相予。"相聚保山泽"者只要回归原籍申报户口,地方政府就应按照劳动力或家庭为单位给以土地。当然,很明显,这个规定等级还是很森严的,与爵制密切相关。有爵者地方官吏就应从优给以土地和住宅,七大夫以上者还能得食邑,七大夫以下者则免除徭役;而普通老百姓仅仅只是按照劳动力或家庭为单位准予占田复业而已。

本来,弱肉强食,在井田制被破坏后,土地兼并从来就没停止过,贫富分化也愈演愈烈。随着西汉政权的稳定和经济社会的恢复发展,这一现象亦越来越明显,甚至一些地区越来越严重起来,这引起了有识之士和统治者的关注和重视,"限田"思想应运而生。

最早提出限田主张的是董仲舒。他认为,秦朝之所以灭亡,一个原因是"用商鞅之法,改帝王之制,除井田,民得买卖,富者田连阡陌,贫者无立锥之地",而"汉兴循而未改";他认为"古井田法虽难卒行,宜少近古,限民名田,以赡不足,塞兼并之路"②。

当然此时的汉武帝正忙于四处征战,拓展疆域,醉心于此等所谓的建功立业,没有采纳董仲舒的主张。汉哀帝即位后,辅政的师丹也提出了"限田"的主张。这一次,汉哀帝很认真,将师丹的建议交给公卿讨

---

① 谭嗣同:《治言》,见《谭嗣同全集》上册,中华书局1981年版,第104页。
② 《汉书·食货志》。

论。丞相孔光、大司马何武联合提出了看法,认为诸侯王、列侯、公主和一般平民百姓在占田方面限额是一样的,都不能超过 30 公顷,然而,这一想法亦没有得以实施。王莽建立新朝后有感于土地兼并的日趋激烈,断然采取了所谓的"王田令",仿照井田制,强令"今更名天下田为王田,奴婢曰私属,皆不得买卖。其男口不盈八,而田过一井者,分余田予九族邻里乡党。故无田,今当受者如制度"①。

　　"王田令"颁布后,王莽采取高压手段强制推行,甚至违反者可以处死。但是,由于这一政令脱离实际,再加上王莽"非正统性"的政权存在的时间较短,最后王莽不得不撤销了这一法令。

　　东汉初年,有感于土地的不实,在建武九年(公元 39 年)光武帝下令核查天下的土地数量,这就是所谓的"度田"。"度田"的要则是需有"力堪农事者"即必须有劳动力能够从事劳动才能占田,主要目的是为了防止多占土地、避免漏税。然而对于这一措施,地方官吏阳奉阴违、百般阻挠,并趁机搜刮民脂民膏、鱼肉百姓,再加上其他一些原因,最后汉武帝不得不放弃初衷,这一诏令无疾而终。阻挠"度田"成功的地方官吏和东汉世家大族对土地的兼并更加猖狂,到了东汉中后期,豪强地主的占地日趋严重。这些豪强多是士大夫出身。我们知道,汉武帝"罢黜百家,独尊儒术",光武帝雄心勃勃中兴大汉,振兴儒学。当时传授儒家学说、学习儒家思想是一种时尚和潮流,知名士大夫周围都聚集了大批的学子和门徒。他们需要也有能力大量购买土地。他们中的一大批人就是这样渐渐形成了豪强地主和豪强世家。东汉中后期世家大族大量占有田地是这一时期土地所有制关系的一个重要特点。

　　魏晋时期的土地关系可圈可点的当有曹魏的屯田。屯田在曹魏以前就长期存在着,但是由于种种原因实施的效果并不明显。曹操实施的屯田政策则完全不同。他最为后世所称道的是有效地解决了迫切的

————————

① 《汉书·王莽传》。

粮食需求,当然这也是严峻的现实逼出来的。据史料记载,当时曹操收降了青州三十万黄巾军,连带家属男女老幼超百万之众,如何解决这些人的吃住问题也成了当务之急。曹操更从"修耕植,蓄军资"的战略高度考虑重视制定策略。他基本上是按照耕者有其田的思想给他们平均分配空荒地,并且还适当给予种子和耕牛。曹操的屯田政策满足了人民对于土地的渴求,收效明显。此后,黄巾军来降者甚多。从这点来看,曹操的屯田具有划时代的意义。

南北朝时期值得关注的是北魏的均田制。均田制是南北朝时期和隋朝及唐朝初期(至唐德宗建中元年(780年)施行两税法止)的基本土地分配制度,在中国土地制度史上是一个里程碑式的标志。由于长期的战乱,土地大量荒芜和闲置,无主地和无劳力开垦者众多。劳动力和土地分离严重,土地所有权、占有权和使用权十分混乱;同时,地方官吏和豪强地主大肆掠夺土地,政府掌握的土地和人口大量减少,政府税收急剧下降,为此,北魏孝文帝太和九年(485年),根据汉人李安世的建议,北魏在已实施多年的"计口授田"制度的基础上开始实施均田制。

首先,官府将荒芜土地、未开垦土地、无主土地及产权不确定土地或虽然确定但主人缺乏劳动力耕作的土地收归国家所有,然后再将这些土地分配给农民。具体做法是:男子超过15岁者每人授予露田40亩用于种植五谷杂粮,女子减半授予20亩。由于露田都是荒芜土地,必须休耕轮作,所以授田时一般根据休耕周期增加一倍或二倍,即所谓的"倍田"。如果拥有奴婢和耕牛,则同样可以授田。奴婢的授田数量和普通人一致,且不限人数,但土地应归主人。4岁以上丁牛每头授予露田30亩,每户限授4头。所受露田不允许买卖,年老身死后或超过70岁者必须归还给国家。对于初次授田者,男子每人还另外授予桑田20亩,必须在3年内栽种上规定的树种如桑树、枣树、榆树等,桑田是世业田,离世后不用归还,可以世袭,但限制买卖。在不适宜种桑的地区,男子则每人另授麻田 10 亩,女子为 5 亩,奴婢亦同,按露田法还受。如果是新来的定居户,还应给以宅基地,普通人 3 口 1 亩,奴婢 5 人 1 亩,宅田也属世业田,可以世袭。桑田虽为世业田,但须按实有丁口不断调整,买卖受到严格限制。"盈者得卖其盈,不足者得买所不足,不得卖其分,亦不得买过所足"。原有桑田已超过应授田数的,不准受买,也不必归还,超过应授额部分可以出卖;没有超过应授额的,可以购买不足部分。对于老少残疾之家,11 岁以上及残疾者按照正常男丁标准减半授田,超过 70 岁者还不用返还所授之田,有操行之寡妇即使免除课税亦应授其妇田。在土地充足之地,严格限制人口的自由流动,但可以租用官府授田以外的荒地耕种;缺少之地农民可以向荒芜之地迁徙并授田。如果是犯罪流徙,或者家绝无后者,则要将所授之田收回以备再授受之用。对于地方守吏,则按官职给以公田即职分田,不能买卖,离职时移交下一任,具体数额为刺史 15 顷,太守 10 顷,治中、别驾各 8 顷,县令、郡丞各 6 顷。

孝文帝的均田制实施后效果明显,此后至唐德宗期间历朝历代均基本沿用,只是内容略有调整。北齐北周取消了倍田的授予,但实际所授之田数额并不低。北周时规定一夫一妻授田 140 亩,单丁授田 100 亩,受田年龄为 18 岁,退田年龄为 65 岁。奴婢授田人数受到了限制,按照官职大小限定在 60—300 人之间。隋朝规定的所授露田、桑田之数同前朝,但也有特殊之处,即在狭窄之地每丁仅授 20 亩,但对官僚贵族非常照顾,职分田虽为 1—5 顷,但永业田则可多达 100 顷。到了唐代,则明确规定女人一般情况下不授田,取消了奴婢和耕牛的授田,土地的买卖限制亦没有前朝严格,因为迁徙或因为贫穷不能安葬者可以出卖永业田,从狭窄之地迁往宽广之地者准许出卖口分田也就是北魏时所说的露田。北朝隋是以户为单位授田的,唐朝则以男丁为单位授予。官僚贵族的永业田和赐田可以自由买卖,但各级官吏和官府的职分田和廨田则归国家所有,只是职分田的收入归官吏个人,而廨田的收入只能供官府之用。

均田制虽然明令禁止土地买卖,但其实早在北齐之时就遭到破坏。后来买卖之风日盛,由于种种原因失去土地的农民日见增多,他们或被迫流落他乡,或依附于地主充当佃户,同时贵族官僚地主纷纷吞并土地,政府控制的土地越来越少,可供授田的公地日渐稀缺。均田制事实上已无法继续推行下去。于是,在780年,宰相杨炎主持制订了"两税法",也就是用征收钱币的方法取代此前的征收粮食、布匹等实物为主的"租庸调法"。均田制正式退出了历史舞台。

唐代后期土地的买卖已逐渐放松并彻底放开,国家事实上已不再禁令和干涉,人们甚至可以像买卖货物那样自由交易。敦煌出土的土地契约文书对此有很详细的记载:"官有政法,人从私契,两相平章,书指为记","天倾地陷,一定以后,更不许反悔。如有再生翻悔,罚麦九硕,充人不悔人,恐人无信,两共对面平章,故立私契"①。这些民间契约清晰地表明只要买卖双方自愿,土地就可以自由买卖成交,国家已不再限制。到了唐代天宝年以后,"土地买卖成为确定不移的制度,买卖方式,不仅是社会公认的正常方式,也是法律承认的唯一方式。所以唐代可以说是在整个土地买卖的历史中,由形式限制到完全无限制的一个转变过程"②。

四、宋元明清时期的土地问题

这一时期一个明显的变化是土地所有权的本质演变。如前所述,在殷商时期,土地是归以商王为代表的王室贵族集体所有。土地不属于商王自己的土地,土地所有制的主体也不是商王本人。商王仅仅是这一集体的最主要代表和成员。奴隶也没有土地的使用权。西周时

---

① 《敦煌资料》第一辑,中华书局1961年版,第304页。
② 傅筑夫:《中国经济史论丛》,三联书店1980年版,第141页。

期,土地的所有权性质就发生了根本变化,天下的土地已经都归周天子所有了。土地的国家所有权是绝对的,至高无上的,不能置疑的,不容挑战的。各级大大小小的领主和平民只有使用权。"普天之下,莫非王土"的思想顺理成章,深入人心。而到了春秋战国时期,这一思想就受到了挑战和破坏。周王室衰萎,众诸侯强盛。周天子已权威不在,作为周室权利象征的土地国家所有制当然亦不能幸免,在某些历史条件下甚至还会首当其冲。一些诸侯国在某种程度上某些范围内纷纷承认土地的私人所有,土地的私人所有制逐步得以确立。这样,土地的所有制就由单一的国家土地所有制结构渐渐演变为国家所有与私人所有二者并存的局面,也就是土地所有制由一元制变成了二元制。

当然,起初,这种演变是缓慢的,有限度的,对土地的私人所有的承认甚至还给人以羞羞答答的感觉,但是后来就呈现出加速度的趋势。不过,就是在最后明确承认土地的私人所有权以后,土地的国家所有制长期以来始终是绝对的,处于主导地位的,国家通过法律和权利给予极力维护。对于私人土地所有制,则千方百计想方设法通过各种办法和途径加以限制甚至抑制。在这种不断进行的博弈中,作为统治者其实有时是很痛苦的,抉择是很艰难的。经济社会要发展,显然不能限制过度,需要调动最广大的劳动人民的积极性,这就需要运用、使用、放开土地的私人所有,限制过多当然不行。但是,在那个时期,土地的国家所有制不容动摇的思想在统治者和一部分人那里还根深蒂固,这种认识短时间内也很难改变。就是在这种矛盾彷徨犹豫不决中,历史的车轮驶进了宋代。当然,在这种博弈和对决中,土地的国家所有制逐渐弱化,土地的私人所有制则不断强化。

到了宋代,结果就是,国家不在主持制定颁布施行全国性的土地制度了。至此,国家对土地所有权的态度彻底改变,国家不再追求对土地所有权的绝对控制,开始放开了对私人土地所有权的限制。而且,不但不加以限制,反而加以保护。国家和私人控制争夺土地所有权的斗争告一段落。

宋代是一个对官吏特别优待的朝代,这当然与赵匡胤"陈桥兵变"的政权取得方式有关。赵匡胤"杯酒释兵权"时占主导地位的思想就是,只要不对皇位构成威胁,大臣官吏尽可能地享受生活吧。此风已生可以想见蔓延之快、影响之大和危害之重了。土地作为最重要的生产资料自然就成为有实力者觊觎的对象和目标。统治者当然很清楚这一点,所以在土地所有权这个问题上还是相当严格的,公田就是公田,私田就是私田,国家严格区分和保护。对于公田,不仅不再均田,也不无偿给予贫民耕种,而是由官府出租。对于私田则严加保护,本来,在唐代后期,土地高高在上的国家所有权凌驾于土地使用权的状况早已荡然无存。为了保护土地的私人所有,唐末就规定保护因各种原因流落他地的农民土地私人所有权,在保留期内返回的农民仍然拥有原来的土地所有权,并且保留期一再延长。一开始是两年,后来又延长到五年。到了宋代,北宋仁宗又延长至十年,南宋孝宗更是延长至二十年!

虽然如此,并没能阻挡住土地私人兼并和集中。从北宋到南宋,国家所掌握的土地越来越少,平民百姓的私人土地越来越少,地主的私人土地占有却急剧膨胀。据统计,北宋时期,国有土地大约仅占全国垦田总面积的 4.75%,到了南宋则下降为 4%;地主所占有的土地则呈明显上升趋势,中下层地主大约占地 20%—30% 之间,而大地主占地面积则从北宋时期的大约 30%—40% 扩大到南宋时期的 50%。地主所占全部土地的比重大约为 60%—70% 之间,最高可能达到 75%。与此形成鲜明对比的是自耕农的土地数量不断减少,北宋时期最高不超过 40%,南宋时已降为 30% 以下[①]。土地兼并激烈程度由此可见一斑,贫富分化和阶级矛盾激烈尖锐程度亦可想见。

宋代之所以不再制定全国统一的土地制度,实属无奈之举。国家

---

① 　参见漆侠:《中国经济通史》(宋代经济卷),经济日报出版社 1999 年版,第 387 页。

所掌握的土地资源越来越少了,私人所有权在不断发展,国家想控制土地资源已难实现,实在是心有余而力不足也。早在宋初之时(984年),国子博士李觉就曾直陈当时土地的严重不均和贫富分化:"地各有主,户或无田,产富者有弥望之田,贫者无卓锥之地,有力者无田可种,有田者无力可耕。……富者益以多畜,贫者无能自存"①。

　　面对日益激烈的土地兼并和严重的土地问题,有识之士和统治者当然不会袖手旁观。有人提出了"限田"的主张。宋代苏洵的观点是:"吾欲少为之限,而不禁其田尝已过吾限者,但使后之人不敢多占田以过吾限耳。要之,数世富者之子孙或不能保其地以复于贫,而彼尝已过吾限者散而入于他人矣;或者子孙出而分之以为几矣。如此则富民所占者少而余地多,余地多则贫民易取以为业不为人所役属。各食其地之全利。利不分于人而乐输于官"②。元代赵天麟的限田方法是"凡宗室王公之家限田几百顷,汉族官民限田几十顷。凡限外退田者赐其家长空名告身,每亩几顷官阶一级,不使居实职。散欺限外田者,坐以重罪。至限外田有佃户,就令佃户为主,未种者以无田之民占而耕。……占田亦不得过限;无田不愿占者听。以后有卖田者,买田亦不得过限。私田既定,乃定公田"③。这些方法有时会给人以书生之见的感觉,但确实也是社会现实的拯救之措,统治者亦不会忽视。针对严重的土地现状,宋代先后出台了"方田法"、"推排法"和"经界法"。"方田法"的始作俑者是有神童之称的郭谘。郭谘时任大理寺丞。当时他的好友杨偕任河北转运史。河北肥乡被视为河北的"粮仓棉海",但是按照田赋征税底册根本完成不了征收任务。当地贫富悬殊严重,土地大量集中在少数官吏、地主手中,但是他们隐瞒土地和人丁,逃避各种税赋,大量的苛捐杂税由实际上没有负担能力的穷苦百姓承担。田赋征税底册和

---

① 李焘:《续资治通鉴长编》卷27,《雍熙三年秋七月甲午》。
② 苏洵:《嘉祐集》卷5,《衡论·田制》。
③ 《历代名臣奏议》卷112。

事实严重不符。对此杨偕一筹莫展。郭谘得知后表示愿意相助，杨偕大喜过望，立即奏请宋仁宗派郭谘到肥乡征收赋税。仁宗不仅同意了，而且还加派秘书丞孙琳为其副手协助郭谘摄肥乡令。

宋仁宗当时这样痛快，其实是有他的用意的。因为赋税的征收难和不符事实是一种普遍现象，是到了该认真解决的时候了。他是想让郭谘大胆地实验一番并取得经验进而推行至全国。郭谘到任后果然不负众望。他深入民间，摸清底细，断然决定重新丈量土地，根据土地的具体占有情况缴纳赋税。每年9月，官府派人丈量土地，再根据土地的色泽、厚薄和肥瘠将土地划分为五等，不同的等级税赋不同。次年3月将丈量统计结果张榜公布，公布后无异议者照结果纳税。据《肥乡县志》记载，当年就免除无地而有租税者400家，纠正有地而无征租税者100家，收取逃漏税款80万。宋仁宗大喜，命郭谘负责继续在蔡州、亳州等地试点推行。宋神宗熙宁五年（1072年），王安石实行变法，把郭谘的"方田法"作为一项重要内容加以补充后推广，首先在京东路实行，以后又逐步在陕西、河北、秦凤等路推行。这些地方丈量土地多达2484349顷，占全国垦田面积的54%。然而，这一措施当郭谘在肥乡实行之时就阻力甚重，豪强官吏反对激烈，后来推行时也是时断时续，最后是不了了之。王安石推行的方田法阻力之大更可想而知了。到1085年，这一措施就基本停止实施；到1120年，则彻底废除。已经清丈的土地仍然按照旧法纳税。方田法退出了历史舞台。

"经界法"是在南宋高宗绍兴十二年（1142年）由李椿年奏请开始实施的。李椿年被任命为两浙转运副使专职此事。他在平江府（今江苏省苏州市）设立了两浙转运司措置经届所作为办事机构。后来，为了加快推进这一举措，高宗又任命李椿年权户部侍郎，两浙转运司措置经届所旋即更名为户部措置经届所。孟子认为："夫仁政，必自经届始"①。

---

① 《孟子·梁惠王上》。

简单地说,经届就是田地的界限。孟子认为清查和核实清楚各地和全国的土地占有状况至关重要。正是基于这一思想,李椿年极力主张和推行"经届法"。他认为当时经届不正有十大危害,这些危害也都是当时的社会现状和急需解决的问题:"一、侵耕失税,二、推割不行,三、衙门及坊场户虚供抵当,四、乡司走弄税名,五、诡名寄产,六、兵火后税籍不实,争讼日起,七、倚阁不实,八、州县隐赋多,公私俱困,九、豪猾户自陈诡籍不实,十、逃田税偏重,无人肯售"①。

正是问题如此严重,上至帝王,下至忧国忧民官吏才高度重视。"经届法"先在平江府试点,然后推广至两浙,最后再推广至全国。"经届法"的推行触动了豪强官吏的利益,遭到了严重的阻挠,甚至有些地区竖起了李椿年的墓碑。最后,宋高宗也招架不住了,只好免去李椿年的户部侍郎职务,不再过问经届之事,并令户部在三个月内办理完毕经届事宜。"经届法"亦半途而废。

明洪武十四年(1381年),为了摸清全国土地的真实情况,朱元璋下令实行"鱼鳞图册"土地登记制度。鱼鳞图册是一种登记土地所有权的登记簿册,上面把田地山林水塘等逐次排列绘制在一起,标注出其编号、所有人田亩数量、四至和土地等级等,每册前面还有总图,形状特别像鱼鳞,故称鱼鳞图册。它出现于宋代婺州等地。

朱元璋在建立政权之后就立即下令全国丈量土地。当时,明代有"赋役黄册",相当于今天的户口簿,因其封面是黄纸故名。上面详细记载了该户的姓名、年龄、籍贯、丁口、田宅和资产等。丈量的土地实际数量和由此核定的田赋数量都要记载在黄册上。黄册一年一查,十年一造,一式四份,户部、省、府、县各存一份。清丈的土地除了记录在黄册,还要单独编成鱼鳞图册。它分分图和总图。分图是以田块为单位编制的,上面绘制了田块的图形,注明了其位置、大小、四至、地形和土

① 参见[美]保罗·肯尼迪:《大国的兴衰》,中国经济出版1989年版,第119页。

质等级等,按照千字文的顺序进行了编号。此外,图上还专设了"分庄"一栏,供父子兄弟分家和土地买卖交易时记载之用。鱼鳞总图是由分图的田块组成的,标明了田块的编号、面积,周边的山川、河流、道路、桥梁等分布情况。各村的鱼鳞图册编制好后由乡里汇总成全乡的,各乡汇总后再呈送到县里由县汇总成全县的,以此类推,最后呈送到户部。户部根据黄册和鱼鳞图册指导监督全国的税赋征收。

为了保护农民的私人土地使用权,增加税赋,朱元璋在开国之初(1370年)即诏令全国鼓励民众开垦荒地。凡开垦者不限田亩数量皆免除三年租税①。还颁布了法律详列具体保护措施。对于因战乱造成的抛弃田地,已实际耕种者即归其所有,如果田主归来,则不再保护,由官府在附近寻找荒田给予补偿。归来的田主如果原来占田较多,但返回旧地时人丁减少,则不能按照原来的土地占用数量要求补偿,只能根据现有人丁尽力开垦荒地而已;如果返回时人丁增多原来占有田地较少,则由官府按照人丁数量拨付②。也就是说,朱元璋对于经过元末剧烈社会动荡后的土地变动现状给予了部分肯定和承认,对于地主官吏的大量占田给予了部分否定,而对于普通民众的土地所有权和使用权则给予了承认和保护。这是适应了元末明初的经济社会现实,也是鱼鳞图册土地登记制度实施的目的和意图之一。到1393年,全国共清丈土地八百五十余万顷。然而,大小豪强地主贪官污吏隐匿私田,逃避税赋,盘剥百姓,人民纷纷逃离故土,全国登记在册的土地日益减少。

针对鱼鳞图册的有名无实,万历年间的内阁首辅张居正实行了"一条鞭法"。具体做法就是将按照田地征收的赋和按人丁征收的役合并,将役也按田地征收,即"量地计丁",并且只征收银子。征收的具体工作也由地方的里长保甲之类"土皇帝"改由地方官吏直接负责。

---

① 参见《明史·食货志》。
② 参见《明太祖实录》卷143。

当然,最主要的做法也是最重要的一点就是重新丈量土地。这一方法其实早在张居正推广以前就在部分地区实行,只是进展缓慢,阻力重重,收效不大。张居正下大功工夫清丈土地后才迅速在全国推广开来。当然个别地区甚至直到崇祯时期才开始实施。"一条鞭法"的确立前后历经百年,最终才成为一项稳定的制度,足见其阻力之大。

满族人在入关之初大肆圈占土地,直到康熙八年(1669年)才废除了圈地令,实行"更名田法"。清政府建立之时,在直隶、河南、山东、山西、湖北、湖南等地存在着大量死亡、逃匿的明末藩王和豪强地主的废弃土地。其中有很多已被农民耕种,也有当地豪强占领的,也有被满人圈为旗地的。针对这种情况,康熙帝诏令将这些土地无偿给予原种农民耕种,农民只需照民田纳粮即可。这就是更名田。同时,康熙还鼓励垦荒,并给予一定年限的免税。且免税的年限一再延长,最后从三年延长至十年。除此以外,康熙帝还实行了"滋生人丁永不加赋"和"摊丁入亩"的政策。前者是在康熙五十一年(1712年)实行的,是为了缓和社会矛盾,是对事实上无法按照实有人口征收税赋的承认。后者是指将丁银摊入田赋中征收,地丁合一,把丁银和田赋合并为只按田亩为唯一的参照征收对象。目的是为了缓解土地兼并,减去普通民众的负担,增加政府收入。摊丁入亩政策在康熙时期只在个别地区实行,真正大规模地在全国陆续铺开实行是从雍正二年(1724年)开始的,最后成为清政府基本的税赋制度。清政府的土地问题在下一节中还将加以论述。

第二节　清政府的土地政策

一、圈地令和旗地土地所有制形式

(一)努尔哈赤的"计丁授田"

满族人所占有的大片土地一般称为旗地。其实,早在他们入关前就通过大量圈占土地而形成旗地这一特殊的土地所有制形式了。明天启元年(1621年),满族这个塞外民族占领了辽沈地区,并从辽阳迁都沈阳。努尔哈赤颁布了"计丁授田"令。究其实质,乃是后金政府利用国家权力机器强制推行的一种土地制度。具体做法是先将明朝官吏地主和汉族人民的土地收归国家所有,然后国家再将这些土地重新分配。当时主要分给二类人,一类是满族的贵族、奴隶主和士兵,这是最重要的目的,以做八旗军队的后勤保障之供给;另一类就是普通平民百姓,包括汉族人和追随后金政权迁来辽沈地区的自由民。这一政策的直接结果就是造成了两种性质完全不同的土地所有制。一种是贵族奴隶主土地所有制,在这些土地上从事劳动的是奴隶,奴隶的生活依然是没有任何人身自由,所创造的劳动产品全部为奴隶主贵族所得。这种生产方式依然是奴隶制社会性质的。而分得田地的自由民的状况则完全不同于奴隶。他们有自己的人身自由,他们在自己所受的田地里可以自由地耕种。他们的义务是只要按照后金政府的规定缴纳足量的税赋和承担相应的徭役就行了。这是一种封建社会性质的生产关系。

其实,当时努尔哈赤所圈占的土地相对说来并不太多。他认为,海州一带有10万日土地(日即垧,一垧约合15亩),辽阳一带则有20万日,两地共计30万日,应当把这些土地先收为国家所有然后再主要分配给驻扎在当地的军队人员,这样既能避免这些土地形成荒废,又能作为军队的给养供给,但是这些田地中原本属于平民的土地则不能侵犯,必须让他们继续在原地耕种。如果以上的土地满足不了分配的需求,另外再划分自松山堡、铁岭、懿路、蒲河、范河、沈阳、抚顺、东州、马根丹、清河、孤山等区域的土地供给;如果还不能分配妥当,则命令一部分人到边外开垦荒地。具体分授办法是:"今年耕种的庄稼,各自收获。吾今计田,每一男丁,种粮田五日,种棉田一日,均平分给。你们不要隐匿男丁;如隐匿男丁,便得不到田。原来的乞丐,不得再讨饭。乞丐、和尚都分田。要勤劳耕种各自的田地。每三男丁种官田一日。每二十男丁中,征一丁当兵,以一丁应公差。"①

(二)"圈地令"

满族人真正的大面积圈占土地是从占领北京以后开始的,而且是以法令的形式有组织有纪律地进行的。清军是在顺治元年(1644年)五月进驻北京的,七个月后就发布了圈地令。此时战争已基本结束,"飞鸟尽良弓藏,狡兔死走狗烹",追随满清王朝而来的将士都立下了不同的功勋,理应妥善安顿;同时,清王朝很清楚他们是少数民族统治一个以汉族人占绝大多数的国家,需要扩大满族人的势力和影响,需要从关外大批迁移满族百姓,而这些人大多过惯了游牧生活,更需要大量的土地。这应该是"圈地令"的初衷。"圈地令"指出,大清王朝既然定都燕京(北京)绝对不是权宜之计,而是考虑久远的。对于东来的诸王、勋臣和兵丁人等,要妥善安置。为了表示仁政爱民之意,"圈地令"甚至还表示本来不应圈地的,但实属无奈至极才被迫出此下策。圈地的具体工作由户部负责。圈地的区域范围是近京三百里的州县,圈地的对象是死于战乱的前朝皇亲、驸马、公、侯、伯、太监等遗留下来的无主田产及普通老百姓的无主田地。但是如果这些土地上原主人还健在,或者其主人不在了但有后人,对他们应按照人丁给予维持生计的田地②。

在进行圈地的同时,还进行了不断的调换,其目的是避免八旗兵和老百姓穿插居住在一起,尽量让满族人和其他民族人分开居住区域。当然,换拨只是表面现象,其根本目的是为了更大限度更大范围地圈占土地,并尽可能多地占有良田。进行划拨调换也有特殊情况,即是为了满足利益集团的需求。少量的调换时有发生,大规模的调换有二次。一是顺治四年(1647年)。这次调换波及九十个州县卫,用五十二个县

---

① 《满文老档·太祖》。
② 参见《八旗通志》卷18。

卫的贫瘠荒凉之地换拨了 38 个州县卫的良田九十九万三千七百零七端①。另外一次的调换涉及范围更大，时间更长，从康熙三年（1664年）开始，持续了三年之久，斗争亦更加激烈，纯粹是利益集团的生死博弈。当时，清朝的实权掌握在鳌拜手中。他认为他和他所属的镶黄旗所占有的土地应该最好，可是事实上并不如此。这当然就难得安宁了。鳌拜千方百计寻找理由，摆出不达目的决不罢休的阵势。他从八旗的设置本意出发制造借口。本来，八旗兵是按照左右两翼各占方位各有序列而设置的。左翼是镶黄旗、正白旗、镶白旗和正蓝旗。镶黄旗方位是属于北方，正白旗的方位属于东方。鳌拜认为他和镶黄旗人应该占有北面肥沃的田地，可事实是这些土地被正白旗划拨去了，而按照方位他们应该占有东面的土地，所以鳌拜据此提出要和正白旗调换。鳌拜的理由纯粹是牵强附会，很难站得住脚。代表正白旗利益的苏克萨哈当然坐不住了。他的地位亦不低，和鳌拜同为辅政大臣。他据理力争，但终究胳膊拧不过大腿，最终只好屈服，被迫同意了调换。进而引起了各旗之间更大规模更大范围的重新拨划，造成了大面积土地的遗弃浪费，"抛荒不耕，荒凉极目"②。这些土地上的农民更是备受其害。

顺治元年（1644 年）颁布圈地令后，顺治二年和顺治四年又颁布过二次。此后虽然圈地、换地、带地投充等时有发生，但是自顺治四年后大规模的圈地行动就已经不再继续了。"圈地令"的主谋者主要是鳌拜。康熙八年鳌拜被康熙设计除掉后再一次宣布废除圈地令，允许壮丁离开旗地成为自由民。康熙二十四年（1685 年）则又一次诏令彻底废除"圈地令"。"圈地令"前后实施了四十年，主要是在以北京为中心的大约五百里范围内进行的，包括顺天、保定、承德、永平、河间等府（即今北京、河北的北、中、东部和辽宁的西南部地区），这一地区共约

---

① 参见王先谦：《东华录》卷 30。
② 参见王先谦：《东华录》康熙朝卷 6。

圈占土地十六万顷。除此以外，驻守京外的八旗兵也圈占了一些土地，主要分布在山东、山西、陕西、江苏、宁夏等地，但数量不大。

（三）旗地的经营

通过圈地行动，清朝统治者从皇帝到王爷再到八旗子弟满族百姓都获得了大量的旗地。这些旗地主要分布在三大区域，分别是京师地区、盛京地区和直省驻防地区。土地也形成了三大类，即皇庄、王庄和一般旗地。

所谓皇庄，顾名思义乃是由皇家直接掌控的田地，也称内务府官庄，一般简称官庄。皇庄分布较广，集中在两大地区，一是以北京为中心的区域，一是以沈阳为中心的区域。皇庄的设置也是在清朝入主北京以前。皇庄的土地主要是通过圈占而来的，也有政府划拨的官田，或者是官府直接没收的田地，也有一部分是个人捐献的，或者是开垦的荒地。不管是通过何种途径取得的，当然都是挑选较好的田地修建而成。皇庄虽然最先建于关外，但在最初阶段却是大规模地建在北京周围。因为皇庄侵犯了当地民众的利益，遭到强烈抵制，最终皇家做出让步，从康熙八年后渐渐将建庄地址和重心又转向了辽沈地区。

由于皇庄的来源、用途等的不同，其种类亦分得较详细。有银庄、粮庄，有菜园、果园、瓜园，有蜜户、苇户、棉户，有煤军、灰军，等等。银庄是纳银庄头的简称，即向皇家缴纳银两之意。它是清军占领北京后当地带地或无地愿意投充之人而建的。因为这些人是主动投充的，这是清政府所愿望的，所以在纳税方面是较轻的，同时亦有鼓励民众效仿之意。当时带地投充之人大约每亩地缴纳白银一钱一分为税。无地投充者先由皇室按照每户一绳即四十二亩的标准给予土地，这些人因此也被称为绳地人。他们的纳银数更低，是每亩纳银三分草一束，按照当时的标准一束草折合银为二分，也就是一亩地仅纳银五分[①]。

---

① 参见《大清会典事例》卷1197。

粮庄顾名思义乃是纳粮的。刚开始时粮庄的规模比较大,皇室对其照顾的也较周到。每庄有耕地一百三十晌,另外还有专用之地四晌作为场园马馆。除此以外,还拨付耕牛八头,房屋、口粮、种粮、器皿等一应俱全。但是,我们知道,在这些圈占来的土地上,土地的拥有者并不从事直接的劳动,而是强迫家奴也就是所谓"包衣"终日劳作。这些包衣既有通过俘虏、买卖方式取得的,也有投充而来的。他们遭受着非人的待遇,必然要奋力抗争。后来,这种局面维持不下去了,清政府只好采取缩小规模的方式,也就是所谓的分庄。康熙九年(1670年),增庄养丁开始。庄有整庄(也叫大庄)、半庄之分。大庄的土地数额大约在四百二十亩至七百二十亩之间,有壮丁十五名;半庄的土地在二百四十亩到三百六十亩之间,有壮丁七人。整庄半庄都设置庄头一人,管理皇庄日常事务。

本来,最初的庄头是从壮丁中选拔出来的,刚开始时其状况比普通庄丁也好不到那里去,但是,随着时间的推移,情况就发生了很大的变化。庄头愈来愈脱离庄丁阶层,其权力愈来愈大,最后就发生了质的变化,其身份和地位已和"二地主"相差无几了。到了这时,其职位就不是随便任命的了,而是变成世袭的了。庄头的职责是管理监督庄园里的壮丁和处理庄园的日常事务。庄头依照职权向壮丁收取的田租也不用全部交给内务府,而要留下一部分作为自己的私人财产。粮庄分四个等级,等级不同纳粮不等。粮庄还有豆庄稻庄之分。粮庄除了纳粮之外,有时还要临时增加额外贡求,这些要求五花八门,猪、鹅、红花、笤帚、瓢、芥子、茜草、线麻、黄花菜等都曾要求皇庄缴纳过。菜园和蜜户等的职能都很明确,各司其职。通过这些细致的分工。整个皇室系统和皇庄内部做到了自给自足,基本满足了日常生活的需求。

在皇庄里直接从事体力劳动的人可以分为二类,一是当年带地投充或无地投充的人,前面已经说过,他们的税赋是相当低的,比普通民众的平均税赋还要低。另一类是庄园里的壮丁,他们的地位和境遇与前者相比则大相径庭了。从来源上看,这部分人由五部分组成。第一,随清王朝一起入关者,一般称为"东来人"。他们多是在战争中被俘虏的汉族人,数量较多,是庄园的主力军。第二,因为犯罪遭到刑罚的犯人;第三,入官的奴仆;第四,"庄头户下壮丁",即有庄头出钱购买的奴仆;第五,雍正时期无罪发配遣送的奴仆。当时借口人丁增多,粮食供给紧张,将内务府的一些奴仆划拨到皇庄耕种①。这些壮丁的地位是很低的,境遇也很糟糕。其中最惨的是"庄头户下壮丁"。他们是庄头花钱买来的,基本没有人身自由,是庄头的私人财产,庄头可以任意打骂赠与和买卖,其实就是变相的奴隶。其他壮丁的境况能稍好一些,地位略高于"庄头户下壮丁",大概相当于刚跳出奴隶火坑的农奴。这些壮丁都属于皇室的私有财产,人身依附关系很强,如同皇庄不归地方政府管辖一样,在国家的户口册上也是找不到他们的名字的。他们属于内务府管辖。为便于严格管理,内务府为他们专门编制了档案,且每隔十年就要重新校验编制一次。不仅这些壮丁没有什么自由可言,就是他们的后世子孙也同样不能脱离皇庄,不能参加科举考试,当然更不能进入仕途头戴乌纱,而只能继续在皇庄里做壮丁。皇室可以任意地处置他们,如划拨给皇子驱使、遣送给公主陪嫁、赏赐给大臣奴役等。如果稍有不从反抗就会遭到严厉处罚。如果是逃跑了被抓回就会被惩治重罪。就是侥幸逃脱了当时没被抓住,但是混入民籍后一旦被查出同样是要被惩治重罪的。

王庄在清王朝入主北京前也已存在。它是属于王公贵族的田庄。它的主人都是一人之下万人之上之人,可以分为三类,一是努尔哈赤的后人,二是其他皇亲国戚,三是为大清王朝的建立立下了汗马功劳的元勋。从血缘上来划分,还可分为皇室宗族和异姓他族,他们在分封爵位划拨土地等方面都是不同的。一般旗地是指分拨给八旗官兵的田地,

---

①　参见《清世祖实录》卷 20。

包括满洲八旗、蒙古八旗和汉军八旗。这些田的数额较大,而且都是免交税赋的。其中,军官的旗地大多都建立了庄田,使用奴仆劳动。普通士兵中则存在着家庭亲自生产经营的情况,但数量很少,大多数还是使用奴仆进行劳动经营。关于王庄和一般旗地的详细情况在这里就不赘述了。

(四)旗地的没落

我们知道,满族人本是游牧民族,对于稳定下来后固定在田地里的农业生产经营并不习惯,或者说也许根本就不认可,根本就不愿意习惯,当然更不可能熟悉和适应了。从王室贵族到普通民众尽皆如此。通过圈地获得的大量土地到了他们手中会是什么样的结果也就可想而知了。事实上,在圈地划拨不久,清退田地甚至出卖田地现象就已经出现了。其发生最早是从普通旗地也就是八旗官兵所获受的田地开始的。

本来,划拨给这些人田地的本意是很明确的,即用田地的产出收入作为这些官兵在职时期的衣食之用。但是,这些不善经营农业的八旗官兵并没有认真对待宝贵的田地,使其很快由肥变瘦,大量荒芜了。百般无奈之际,有识之士建言有秩序地收回并最终被统治者认可采纳。最先的做法是将拥有壮丁数量低于四名以下的八旗官兵旗地强令收回,对这些官兵的补贴改为户部直接给予钱粮。对于收回的这些原圈占地,包括满人的无后人之地和没收的其他田产皆作为八旗的公有财产,采取租佃给汉人收租的方式经营,由户部统一管理。此项收入也全部拨付给八旗官兵。本来,拨付的圈地是严禁买卖的。如果有人胆敢违反,买卖双方均会以犯罪之名受到惩治的。而且,出卖的土地或房产皆要没收入官,受买之人所付出的资产也拿不回去,也要没收入官。规定和惩治不可谓不严厉不彻底。然而,事实上圈占之地的买卖行为在田地拨付不久之后就已经发生了。

对于这一现实,刚开始还是不断重申,严厉禁止,但是当阻挠无效后，只好做了有限度地承认。康熙九年规定"官员甲兵地亩，不许越旗交易，兵丁本身耕地不许全卖"①。可是这种让步并没有奏效，违反事件不断发生。无奈之下，只好允许跨旗交易，但绝对禁止典卖与民。然而，事实上与民间的交易一刻也没有停止，且有愈演愈烈之势。雍正帝甚为震怒，严令彻查，命八旗必须将卖与民间的田地清点上报，由内务府统一出钱按照原价赎回。当然，迫于买卖现象的普遍和开禁的不可避免，雍正帝还是做出了让步，就是对于买卖双方不再追究责任了。对于赎回的田地，其原主人有优先赎回权，即可以按照原卖价再购买回去。如果原主人由于种种原因放弃了优先权，其他八旗官兵或其他旗人才能购买。这些人的购买措施上比较灵活，可以直接用现银给付，但也可以从薪水里扣除。事实是当时由原主人购回的并不多。他们当初之所以敢冒险变卖田产本来就是穷困潦倒被迫无奈，这时哪里还有钱财按原价再赎回呢？所以当时大多被一少部分人囊入怀中。这就进一步加大了土地的集中和贫富的分化。当然，赎回的土地中有一部分仍然采用田庄的形式经营，仍旧设置庄头进行管理。不管是何种情况，有一点是确定无疑的，那就是原来在这些土地上存在着的对庄丁的残酷剥削的局面已经荡然无存了，农奴甚至还有近乎奴隶身份的这一群体基本已不存在了，原来的封闭式经营方式基本消失了，代之而起的是租佃制。不管是未变卖的田地也好，还是变卖后重新赎回或购买原主人无力赎回的田地也好，或者是其他什么方式拥有的田地也好，这些土地上的旗人这时基本上都是把土地租种给汉人，专靠收取田租了，他们也因此变成了名副其实的地主了。

上面说的是普通旗地的变化方式，相对于一般的旗地而言，皇庄和王庄具有明显的特殊性，特权思想浓厚，经营方式独特，但是，它们也是不可能凭借权力长久地维持下去的。事实上，它们也与一般旗地的变

————————

① 参见《八旗通志》卷18。

化在同时进行着,并一样同步地走向衰落。

皇庄的变化可以从庄头的演变窥见一斑。上面已经说过,庄头本是壮丁出身,最先和壮丁相差无几,也还是处于农奴这个阶层里。但是,斗转星移,在实际行使权力的过程中,随着时间的流逝,他们难免攫取钱财,谋取私利,渐渐地积累起了个人的财富,而且愈演愈烈,结果财产膨胀,并最终使其身份和地位也发生了性质的根本改变。与此相适应,皇家的政策也作了相应地调整。本来,在最初之时,皇庄所需的房屋、耕具、种粮、口粮等一应俱全,内务府一概全部免费供给。渐渐的,有实力的皇庄已不再需要内务府供给牛和种子了。为了充分发挥庄头的积极性,皇室还做出了相应的奖惩规定。如果庄头超额完成了缴纳钱粮的任务,要给予奖励。奖品有银钱,也有马匹等实物。这是物质上的奖励。更重要的是还有精神上的奖赏,即提高他们的政治地位,拥有二三十年良好缴纳历史记录的庄头年纪大了都要赏与九品顶戴,拥有四五十年良好记录者则要赏给八品顶戴。对于他们的子弟,也解除不能参加科举考试步入仕途的禁令了。当然,赏和罚还是很分明的。完不成任务的庄头境遇则完全不同了。对于他们,不但要鞭笞,还要上枷锁。

显然,这样的奖罚措施起初也许能有利于内务府按时按量地完成钱粮的收缴,但是,普通壮丁的处境就可想而知了,必然加大和激化庄头和壮丁之间的矛盾。而且,在后来具体的执行过程中越来越难,随着庄头和壮丁矛盾的不断加深,壮丁纷纷反抗甚至逃离,庄头的任务也越来越难完成。在这种情况下,庄头只好出租皇庄土地。而且,庄头渐渐地发现出租土地的收益量和容易度比驱使管理壮丁更划算,所以更倾向于将田地出租收租了。这样,趋势的演变就是,逃跑的壮丁不再搜寻抓回,后来发现的也不再追究罪责了。此外,内务府还主动将大批皇庄里的壮丁遣送至民间,允许他们加入其所在地的民籍。其实这也意味着大清王室贵族试图极力维持农奴制的彻底失败。这样,皇庄里剩下的就是庄头和少数壮丁了,皇庄的土地也大多依靠出租收租经营维持了。但是这种局面也没维持多久。皇庄、庄头、壮丁、租种者之间矛盾错综复杂、日益激化、愈演愈烈,以至于最后庄头也在不断地私卖皇庄的土地,屡禁难止。到了鸦片战争以后,清政府被迫不断割地赔款,为了筹措经费,最后竟然也走到了丈放皇庄的地步。到其统治结束之时,已将锦州庄田典卖一空!

王庄的变化和皇庄大同小异,在此就不详述了。

二、“滋生人丁永不加赋”和“摊丁入亩”

(一)“滋生人丁永不加赋”

我们知道,在封建社会,摊在人头上的赋役是一项重要的财税制度。清室入主中原后,经过一番权力的角逐,康熙帝掌握了政权。励精图治、几经沧桑,五十年后,已经出现了盛世的局面。面对着比较稳定的形势和丁赋的征收现状,康熙大帝再次显示出了他的睿智,毅然决定停止再增加人丁的丁赋。康熙五十一年(1712年),在给大学士、九卿等大臣们的谕旨中,他说:“朕览各省督抚奏编审人丁数目,并未将加增数目尽行开报。今海宇承平已久,户口日繁,若按现在人丁加征钱粮,实有不可。人丁虽增,地亩并未加广。应令直省督抚,将现今钱粮册内有名丁数,勿增勿减,永为定额。其自后所生人丁,不必征收钱粮,编审时止将增出实数查明,另造清册题报。”他很认真地表示:“直隶、各省督抚及有司官编审人丁时,不将所生实数开明具报者,特恐加征钱粮,是以隐匿不据实奏闻,岂知朕并不为加赋,止欲知其数耳。”①这就是所谓的“滋生人丁永不加赋”。

很显然,当时,他先是以征求意见的方式表达他的想法的。接到谕旨后,经过讨论磋商,最终形成了正式的方案。康熙五十二年(1713

---

① 《清圣祖实录》卷249,康熙五十一年二月壬午。

年)三月十八日,即康熙帝六十大寿之时,借庆贺寿辰之名,用"恩诏"的形式,康熙皇帝正式向全国颁布了"滋生人丁永不加赋"政令:"嗣后直隶各省地方官遇编审之期,察出增益人丁,只将实数另造清册奏闻,其征收钱粮,但据五十年丁册定为常额,续生人丁永不加赋。"①

其实,康熙是何等聪明。人丁税是那个时代非常重要的国家财政来源。看他表面说得冠冕堂皇,貌似轻松,其实谕旨里若隐若现地已露出了蛛丝马迹和他的苦衷。他下这个决心是不容易的,是现实逼迫着他不得不做出这种选择,是迫于无奈。他口口声声表示"朕并不为加赋,止欲知其数耳",其实,这并不是心里话,事实上这时已根本做不到按照实有人丁征收赋税了,他本人根本掌握不了实际的人口数量了。正像他会商大学士九卿中的谕旨所说的:"朕览各省督抚奏编审人丁数目,并未将加增数目尽行开报",为此,他还列举了自己的亲身经历来加以佐证:"朕凡巡幸地方所至,询问一户或六七丁,止一人交纳钱粮,或有九丁、十丁,亦止一二人交纳钱粮。诘以余丁何事? 咸云:蒙皇上宏恩,并无差徭,共享安乐,优游闲居而已"②,所以,他担心不但"直隶、各省督抚及有司官编审人丁时,不将所生实数开明具报",而且还"恐加征钱粮,是以隐匿不据实奏闻"。显然,这些话才是他的真实感受和真实想法。

当时的现状的确也是只见人口增长不见丁赋增加。据统计,顺治十八年(1661 年)的人丁徭银是 3008905 两,到了康熙二十四年(1685年),这一数字仅为 3136932 两,也就是说,在 24 年的时间里,丁银只增加了 128027,平均每年仅增长大约五千两,可见增长的缓慢,明显落后于这期间人口的增加。而另一方面,由于康熙的励精图治,这时的国库已较充裕。康熙四十七年(1708 年),国库里的存银已有 4000 万两之

---

① 嘉庆朝《大清会典事例》卷 133,《户部》,《户口》,《编审》。
② 《清圣祖实录》卷 249,康熙五十一年二月壬午。

多,以后每年基本上都维持在这个数量上。此后就是库存最少的那一年即康熙六十年(1721年)其存银数也还高达3200万两①。由此可见,康熙帝在彼时彼地推出"滋生人丁永不加赋"的确不失为明智之举,可以说是一箭双雕。既然费尽心机已难掌握确切的纳赋人丁数目,何不顺水推舟不再要求地方官吏据实呈报编审呢?既然国库里的白银已较充裕,每年实际增加的丁赋数额又如此之少,何不皆大欢喜恩诏天下"续生人丁永不加赋"?康熙帝真不愧为康熙帝,既笼络了人心又给自己找了一个台阶下,这步棋走得好!

　　"滋生人丁永不加赋"听起来的确很美很有蛊惑力,但具体执行起来却没有那么漂亮和简单轻松,还有很多具体问题需要仔细研究解决。比如说,当时,在丁赋的征收上不同地区具体执行起来差异是很大的:"有分三等九则者,有一条鞭征者,有丁随地派者,有丁随丁派者"②,不同地区该如何具体确定人丁总数和"滋生人丁"?不按照人丁数额征收丁役的地区该怎么执行"滋生人丁永不加赋"?再比如说,每年各地都要有不少人丁数额的自然减少,那么,人丁总数相应就会减少,但是还是要按照康熙五十年确定的人丁总数要求地方官吏征收的,空缺的人丁数量怎么办?肯定是要有人来承担缴纳的。怎么样确定缴纳人?这些都是摆在地方官吏面前实实在在要面对解决的问题。为了防止地方官吏滥用职权欺压百姓,有必要在这方面进行规范,所以,康熙五十五年(1716年),清政府发布规定:"新增人丁,钦奉皇恩,永不加赋,今以新增人丁补足旧缺额数。除向系照地派丁外,其按人派丁者,如一户之内,开除一丁,新增一丁,即以所增抵补所除。倘开除二、三丁,本户抵补不足,即以亲族之丁多者抵补,又不足,即以同甲同图之粮多者顶补,其余人丁归入滋生册内造报。"对于胆大妄为拒不执行者该规定也

---

① 参见法式善:《陶庐杂录》卷1。
② 《清朝文献通考》卷21,《职役考》1。

明确要求惩处："如有州县将滋生人丁私行科派者,该督抚即行题参。"①康熙五十七年又明确:"照田、粮起丁之州县,……将烟户内已或丁者,尽行查出,造入滋生册内。"②

需要特别说明的是,"滋生人丁永不加赋"并不是在全国范围内推行的,当时还有一些特殊地区和群体并没有执行。比如,蒙古地区和土司控制的少数民族地区。我们知道,清政府确立政权后继续实行明朝时期就已推行的改土归流政策。这些改土归流地区多是偏远落后地区,地广人稀,经济欠发达,本来就很难做到人丁的编审,根本无法实行丁银制度,更谈不上什么推行"滋生人丁永不加赋"了。再比如,当时的满、蒙、汉八旗属特殊群体,地位特殊,生产关系特殊,经济体制特殊,他们当然与"滋生人丁永不加赋"也就沾不上边了。而且还要特别强调的是,为了增加赋税收入,清政府不断地限制"滋生人丁永不加赋"的区域。各地在具体执行这一政策时又经常偏离其本意,在填补空缺丁额时不能公平公正透明,偏袒富豪,鱼肉百姓,事实上都是转嫁到了穷苦农民的头上,所以,客观地讲,"滋生人丁永不加赋"并没有减轻多少劳苦大众的负担。当然其积极意义还是应该充分肯定的。它最重要的价值在于便利了"摊丁入亩"政策的实施。

(二)"摊丁入亩"

所谓"摊丁入亩",简单地说,就是将过去按照人丁数额征收的赋税合并到田地里收取,不再单独征收丁赋了。这一制度发轫于康熙年间,全面实施于雍正年间。

康熙五十五年(1716年),定期进行的新一届编审即将开始,时任御史董之燧认真调研考察了这项关系到国家财税收入和平民百姓切身利益的大事,发现"滋生人丁永不加赋"这项惠民利国的举措并没有收

---

① 嘉庆朝《大清会典事例》卷133,《户部》,《户口》,《编审》。

② 中国第一历史档案馆馆藏档案:《乾隆朝户科题本》,《田赋地丁户籍类》乾隆元年十二月二十日,稽曾筠奏《请划一编审之规疏》。

到实效,人丁税赋问题仍然很不公平,于是上奏朝廷提出建议,认为应该"行令直隶各省地方官,确查各县地亩若干,统计地丁、人丁之银数若干,按亩均派"。为什么要这样做呢? 因为既然"续生人丁永不加赋,皇上轸念民生高厚之恩,真有加无已",但是现实是"现在人丁尚多偏苦,各省丁制亦有不同。"何不借现在"嗣后既不增额,则有定数可稽"之大好时机将丁赋"按亩均派"呢? 所以他强烈建议借着"滋生人丁永不加赋"的"东风"抓紧实施"摊丁入亩"的政策。对于这一切合实际的进言,当时并没有被采纳,当然也没有被拒绝。户部的意见是:"各省州县地亩人丁原有不同,随地制宜,相沿已久,未便更张。如有情愿买卖地亩,而丁应从地起者,其地亦随买主输课。"①显然这是一个"和稀泥"的折中方案,康熙帝也很清楚现实太复杂,真要全面实施势必触动利益集团的切身利益,阻力很大。当时在全国范围内推广条件并不成熟,所以他就顺水推舟同意了户部的意见。户部根据全国的情况,决定首先在广东省实行试点,在全省范围实施"摊丁入亩"。确实,当时最有条件推行"摊丁入亩"的省份就是广东省了,所以自然广东省也就顺理成章地成为了"摊丁入亩"的先行者。

其实,早在这之前,广东省就有很多地方已经开始实行"摊丁入亩"了,甚至一些地区的实施时间可以追溯到明末时期。但是,在具体执行方法和细则上却没有制定统一的规则,各地做法亦不尽相同,所以实施起来随意性很强,相当混乱,结果是该征收的不征收或该多征的征收少了,而不该征收的则征收了或者该少征的征收多了。当时的有识之士对此早已忧心忡忡,积极建言献策,纷纷提出医治的良方。花县的地方官就认为当地"自崇祯十年通行各州县,皆随粮派丁,然小户粮少及下户无粮者亦挂一丁。又于收税者报增,而于开税者不减,乃纸上之户口,非实在之繁庶也。"针对这种情况,他们认为应当仿照"浙省爬平

---

① 乾隆朝《江南通志》卷68,《食货志》,《田赋》。

之法,以粮之零数派之丁,分厘无伪增,亦无缺额,可为良规,以俟采择"①。一句话,就是权贵富豪想方设法逃避他们应当承担的税赋,并将其转嫁到老百姓的身上,其结果必然造成阶级矛盾激化,社会动荡不安。当时,广东省的丁银税赋问题确实已到了十分严重、非动"大手术"不可的程度,其实这也正是决定在广东省全省统一实施"摊丁入亩"的主要原因。

当时广东省的丁银税赋问题确实已到非解决不可的地步了。明末清初,广东省的经济社会发展已走在全国的前列,非农经济如商品经济、手工业经济等也开始逐渐兴旺起来。很多农民因为各种原因脱离了土地。这些失去土地的人家有的远走他乡寻找新的荒地开垦,有的直接租种出租者的土地,有的干脆流落城市、集镇、矿山、码头等地沦为雇工,或者在当地充当雇工……不管是何种情况,造成的结果就是当地官府已很难如实掌握人丁的实际数量,因此也就无法实事求是地征收丁银,而丁赋作为一项重要的税赋又是地方官必须完成的重要任务,他们当然要挖空心思去催交,所以势必造成丁赋征收的严重不公和混乱。而且,当时广东省的丁银征收也很有特色,构成比较复杂。除了一般意义上的丁银以外,还要额外征收所谓的"盐钞银"。顾名思义,"盐钞银"就是因为食用食盐而缴纳的赋银,也就是食盐税。这项制度也是从明朝时期就已实行。其征收范围较广,不仅限于成丁,其余人丁包括妇女、优免丁等都必须缴纳。对于这种情况,当时有一些文献记载,如《香山县志》就曾记述:"按明洪武初,男女成丁者岁给盐三斤,征米八升。永乐三年,大口支盐一十二斤,纳钞一十二贯,小口半之。正统三年,令户口俱半征,全征惟官吏并随宦大口。后不给盐,征钞如故。又折以银,每钞一贯,折银三厘。然州县所纳多寡或异。至于男女,或

---

① 康熙朝《花县志》卷2,《赋役》前,《户口》。

同派,或异派,或派以米,非其旧也。"①

由此可见,当时的"盐钞银"征收也很混乱,处在不断地调整变换之中,随意性很强,极容易出现漏洞和不均。一般丁银和"盐钞银"两者相加,其混乱不公现象更可想而知了,再不改革恐怕已是穷途末路了。正是基于此,清政府才决定率先在广东省全省实行全面的"摊丁入亩"。

虽然广东省的"摊丁入亩"是由户部批准皇上默许的,但是当时户部并没有制定具体的规则,当然更不会有全国性的统一指导意见之类的章法。其实这样处理是很明智的。我们知道,中国地大物博,各地发展很不平衡,情况错综复杂,在这方面确实很难制定实施统一的规定。当时一般的做法是由各地根据各自的实际情况上报实施方案,待获得批准后再拿回去具体执行。所以,虽然名义上是在全国实施"摊丁入亩",都必须取消丁赋,将固定的丁银税赋按照田亩数量征收,地丁合二为一,但实际的情况是各省"各自为政"。这就造成了当时这一政策实际操作中的多样性,真可谓五花八门,令人眼花缭乱。具体说来,从行政区划上看,省与省有所不同,一省之内的州县之间也有所不同;从"摊丁入亩"的范围看,有的是一省范围内全部纳进摊入之中,有的则是全省不硬性规定,而是在各州县范围"摊丁入亩";从征收的具体细则看,更是异彩纷呈,有的要求缴纳一两田赋银、一石粮米、多丁银摊入一亩地里计征,有的则要求缴纳多两田赋银、多石粮米、一丁银摊入多亩地之中计征。

当时,各地对丁银的征收种类比较混乱,名目繁多,除了一般意义上的丁银外,还有屯丁银、更名丁银、灶丁银等。丁银取消后如何征收着实让地方官大伤脑筋,为了不至于减少丁银的征收总数,他们要绞尽脑汁将这些丁银如数收回。当时有将其按照所属类别对号入座分别摊

---

① 康熙朝《香山县志》卷3,《食货志》,《税粮》。

入各自的田亩里征收的,也有干脆将这些丁银种类合并起来一步到位统一征收的。以上种种举措皆是事出有因各有其理。如上所述中国各地情况千差万别,正如同无法划定全国统一的实施准则一样,各省各地在自己的辖区范围内不同地区的情况亦不尽相同,其中包括在地情地貌、风俗习惯、乡土民情、历史传承、文化文明等方面都各有千秋,异彩纷呈,确实断难划定统一的尺度。只能由各地"八仙过海,各显神通"。

当时,广东省是全省统一实施"摊丁入亩"的。除此以外,全省统筹考虑"摊丁入亩"的省份还不少,包括直隶、山西、陕西、湖北、云南等省份。这些省在征缴范围上是明确的,即全省统一,在具体征缴标准和各类丁银的处理方法上全省也大致相同。我们可以再看看直隶的情况。

直隶的特殊性不言而喻,地处天子脚下,关乎京师安危。当年通过圈地令合法取得的大量田地遍布其辖区,拥有很多特权的大小各色田庄在其所辖的八十余州县随处可见。上面已经分析过,在圈地初期,田庄的壮丁本来是不归地方官吏管辖的,在官府里也没有编审在册。但是,后来随着田庄经营的种种弊端而难以为继,田庄的田地不断地流入民间,壮丁也不断地脱离田庄转入民间直至官府最后予以承认并合法化。然而,由于田庄的大小、所处的位置及流入民间的壮丁数量不等原因,直隶省各地的人丁数量变动较大,官府也很难掌握,这就造成了在丁银的征收上各地的差别较大和严重不均。这是丁银的情况。在田赋的征缴方面同样也存在着类似的情况。由于如上所述的同样原因,各地在田地的数量和田赋的实际征缴数量上相差也较大。总的说来,有的丁银多田赋少,有的丁银少田赋多,而且多少的差别超出正常范围,所以如果由各州县自行确定其辖区内的"摊丁入亩",势必造成新的严重不均,只能全省统筹来解决这一问题。正如时任直隶巡抚李维钧在雍正元年(1723年)上报朝廷"摊丁入亩"实施方案时所说的:"……臣亦计之再三,北五府地少丁多,难就本州县之丁银摊入本州县地粮之内,自当筹度尽善,以苏民困。……臣查直隶通属地粮共二百零三万四千七百两有奇,丁银共四十二万零八百两有奇,统为核算,将此四十二万零八百两之丁银,均摊于二百零三万四千七百余两地粮之内,仍照上中下三则之田,各计其纳粮轻重之数,而分摊其丁银,永无偏累之患[①]。最后,户部同意了李维钧的意见,要求直隶省"每地赋银一两,合摊丁银二钱七厘有奇"[②]。

以上是全省统筹的"摊丁入亩"情况,还有一类就是福建、四川、山西、河南、江苏、安徽、浙江、湖南等省,它们的辖区内情况较为复杂,很难实行整齐划一的政策,只好由各地根据实际情况按照州县为单位考虑征缴,其标准和各种丁银的计算方法也不尽相同。

四川省的情况也较特殊,它地处边远,多民族"聚集一堂",紧邻西藏等少数民族区域,阶级矛盾和民族关系错综复杂。当时战火连年不断,经济社会发展缓慢,甚至某些时期还处于严重倒退状态,土地大量荒芜,人民纷纷流落他乡,甚至是逃往他省。作为封建王朝重要财税来源之一的丁银征缴,其基础应是准确的人丁编审制度,但是这时连这一制度都难以为继。地方史志是保存各地第一手史料的重要载体。然而,在四川省的一些地方志书中,有相当一部分竟然没有康熙朝以前的户丁数统计。这种情况在别的省份是不多见的。此事表面看来有点不可思议,但仔细分析就会发现完全在预料之中。

由于人丁"不旺",各地想方设法招揽增加人口,甚至皇帝都亲自发布诏书力劝迁往外省的四川原居民热爱家乡返回故里。对于从外省迁往四川的人家政府则给以奖励。康熙二十年(1681 年),康熙大帝成功平定三藩之乱,为四川省的发展提供了便利的条件,此后涌入四川省的人丁数量大为增加,有力地促进了四川省经济社会的发展。但是,如

---

① 《朱批谕旨》,直隶巡抚李维钧奏。
② 嘉庆朝《大清会典事例》卷 133,《户部》,《户口》,《丁银摊征》。

何准确掌握这些涌入人丁的数额却并非易事，这才出现了上面所说的丁户缺少现象。但是各地方官的丁赋征缴任务是必须完成的，所以针对当时的实际情况许多地方早就采取了"摊丁入亩"的做法。当然，各地实行的时间并不一致，有的康熙朝时就已实施，有的则迟至雍正时期才开始实施。

全国性的"摊丁入亩"改革是从雍正王朝开始全面实施的，当然，这也经历了一个过程，刚开始雍正对此是持否定态度的。雍正即位当年（1723年），山东巡抚黄炳就上书请求仿照浙江一些地方将丁银摊入田亩征收的做法在山东复制，同时甚至还大胆建言雍正帝下令将此做法在北五省推广。雍正帝没有同意他的奏请，认为"摊丁入亩"之事关系重大，不仅坚决拒绝了他的请求，而且还斥责他胆大妄为太过冒昧。

但是，仅仅一个月后，另一位巡抚奏请了同样问题，雍正帝的立场却来了个一百八十度的大转弯。其处理结果则完全不同。这位巡抚就是直隶巡抚李维钧。他也是在雍正元年（1723年）上报朝廷实施"摊丁入亩"的具体政策，此次上奏距山东巡抚的奏请只晚了一个月，但雍正帝的态度已经完全不同，虽然仍旧没有批复同意，但却没有坚决拒绝和严厉批评，只是委婉地表示丁银田赋是祖上流传下来的惯例，不便贸然变更，应该慢慢地等待时机成熟再行更张。诚如他所说的："此事尚可少缓。更张成例，似宜于丰年暇豫、民安物阜之时，以便熟讲利弊，期尽善尽美之效"①。但是，他还是把直隶巡抚的奏折发往户部讨论实施的可能性。户部经过研究认为可以在直隶地区全面实行这一做法，可以同意直隶巡抚的主张。雍正收到户部的意见后，仍然还是下不了决心，于是又决定扩大征求意见范围，将李维钧的建议发给更多的大臣讨论，集思广益，以期使决策更科学。

---

① 参见《雍正朝实录》。

　　这次大范围的征询意见果然收到了良好的效果。有的大臣考虑的就比较仔细,认为在实施"摊丁入亩"前一定要考虑得细致周全,比如地貌地形不同,田地有肥有瘦;度量标准不同,地亩有大有小;田地所有权的取得方式不同,有的购买土地时已和原田主约定好了缴纳钱粮的主体方,而缴纳田赋者的手中往往田地已经出售……如此种种,如不通体考虑全面运筹,势必会造成新的不均。其实这些大臣多是圆滑之辈,他们并没有说出个所以然来,根本看不出是否同意实施这一方案,但雍正还是认为这些大臣言之有理,于是敕令李维钧重新制定更加详细的实施方案。

　　这次李维钧已经胸有成竹了,马上就把他的全部计划和盘端出。最主要的就是把田地区分出肥瘦,划分成优中劣三个等级将丁银摊入征收,以避免一刀切造成负担不均,形成新的不公平。雍正帝对此大加赞赏,认为切实可行,于是奏准了他的请求,并决定在雍正二年(1724年)开始实施。这李维钧不知是被胜利冲昏了头脑还是在耍小聪明,不知怎么了竟然又向雍正帝诉说他的处境很不安全,感觉好像孤立无援似的,因为有人对他很嫉妒。雍正帝是何等聪明?对李维钧的雕虫小技是心知肚明,但还是装糊涂,假惺惺地很认真地告诉李维钧不用怕,有我在这顶着,没有人敢怎么你,谁不相信你就是不相信我,谁给你过不去就是给我过不去,你就放心大胆地干吧!这君臣二人正是一个装聋一个作哑,周瑜打黄盖一个愿打一个愿挨。在历史的舞台上给我们演出了一场漂亮的双簧戏!

　　自直隶全省开始实施"摊丁入亩"后,各地纷纷制定本地的"摊丁入亩"方案上报朝廷奏请批准。此后,福建、山东、云南、浙江、河南、陕西、甘肃、四川、江西、广西、江苏、安徽、湖南、湖北等地相继陆续获准实施了本省的"摊丁入亩"政策。可以说,用了大约五年的时间,这一制度已基本在全国得以全面推广实施。当然,毕竟中国疆域辽阔,各地发展很不平衡,差距很大,情况复杂,要想在短时间内在全国范围内普遍实施开来很不容易,也很不现实。有些省份或者省内的特殊地区的推行时间则一再延后,甚至看似拖拖拉拉,很不严肃认真,有的一直延续跨越了好几任帝王时代才得以最后完成,如山西省,几乎是和全国普遍开始进行"摊丁入亩"改革同时进行的,但最后竟然一直拖到了光绪年间才彻底在全省推广开来,前后历时竟达一百多年! 真是不可思议!

三、"振兴农务"和中国近代新式农垦企业

第一次鸦片战争以后,西方殖民势力对中国的觊觎越来越重,侵犯势力越来越强,侵略力度越来越大。到了第二次鸦片战争时期,英法联军竟然攻陷了北京城,咸丰帝仓皇出逃至热河。而此时,洪秀全领导的太平天国农民战争还轰轰烈烈地燃烧在南中国大地。为了挽救危机,焦头烂额的清政府掀起了一场以"中学为体西学为用"为指导思想的洋务运动。在许多人看来,洋务运动带来了一派生机盎然的景象,即所谓的晚晴中兴迹象,洋务运动的四位"主帅"也被人们尊称为"四大中兴之臣"或"晚清四大名臣"。

兴办近代工业是洋务运动的重要内容。然而,在发展工商业的过程中,诸多问题都暴露出来,洋务运动其实也没有收到预期效果。到19世纪末,特别是1901年清政府开始实施"清末新政"后,一些有识之士已经意识到只孤立地发展工商业而忽视农业显然是错误的,也是不可能的,意识到在那个时代发展农业比发展工商业更重要更迫切。在"振兴农务"方面光绪年间的状元张謇是一直走在时代前列的。光绪丁酉年(1897年),张謇上书《请兴农会奏》,指出"凡有国家者,立国之本不在兵也,立国之本不在商也,在乎工与农,而农为尤要。盖农不生则工无所生,工不作则商无所鬻"①。

---

① 《张季子九录·实业录》卷1,第6页。

八国联军攻陷北京之后,仓皇出逃西安的慈禧太后和光绪皇帝还在逃跑的路上就颁布了变法的上谕,要求大臣们上奏一个应对时局解决问题的办法。从此拉开了清末新政改革的序幕。四大中兴名臣之一的张之洞时任湖广总督,亲自主持起草了《江楚会奏变法三折》。该系列奏折由两江总督刘坤一领衔,并参酌了张謇、沈曾植等人意见,洋洋洒洒三万字。他们认为:"中国以农立国……无农以为之本,则工无所施,商无所运",建议:"在京专设一农改大臣……不宜令他官兼之,以昭示国家敦本重农之意"①。

显然,这时候重视农业的呼声已日益高涨。在这种情况下,清政府开始逐渐重视谓之基本的农业,而重视农业,当然要重视土地问题。于是,1901年秋清政府颁布诏书要求"各省开垦荒地,振兴农业"。1903年10月,商部上书建议通令全国重视农业,振兴农务。光绪帝认为言之有理,随之发布诏书"著各省大吏通伤各府厅州县认真确查,极力讲求,一律切实兴办",他还特别强调"商之本在工,工之本在农,非先振兴农务,则始基不立,工商亦无以为资"②。

我们知道,清王朝本是一个游牧民族建立的朝廷,并不擅长耕种之农事。入主中原后,这一习性也没有什么改变,而是顽固地延续了下来。设置禁垦区就是这一习性的表现。当时,清廷规定她的所谓发祥之地东北、蒙古地区的土地是严禁开垦的,直接导致了大量田地的荒芜。

此外,连年的战争和不断出现的自然灾害等天灾人祸也直接导致了大量土地的荒芜和贫瘠。如在山东地区,"地土荒芜,有一户之中,止存一二人,十亩之田,止种一二亩者,……荒多丁少",在湖南地区

---

　　① 《光绪政要》卷27,第45—46页,转引自吴春梅:《清末新政时期的农业改革》,《中国农史》1999年3期。
　　② 光绪朝《东华录》(五),转引自彭南生:《清末农政改革述评》,《郧阳师范高等专科学校学报》1999年1期。

"洞庭湖四面辽阔,周围约八百里连年涌出新洲,一望无际,……秋水盛长,动为淹没"。这些原因直接导致了各地都不同程度地存在着大量的荒地,如江苏一地"王府州荒田荒地不下二百余万亩",安徽"官荒一万六千八百七十顷有奇;民荒二万四千二百六十八顷有奇"①。

面对着如此庞大的荒芜田地,清政府认为迫切的任务是要丈放官田,招垦官荒民荒并予以奖励。光绪帝严令各地彻底查清各种荒地的详细情形,要包括气候条件、土壤土质等等,要绘制成图册上报,并限期完成。为了切实推进这一工作,清政府还设立了负责丈放垦荒的专门机构,如锦州丈放局、西蒙垦务局等。

此外,在奖励方面的力度也是很大的。黑龙江省就规定:"领荒地主独立招募佃户,垦辟升科地至六百垧以上者,拟请给予七品顶戴;八百垧以上者,拟请给予六品顶戴;一千垧以上者,拟请给予五品顶戴。……凡创集公司招募佃户垦辟荒地者,其民起人准照前条给奖。查明分别请优奖,以昭激劝"。在这一系列措施的严厉要求和鼓励下,荒地开垦的成效是显著的。"据1910年各省报农工商部垦荒面积计'七千三百七十二万一千四百二一于五亩又一百二十四处'。1901到1910年黑龙江省放垦面积达7,561,153垧;内蒙古放垦面积从1902年至1908年总计达到7,571,331亩。其他如江苏、广西、安徽等省都有不同数量的荒地得到开垦"②。

中国近代新式农垦企业是指清末时期振兴农务的趋势下出现的以种植业为主的包括林、牧、养殖等业生产经营的各类垦殖公司和农场的总称。关于这个问题,将在本章第四节专门论述。

---

①　转引自彭南生:《清末农政改革述评》,《郧阳师范高等专科学校学报》1999年第1期。

②　转引自彭南生:《清末农政改革述评》,《郧阳师范高等专科学校学报》1999年第1期。

第三节　农民阶级的土地状况和主张

在中国漫长的封建发展史上,农民阶级一直都是占人口的绝大多数。他们生活在社会的最底层,占有的土地不多,过着最贫穷的生活,所受的痛苦和欺压也最严重。每当历史发展到矛盾不可调和的时候,他们往往揭竿而起。在这过程中,不管是直接也好还是间接也好,往往都要以拥有土地相号召和以为参加者取得土地为目标,这是极具号召力和蛊惑力的宣传鼓动。到了清末,土地占有的严重不均愈演愈烈,无地和少地的农民越来越多。农民对土地的渴望也越来越强烈……

一、紧张的人地关系

我们知道,在清朝统治的二百多年里,中国的人口压力一直都存在着。满族人在刚入主北京之时,人口就已达一亿之多。但是,在其统治的最初百年间,其人口数量一直比较稳定,并没有什么增加。到了乾隆十八年(1753 年),这一数字仍然仅为 102,750,000 人[①]。但是,在此后不到四十年的时间里,人口增长竟然像坐了火箭一样飞速增加,这一时期正是乾隆大帝统治的黄金阶段,经济飞速发展,社会稳定祥和,国家强盛,人民安居乐业,无论是从康乾盛世角度考虑还是从封建家的历史推进来看无疑已经到达了封建王朝的鼎盛时期。当时无论是乾隆本人王公贵族还是普通官吏平民百姓都陶醉在天朝大国的自我满足之中,虽然客观事实是正是这一时期中华帝国开始落后于世界大势,开始为西方文明所抛弃,已经从顶峰时期开始下落了。乾隆五十五年(1790 年),人口已达 3 亿之多,44 年后,即道光十四年(1834 年),这一数字又迅速刷新为 4 亿。但是,民以食为天。快速增加的人口并没有

---

① 参见梁方仲:《中国历代户口、土地、田赋统计》,上海人民出版社 1980 年版。

相应地以土地快速拓展为后盾。中国的耕地面积早在朱元璋建国初期就已达八亿多亩,明洪武二十六年(1393 年)耕地面积的全国统计数据为 8.5 亿亩,而三百余年后的清嘉庆帝统治后期,这一数字不但没有上升,反而下降到 8.08 亿亩。把这一状况放在全世界范围内考察更令我们吃惊。嘉庆年间的中国人口已占世界人口的四分之一还强,但是耕地面积却只有全世界的十五分之一。通过这一对比,我们更能清楚地意识到这一时期人口的重负和人地关系的迫切和紧张。也应该感受到大清王朝已远远落伍于世界潮流了①。

当然,对于不同时期的人口数量、耕地面积到底是多少,不同的论者有不同的看法,数据并不一致,但是大致说来距离事实真相还是大差不差的,从中我们还是能够看出历史的真实的。有研究者认为,1753年,清王朝的人口数为 102,750,000 人,土地为 708,114,288 亩,平均每人占有田地数量为 6.89 亩,而到了一百三十多年后的 1887 年,这组数字的对比升降已经十分明显,人口数量上升到 377,636,000 人,而全国的土地数量则变动不大,仅为 911,976,606 亩,平均每人占有的田地数量则快速下降为 2.14 亩②。台湾的研究学者也认为,这一时期人均占有田地的数量在呈逐年下降趋势:1776 年是平均每人占有土地 3.30市亩,1800 年的这一数字为 3.19 市亩,1848 年的数字则是 2.70 市亩③。有研究者仔细查阅研究了《大清会典》等当时一些重要的文献资料,从中梳理出了乾隆十八年(1753 年)至咸丰元年(1851 年)99 年间大清王朝的人均耕地占有情况,确实能够看出这一时期全国的土地总量基本上没有什么变化,甚至在一些年份还是处于下降通道之中,而平均每人拥有的耕地面积则是在逐年减少,变化十分明显。具体说来,1753 年,全国的耕地面积是 7,352,218 顷,人均占有的耕地面积是

① 参见金德群:《金德群史志文丛》,知识产权出版社 2008 年版,第 19 页。
② 参见梁方仲:《中国历代户口、土地、田赋统计》,上海人民出版社 1980 年版。
③ 参见赵冈、陈钟毅:《中国土地制度史》,台北联经出版公司 1985 年版。

4.00 亩。此后,这组数据分别是:1766 年,7,807,290 顷,3.75 亩;1784年,7,605,694 顷,2.66 亩;1812 年,7,889,256 顷,2.36 亩;1822 年,7,562,102 顷,2.03 亩;1851 年,7,562,857 顷,1.75 亩①。

　　需要特别注意的是,这是从全国整体考量当时人口数量、土地面积和人均占有耕地情况的。如果再仔细深入分析下去,更加触目惊心的现象就浮出了水面:在人均耕地面积日趋减少的背后,土地的日益集中和人均占有的明显不均现象更加令人瞠目结舌,这也是造成近代中国社会动荡不安并最终变成半殖民地半封建社会的重要原因。关于当时豪强地主和官吏权贵对土地的掠夺兼并和农民的土地占有情况,研究者根据不同的史料记载和对史料的不同分析理解其观点也存在着一些分歧。分歧主要反映在对土地所有者的构成看法上。一种观点认为当时仅存在着地主和沦为佃农的农民这一对立的两大阶级,地主占有绝大多数的土地,农民只能靠租种地主的土地生存;另一种观点认为除了地主和佃农之外,还存在着一个人数较多的少量占有田地的自耕农阶层。第一种观点的论者往往引用下面的一些例子加以论证。明末清初三大儒之一著名思想家顾炎武曾说过:"吴民之中,有田者什一,为人佃作者什九。"②几乎是在同一时期,在清代康熙年间曾担任过地方知县的邱嘉穗也说:"一邑之中,有田者什一,无田者什九"③。时任浙江安吉州的学正盛枫也曾说道江淮地区的农村土地占用情况。他认为当时这一地区大概有一半的人是在耕种自己少量的田地,大约有十分之四的人是依靠其他生计谋生,权贵地主阶级大约只有十分之一,但是他们却"则坐拥一县之田,役农夫,尽地利,而安然食租衣税者也"④。康

---

① 毓堂、张寄谦:《清代的垦田与丁口的记录》,见《清史论丛》第一辑,中华书局 1979 年版,第 117—120 页。

② 参见顾炎武:《日知录》卷 10,《苏松二府田赋之重》。

③ 参见丘家穗:《丁役议》,贺长龄:《皇朝经世文编》卷 30。

④ 参见盛枫:《江北均丁说》,贺长龄:《皇朝经世文编》卷 30。

熙年间担任过刑部尚书的许乾学大肆购买兼并土地,田产遍布苏、松两府富庶之地。康熙二十八年(1689 年),时任副都御史许三礼实在看不下去了,专门上书弹劾徐乾学,指责他"买慕天颜无锡县田一万顷"①。很明显,根据掌握的事实,他认为许乾学在无锡一地就购买了慕天颜一人的土地高达一万顷,这就意味着许乾学和慕天颜二人在无锡一地至少都有一万亩田产。以许三礼和许乾学的地位而言,可以推断许三礼所说应该不是空穴来风。

上面这些人或者是著名的思想大家,或者是亲任过地方上的一方官吏,或者是专职监督"挑刺"之人,以他们的身份经历地位和见识来看,纵然各自怀着不同的目的所言有粉饰之处,但估计亦应该是有基本的事实根据的,还是会大差不差的,绝不会信口开河的。但是,我们不要忘记,这些人所说的现象发生地都是在富庶的江淮区域,更多的是在无锡苏州等江南一带。这里是众所周知的鱼米之乡,经济社会发展相对较快,特别是到了近代,商品经济在经济构成中的比重逐步增加,资本主义经济的因素越来越多,一些农民甚至是主动走出乡村脱离了田地,这就进一步促进了土地的集中。所以,显然不能从上面的论断中就简单地得出结论说这一时期的土地已高度集中,认为大多数农民因为无地而沦为佃农。从全国范围看,我们更不能做出这样的判断。这就是另外一些论者的观点,他们认为许多事实更能说明在当时除了地主和佃农之外,还存在着一个较大的群体,也就是自耕农阶层。

上面说到担任过浙江安吉州的学正盛枫也曾认为江淮地区的农村大概有一半的人是在耕种自己少量的田地。我们还可以再看看康熙大帝的表述。客观地说,康熙帝在帝王中是比较亲民和体恤民情的。在执政期间,他曾多次下诏减免平民百姓的钱粮税赋。但是收效不大。康熙四十三年(1704 年),在亲临北方五省视察之后,他发现问题依然

———————————

① 参见王先谦:《东华录》康熙卷44,二十八年十月癸未条。

很严重。于是再次下诏要求各地"蠲免钱粮",指出其目的是希望"加恩小民",但是他不得不承认当时的土地占用状况和农民并没有得到多少实惠的事实,并对此表现出了无奈:"然田亩多归缙绅豪富之家,小民所有几何?从前屡颁蠲诏,无田穷民未必均沾惠泽,约计小民有恒业者,十之三四耳,余皆赁地出租"①。

从康熙帝这段话不难看出,康熙帝认为在当时大约有十之三四的农民"有恒业者",也就是他们都有自己的田地耕种,是他们的不动产。当然,这些田地数量有限,仅供维持家庭的正常生活而已。这就是我们常常说的自耕农。应该承认,康熙掌握的情况较一般人还是比较全面准确的,特别是从全国角度而言,应该是比顾炎武等人了解的更贴近事实真相。

这是康熙帝描述的当时全国的基本情况。到了雍正年间,山东省依然是"有田自耕之民,什之二三,其余皆绅衿人等招佃耕作"②。即使是过了一百多年以后,在一些地方文献的资料记载中,我们还是能够清晰地看出康熙的这一判断依然有着较为扎实的事实依据。

据嘉庆九年(1804年)编纂的《巴陵县志》记载,在该县的人口构成中,"十分其农,而佃种居其六"③。也就是说,该县的农民中,自己没有土地被迫租种他人的佃农占到60%之多,那么其余40%的农民的耕种生活是什么样子的呢?这里会生出二种理解,一种是这40%都是农民,都有自己的田地,这从"十分其农"的表述中首先就会得出这一结论。

但是,我们仔细分析也会做出第二种理解判断,这里的"十分其农"的"农"应该是包含了所有拥有田地用以"农"事的人,也就是说应该包括地主和拥有少量田地用于自耕可以维持家庭基本生存需要的自

---

①　参见王先谦:《东华录》康熙卷73,康熙四十三年(1704年)正月辛酉条。

②　参见《康熙实录》卷215,《宫中档雍正朝奏折》第21辑。

③　参见《皇朝经世文编》卷29,《巴陵志田赋论》。

耕农。那么,这其中地主的数量到底占多大的比重呢? 就是按照顾炎武等人对土地集中程度比较高的江南地区的估计来测算,亦大约在 10%左右。也就是说,当时巴陵地区的自耕农数量至少应该是在 10%以上。

当时自耕农占有一定的比重,应该是特殊历史条件下的必然结果。上面我们分析过,经过明末激烈的社会动荡,许多王公贵族官宦人家或死亡或逃亡,他们原先占有的大量田地也就成了无主地,同时也还有各种原因形成的大量无主地,如此种种皆造成了大量田地荒芜。为了解决这一问题,清政府多次下令招揽流民百姓耕种这些弃耕之田。为了鼓励这些民众开垦种植这些荒地,还实行了更名田,即承认实际耕种者拥有这些土地的所有权。

需要说明的是,明末农民起义的产生和活动区域主要是在北方,这些弃荒之地也大都在北方,而当年明代王公贵族所拥有的田地恰恰也主要分布在北五省和甘肃、湖北、湖南、安徽等北方地区,在这些地区数量大约是 21 万顷左右,而在较为集中的北五省就达 13 万顷左右,竟然占到了总数的 60%之多①。

显然,这是北方地区自耕农比较多的一个重要原因。所以,有研究者明确指出:“在十八、十九两个世纪,也即从清初到清末,无论是全国范围,还是不同省区和县份,自耕农的人数,占到农村人口的百分之二十至四十之间,但占百分之二十的是个别地区,多数情形是在百分之三十至四十之间”,在仔细分析比较了不同地区的文献史料后,该研究者进一步判断:“北方土地占有的情形不同,相对分散,自耕农较多。把这个因素考虑进来,从全国来看,说自耕农占到农村人口的百分之三十至四十,应该是比较保守的说法,实际上它的比重还要高些”②。

---

① 参见陈支平:《清代赋役制度演变新探》,厦门大学出版社 1988 年版,转引自方行:《清代前期北方的小农经济》,《历史研究》1991 年第 2 期。

② 参见冯尔康:《清代自耕农与地主对土地的占有》,见吴廷璆等编:《郑天挺纪念论文集》,中华书局 1990 年版。

另一位研究者也认为:"清代前期,北方自耕农一般较南方为多,但文献资料匮乏,难以作准确的数量考察。北方各个地区之间,由于历史原因,以及社会、经济等因素的差异,自耕农所占比重,亦难以划一",在仔细分析比较了一些文献资料、历史数据和研究成果后,该研究者得出了比较确切的结论,认为有的地区"自耕农人户占有百分之三四十,所拥有土地占百分之五六十,则不能说是没有根据的。在一些比较贫瘠的地区,自耕农所占户数和耕地数,还会超过上述比例",而"在寒冷高原,土地特别贫瘠的边远地区,则自耕农所占比例更大"①。陕西洛川县就属这类地区,这里"地广人稀,虽极贫乏之家,亦有地数十百亩。非赢业也,乃多荒芜不治,有河而不求灌溉之方,有山而不知森林之益,有水有草而不知畜牧,有桑有棉而不知纺织。其惰如此,其贫可知"②。

其实,不管这些专家学者的观点有何差异,他们在一点上的结论还是一致的,即当时土地占有严重不均,权贵地主大肆吞并田地,土地集中程度较高,占人口极少数的权贵地主拥有大量田产,而占人口绝大多数的农民却处于无地或少地的状况。人均占有土地数量总的情况是呈下降趋势,人地关系紧张。

二、沉重的地租田赋

随着土地的日趋集中和无地少地农民的日益增多,大批农民被迫靠租种田地为生,同时,他们也被迫要向地主缴纳地租,甚至还要满足承担赋税等其他苛刻的条件。前面提到顾炎武先生曾严厉谴责田地集中到少数人手中的混乱局面,他同时也愤怒地抨击了当时的地租之重:"一亩之收,不能至三石,少者不过一石有余,而私租之重者一石二三

---

① 参见方行:《清代前期北方的小农经济》,《历史研究》1991年第2期。
② 参见陈支平:《清代赋役制度演变新探》,厦门大学出版社1988年版;转引自方行:《清代前期北方的小农经济》,《历史研究》1991年第2期。

斗,少者亦八九斗。"①这是清政府统治初期苏南地区的地租情况。随着土地的不断兼并,土地的集中程度不断增加,无地少地的队伍逐渐扩大,地租的剥削程度也"水涨船高"。到了第一次鸦片战争期间,这一地区的地租"少者亦得一石出头,而重者竟有一石五斗之额"②。对于当时地租超出常理的严重程度和地主穷凶极恶地追缴逼租,同时代流传着的民谣作了最好的描述:"催租急于石壕吏,倾瓶倒筐向何藏,坐使农家注空釜,累累看汝堆仓箱"③。

我们还应该知道,地租只是佃农交予地主的"土地使用权"的一部分,虽然就这一方面而言佃农已不堪重负,但除此以外他们往往还要负担田赋等其他赋税。自耕农的状况要稍好一些,因为他们没有地租的支出,但是承担到他们头上的苛捐杂税也是名目繁多,严重地超出了他们的承受能力。

为了减轻农民的负担,打击豪强地主逃避国家税赋,保持社会稳定,封建统治者在不断推出花样翻新的税赋的同时也不断采取试图促进税赋公平的举措。例如,康熙帝在位期间就采取了很多措施,如前面论及的"滋生人丁永不加赋"和"摊丁入亩"等等。但是这些政策并没有得到认真地贯彻落实,收效并不显著。上有政策下有对策,豪强地主和各级贪官污吏互相勾结沆瀣一气,地主权贵千方百计逃避税赋徭役,力图不缴或少缴钱粮银赋,而把他们应当承担的那部分转嫁到普通民众的身上。在那个时代,这是一种普遍的现象。

冯桂芬是今江苏苏州人,曾师从于"中国近代第一个睁眼看世界的人"林则徐。冯桂芬对自己家乡的情况应该是比较了解的。他对当时这种极不合理的现象就有过细致的记载:"今苏属完漕之法,以贵贱强弱为多寡。不惟绅民不一律,即绅与绅亦不一律,民与民亦不一律;

---

① 顾炎武:《日知录》卷10,《苏松二府田赋之重》。
② 参见陶煦:《陶氏五宴集》,《重租论》。
③ 参见《折股怨》,《南浔志》卷29,第22页。

绅户多折银,最少者一石二三斗当一石,多者递增,最多者倍之;民户最弱者,折银约三四石当一石,强者完米二石有余当一石,尤强者亦完米不足二石当一石"①。

他说得已经够清楚了,"贵贱强弱"是缴纳税赋多寡的唯一标准。众所周知,只许州官放火,不许百姓点灯,有钱能使鬼推磨,在古代和近代中国似乎这是一条颠扑不破的真理。我们完全可以想见权力和金钱是如何地臭味相投结合在一起共同欺压劳苦大众、无权无势和相对少权少势的群体的。时人盛康对此亦曾细致描述和大加感慨:"同一百亩之家,有不完一文者,有完至数十百千者,不均孰甚焉。……各县绅衿,有连阡累陌,从不知完粮为何事者"②。

上面所列主要是江苏一带的情况,其他地方的农民状况也基本相同。我们可以再看看江苏的邻居浙江省。我们知道,江浙地区曾经被洪秀全太平军占领过,自被攻占后就一直战火连连,农民的灾难深重更可想而知了。许多地方曾经被太平天国和清政府反复争夺轮流占据过,农民的被盘剥当然更是变本加厉了。

湘军的重要领袖左宗棠攻下杭州后就任浙江巡抚,上任后他发现当地的民众一贫如洗,田赋的征收和负担极为不均且更加严重,有权有势的世家大族纷纷逃避钱粮税赋,巧立名目寻求减免,和贪官污吏相互勾结,将其应当负担的部分转嫁给所谓的"小户"身上。对此他极为不满和愤愤不平,多次给朝廷上疏要求减免一些州县的"漕粮"和"浮收"等。

所谓漕粮,是指通过京杭大运河或海路运往京师的征缴食粮,所谓浮收,是指由缴纳食粮之人一并缴纳的从征缴之地运到京师的运费。在具体征收漕粮时,有些地方往往会折算成钱银缴纳。但是,各级各类

---

① 参见冯桂芬:《均赋议》,《显志堂稿》卷5。
② 盛康:《皇朝经世文续编》卷36,《赋役三》。

官吏无论是征缴漕粮还是折算成银钱还是征缴浮收等方面在征缴的数量上都要远远大于民户实际应摊入缴纳的数额。所以左宗棠极力主张对其减免。

他在上疏中非常坦言，一些地方"盖一县之中，花户繁多，灾歉蠲免，悉听经书册报。世家大族，丰收者亦能蠲缓，编氓小户，被歉者尚多全征。且大户仅完正额，小户更任意诛求。……以小户之浮收，抵大户之不足。官吏征收不善，小民咨怨有词，故闹漕之案，往往因之而起"①。在奏请减免绍兴等地浮收钱粮的上疏中他指出："兹查浙东八府，钱粮征数，以绍兴为最多，浮收之弊，亦以绍兴为尤甚。山阴、会稽、萧山诸县完纳钱粮，向有绅户民户之分，每正耗一两，绅户仅完一两六分至一两三四钱而止，民户则有完至二千八九百文或三四千文者。以国家维正之供，而有绅民轻重之别，以闾阎奉公之款，徒为吏胥中饱之资。官司以赔垫为苦，民户以偏重为苦。"②

湖北的情况也大致相似。时任湖北巡抚的另一位湘军巨头胡林翼也曾多次上疏朝廷痛陈漕粮折色浮勒诸类之弊端，希望引起当权者的足够重视并加以纠正和解决。可以说，对这些问题，他是到了不厌其烦甚至是啰唆不止的地步。例如，他在一个认为应该急迫办理的奏折里就说："鄂省漕粮，弊窦太深，数十万之正额，征派不满一半，数十年之积弊、浮勒至于十倍。……陋规多至数十款，百余款，浮费多至数千两、数万两不等"③。在他的另一个关于整治漕运弊端的奏折里，他又一次详细罗列了层出不穷不断翻新的所谓"折色"、"浮收"花样："其征收折色，每石折收钱五六千，或七八千，或十二三千，或十五六千，竟有多至十八九千者；其征收本色，每石浮收米五六斗，或七八斗，或加倍，竟有多至三石零者；此外又有耗米、水脚等项，分款另收；又有由单、券票、样

① 左宗棠：《议减杭嘉湖三属漕粮大概情形折》，《左宗棠全集》奏疏卷11。
② 《左宗棠全集》奏疏卷8。
③ 参见胡林翼：《奏陈鄂省尚有应办紧要事件等折》，《胡林翼遗集》卷23。

米、号钱等名。多端需索,民力几何,其能堪此"①?

三、抗租抗赋风潮

如此严重的地租田赋苛捐杂税确实到了广大农民群众和弱势群体难以承担的程度,引起了他们的强烈不满和极度愤慨,各地抗租抗赋抗捐抗税事件不断发生。我们还是以江南地区为例。大致说来,"抗捐抗税斗争分成两波席卷江南,一次是 1840—1846 年间,更大的一次则出现在 1853 年,那一年太平军抵达南京,松江、太仓又爆发了小刀会起义"②。

19 世纪四五十年代的江南抗租抗赋抗捐抗税斗争可谓风起云涌,如火如荼,几乎遍布江南的每一个角落。这些抗捐抗税事件的主角和主体当然主要是穷苦百姓,但是其中也有不乏实力的地主豪绅。

我们知道,当时江南的一些地方田赋完税是划分为等级进行的。一般是将缴纳对象划分为三类,即上层绅户、下层绅户和普通民户。这三者之间的赋税缴纳负担比例并不一致。普通民户承担的税额比绅户往往要多出三四倍。绅户之间也因实力大小不同承担的税额不尽相同。这样,不仅普通民众对现状不满意,就是作为封建统治基础之地主阶级的一部分也对这一社会现实强烈不满意。这些地主或明或暗地鼓动普通百姓起来闹事,他们趁机煽风点火,浑水摸鱼,以便从中渔利。

位于苏州府北面的昭文县东张市的地主郑光祖就是其中的一位。他不但拥有大量田地,家产殷商,而且还热心公益事业,在当地小有名气。他曾详细地记载了一些抗捐抗税的具体事件,给我们保存下来许多珍贵的历史资料。

当时,驻守苏州负责漕运用船的船工是旗人,也就是旗丁,他们在

---

①　胡林翼:《革除漕务积弊并减定漕章密疏》,《胡林翼遗集》卷 23。

②　[美]白凯:《长江下游地区的地租、赋税与农民的反抗斗争 1840—1950》,林枫译,上海书店出版社 2005 年版,第 79 页。

当地有屯田,当然并没有亲自耕种,而是租与佃户收取地租。这些地租也是这部分旗丁的主要生活来源,并且足以维持他们的生计。但是,他们还是以种种借口不断提高地租,最后竟然比附近其他地方的军屯田的地租高出一倍有余。这当然引起了租户的不满和抗议。他们公然拒绝缴纳。1841年,屯田旗丁将欠租之人告到官府,地方官吏将带头闹事的王家两位兄弟抓到了衙门,当然这也没能解决问题。最后,在1842年,当旗丁和其雇用的其他催讨人员反复催缴时,这些佃户们终于忍无可忍,群起而攻将屯田旗丁赶出了当地①。

可以说以王家兄弟为首的这场抗争意义是很大的,影响也是不小的。此事件很快广为传播,对那些同样遭受不公平待遇的民众无疑是一个巨大的鼓舞。他们早已忍无可忍了,于是纷纷仿效,在各地举起了一面又一面的大旗,终于在这一地区形成了一个抗捐抗租的燎原之势。1842年郑光祖家乡的佃户们的所作所为就是这一群体抗租事件中比较典型的一个代表。

当时,佃户们推举了一位首领,名字叫闵元元。当然,他不是一般的佃户,他当时的职业是"仲保",也就是在出租者和租种者之间充当中间人和担保人。显然,他的地位很特殊,周旋于有权有势之人和普通民众之间,对双方的了解显然比一般的人要多得多,知识面也较一般人为广,应该是口齿伶俐,能言善辩,八面玲珑。按照一般常理,这样的人应该是站在穷苦百姓的对立面,代表权贵利益的。他当时能够被老百姓推举为领头人,说明他的确很有一套笼络人心的方法,在普通群体里威信较高,人们大多还是比较相信他的。

另一方面,他能够公然接受这一推戴,说明他也是经过深思熟虑后的慎重抉择,因为他很清楚担当了这一职位就意味着什么。这就意味

---

① ［美］白凯:《长江下游地区的地租、赋税与农民的反抗斗争 1840—1950》,林枫译,上海书店出版社 2005 年版,第 81—82 页。

着他将公然与他以前服务的另一少部分群体和官府对抗，除非万不得已或有充足的理由稳操胜券，以他的学识和观察，他应该不会如此莽撞的。从当时的情况看，显然应该是后者，即他认为这些佃户的诉求是正当的，合理合法的，应该有充足的把握取得胜利。因为他很清楚，大清皇帝曾经多次下诏要求各地减免民众的税赋，他对地方官府和权贵地主如何地相互勾结欺压百姓也比较了解，甚至具体细节和操作手段都了如指掌。但是，他还是不了解统治者的黑暗和残暴，可以说还是很天真的，没有充分估计到这一举动的严重性，最后把性命也搭进去了。

他们起事之时，"佃户队伍最初只有 60 人左右，但是随着抗议活动的发展而不断壮大，在闵元元的领导下，他们 5 天之内就攻击了老吴市巡司衙门以及至少 15 个地主和数户催甲的住宅。佃户没有碰这些人一根汗毛，但劫掠了大部分人家的粮食、银钱和其他财宝，还放火烧了几家"。此事发生之后，当地县令立即率兵前来镇压。郑光祖承认他和另外两位曾经遭到过闵元元进攻的地主组织了一部分人协助官兵围剿这伙民众，结果，闵元元自知事情闹大了，官府玩真的了，他们怎么能斗过官府？当然是寡不敌众，事已至此已无可奈何了，于是他选择了跳河自杀。其他参与者或逃亡或被抓，被抓者有的被处死，有的被处以不等的刑罚。

四年后，即 1846 年，这一地区又爆发了规模更大的抗捐抗税风暴。这次抗捐抗税的风潮参加的人数更多，波及的区域更广泛，但最终同样还是被残酷地镇压下去了①。

一次次的抗捐抗税事件令统治者伤透了脑筋。后来太平天国的赋税征收方法令清王朝大受启发。我们知道，太平天国起义军从 1853 年占领南京至 1864 年南京陷落就拥有政权长达十一年之久。这期间，太

---

① 参见［美］白凯：《长江下游地区的地租、赋税与农民的反抗斗争 1840—1950》，林枫译，上海书店出版社 2005 年版，第 82—88 页。

平天国对包括南京在内的江南部分地区如苏州、常州、杭州等地实行过有效的统治。太平天国采取的是直接向佃户收取租税的办法。有研究者认为："正是因为太平天国运动对江南地区的席卷，并直接向佃户收税的方式，极大地改变了之后清朝重建佃户、地主与国家三方关系的博弈。大地主与国家的联合关系得到强化"①。

　　同治二年（1863 年）10 月，在太平天国苏州守军将领的叛变配合下，李鸿章攻下了苏州，就任江苏巡抚。当时，正是秋季收租之时，但是持续的战争使按照正常做法和途径按时完成收租任务变得难以实现，于是当地的地主就联合起来倡议由政府出面设立具有官方性质的"收租局"，由官方委派专人协助地主收取地租。

　　本来，在这以前，清政府的各级官僚机构都是不直接介入地租的收取的，收取皇粮田赋才是他们的职责。那么，这个时候为什么"收租局"堂而皇之成为了清王朝的一个官方机构了呢？是谁有这个胆量竟敢如此大胆地批准同意的呢？有研究者认为："同意苏州绅商成立'收租局'的，当为江苏巡抚、淮军首脑李鸿章"②。当时这帮倡议者们确实很聪明，也很诚恳。他们很明白当年很难把应收取的地租如数收缴上来，所以主动提出他们只收取规定地租的一半，另一半则平均分成三份，一份给予佃户，一份用作苏州的善后工作，一份献给清军作为军粮。后两者对于新主政江苏的李鸿章来说都是当务之急，而当时清王朝也给了李鸿章决定此类事情的权力。

　　此风一开，江南各地陆续出现了一些类似的机构，当然在名称上有所不同，而且也不固定，经常会变更，有的叫追租局，有的称追租委员会，等等。结果，"1886 年之后，国家通过建立追租局，使得对欠租佃户的追诉从正规司法体系中分离，免除了昂贵的诉讼成本。通过国家催

---

①　吕新雨：《近代以来中国的土地问题与城乡关系的再认识》，《开发时代》2012 年第 7 期。

②　参见高王凌：《租佃关系新论——地主、农民和地租》，上海书店出版社 2005 年版。

租系统提供的服务,地主可以绕开法庭,收租和催租系统变得更有效率。但是,地主与佃户之间的关系却恶化了,乡村传统的儒家伦理对于租佃关系丧失了维护的效用,阶级冲突公开升级"①。

　　毫无疑问,这一举措其本来亦有缓和地主阶级和农民阶级的矛盾之意,结果适得其反,反而更加剧深化了他们之间的矛盾。各地的抗捐抗税事件并没有得到有效遏制,反而更大规模的抗争包括农民起义在各地更是连绵不断,最终终于形成了席卷大半个中国的太平天国农民大起义。事实再次说明不从根本上解决土地占有不均、地租田赋过高和官吏豪强的贪污腐化徇私舞弊等问题,就不可能彻底解决当时日益严重的阶级矛盾和社会矛盾,清王朝在风雨飘摇中苟延残喘的日子也就越来越少了。

四、"凡天下田,天下人同耕"的土地主张

　　以洪秀全为领袖的太平天国农民战争的爆发决不是偶然的,是当时各种社会历史条件的合力促成的必然结果。从上面的分析我们不难看出,当时的各种矛盾确实已经到了难以调和的程度。特别是农民阶级和封建地主阶级的矛盾更是日益尖锐深化,广大人民群众早已生活在水深火热之中。

　　我们知道,在封建社会,对于农民来讲,土地是最重要的生产资料,渴望有一份能够自谋生路自食其力的田地是每一位无地或少地的穷苦农民的主要愿望甚至是最重要的愿望。减轻农民附着在人身上和土地上的负担也是他们的一个重要诉求。正是土地的占有不均和农民身上不合理的沉重负担形成了社会的贫富不均和不公平。

　　纵观历朝历代爆发的农民起义我们不难发现,他们往往都要提出

---

　　①　吕新雨:《近代以来中国的土地问题与城乡关系的再认识》,《开发时代》2012年第7期。

均贫富均田地等涉及土地或钱粮田赋之类的口号和主张。北宋初期的王小波、李顺起义就明确提出了"吾疾贫富不均，今为汝等均之"的口号，南宋初期的钟相、杨幺起义也提出了"等贵贱，均贫富"的主张，明末李自成农民起义军提出了"等贵贱，均田免粮"的口号，"迎闯王，闯王来了不纳粮"成了一句家喻户晓、脍炙人口的流行语。

1851 年，洪秀全领导的金田起义在广西爆发。当时，洪秀全就发布旨意明确太平军的进攻方向。他确定的最终攻夺目的地不是清王朝的首都北京，而是他心目中的"小天堂"南京。在 1853 年 3 月占领南京后，他决定将南京作为太平天国的首都，并更名为天京。这年冬天，他颁布了《天朝田亩制度》。这是太平天国农民战争史上具有重大历史意义的一份纲领性文件。为了肯定这个制度的重要和引起人们的重视，七年后又曾再次重印发行。可见《天朝田亩制度》在洪秀全和太平天国领导人心目中的地位。

本来，在太平军刚占领南京之时，在颁布《天朝田亩制度》之前，太平天国还曾颁布过一个政策性的文件，其具体名称也很难确定，现在大都称作《待百姓条例》，或者称作《百姓条例》等①。这个条例是由东王杨秀清拟定经天王洪秀全批准颁布的，其性质和形式等和由干王洪仁玕等人拟定奏请洪秀全批准颁布的《钦定士阶条例》相似。所不同的是，《钦定士阶条例》的原文保留了下来，而《百姓条例》的原文至今没有发现，而且能够窥见其内容的史料亦不多见，但是从散见于当时文献中的些许记载我们大致还是能看出其中的一些蛛丝马迹的。

在这些稀疏的史料中，人们引用最多的就是《金陵述略》中的描述："不要钱漕，但百姓之田，皆系天王之田，每年所得米粒，全行归于

①　姜涛：《太平天国〈百姓条例〉考》，《盐城师专学报》1984 年第 1 期，中国人民大学复印报刊资料《中国近代史》1984 年第 5 期。

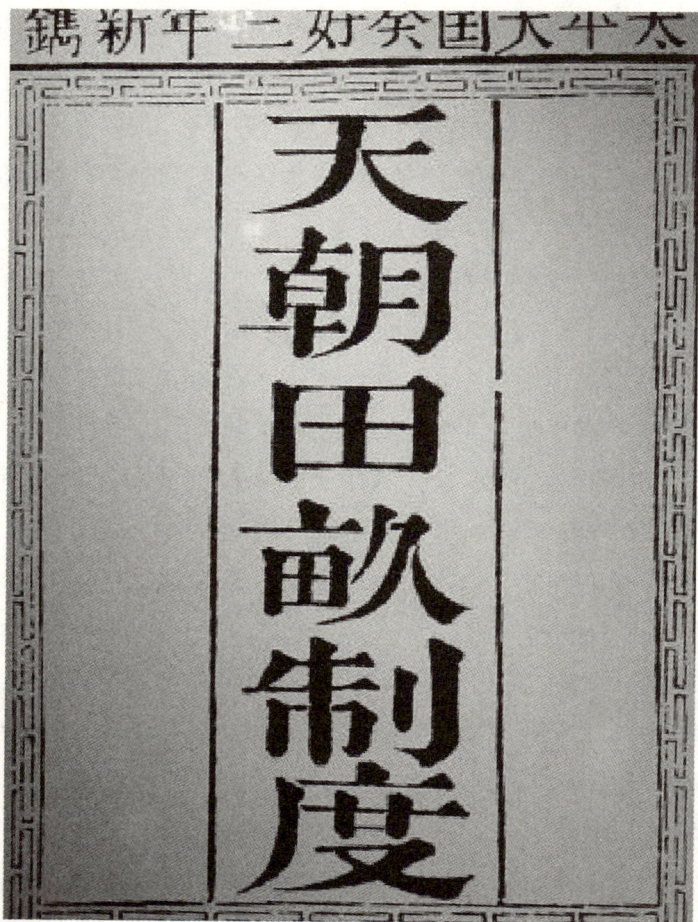

《天朝田亩制度》刻本封面

天王收去,每月大口给米一担,小口减半,以作养生之资。所有少妇闺女具备天王选用。店铺买卖本利,皆系天王之本利,不许百姓使用,总归天王。如此魂得升天,不如此即使邪心,即为妖魔,不得升天,……"①当然,这里所描述的不是该条例的原文,只是其中的某些内

_____

① 中央档案馆明清档案部编:《太平天国史料》,该史料1963年编成,没有正式出版,第481页。

容,而且作者是趁着官兵进攻太平军的机会从南京逃跑出来的,从其所使用的词语可以明显看出对太平军充满了敌意,他认为他"今幸"清王朝的官兵"从天而降",使他得以"重生",才能够"从贼中逃出"①。所以,作者的描述肯定与事实有出入,而且不乏诬蔑之词,但是一些基本的事实应该还不是子虚乌有的。我们再加上其他的史料相佐证,还是能够发现历史的大致轮廓的。

当时类似的描述还有:"天下农民米谷,商贾资本,皆天父所有,全应解归圣库,大口岁给一石,小口五斗,以为口食而已。此示一出,被惑乡民方如梦觉,然此令已无人理,究不能行,遂下科派之令。"②这里所叙述的是转述太平军占领南京后所发布的告示内容,亦应该是指的《百姓条例》。显然,在这里,作者也是带着敌视诬蔑的感情色彩进行表述的。而且,二者之间还有一些描述差别很大,前者是说"每月大口给米一担",后者是说"大口岁给一石"。这里的"岁"应该是"月"字之误。"有关'月给一担'的记叙确是可靠的"(参见姜涛上文)。此外,后者也没有提及免除钱粮的规定。虽然如此,我们从这二处相互印证的表述中可以推断当时太平天国确实颁布过类似的一个关于钱粮田赋商业等与百姓生活密切相关的政策性文件。

在《百姓条例》中,我们应该给以高度评价的应该是"不要漕粮"的规定。虽然上面提及的《贼情汇纂》中并没有说到这个问题,但综合当时的各种情形判断,《金陵述略》应该更符合历史事实。这里有必要了解一下其作者究竟是何许人也。《金陵述略》原文署的是上元锋镝余生洒血泣志,这里的"上元锋镝余生"显然是编造的假名。

据姜涛考证,该书作者应该是洪玉珩,曾担任过江苏松江府的知

---

① 中央档案馆明清档案部编:《太平天国史料》,该史料 1963 年编成,没有正式出版,第 479 页。

② 张德坚:《贼情汇纂》,《中国近代史资料丛刊》之《太平天国》,本书编委会编,上海人民出版社、上海书店出版社 2000 年版。

府。太平军占领南京后一度被俘过,后设法脱身①。很明显,作者是在太平军刚攻陷南京之后就逃脱的,而且当时太平天国才刚刚发布《百姓条例》,作者的记忆和追述应该更贴近事实真相。而且,"不要钱粮"也是获得广大农民群众拥护太平天国的重要保证,至少在太平军刚占领南京之初政权未稳之时很有必要。太平天国的领导人不会不清楚这一点。对于老百姓而言,"不要漕粮"在当时更是直接关系他们眼前切身利益的大事,更实际更立竿见影。当然,对田地的渴望才是老百姓最主要的诉求,但在太平天国刚刚打下南京政权还在飘摇不定的时候,太平军领导人那时也不可能有时间和精力考虑这一问题。这应该是统治稳固或基本稳固之后的事情。

1853 年冬,在太平天国事业已呈现出稳固和蒸蒸日上之势,洪秀全不失时机地颁布了《天朝田亩制度》。这是太平天国运动史上一个重要的历史文献,也是中国农民战争史上一个里程碑式的文献,其内容涉及军事、政治、经济、文化、宗教和社会生活等诸多方面,可以说是太平天国综合性的施政纲领。《天朝田亩制度》最引人注目的内容应该就是关于土地问题的主张和规定。在太平天国领导人看来,这也是他们最重视的,最需要解决的,最能笼络人心的,最能获得广大人民群众支持和拥护的问题。正是基于这样的认识,他们才给这个"制度"冠名以"田亩"制度。可以肯定地说,在那个时代,对于广大的无地少地的穷苦百姓而言,渴望拥有一份能够属于自己的能够自食其力维持家庭生计的土地是多么的刻骨铭心。甚至从某种程度上可以断言,对于大部分人来讲,在大多数时候这应该是他们一生中的最高理想。《天朝田亩制度》在这方面确实切中了这些老百姓愿望的命脉,把他们对土地的期盼表达得淋漓尽致,使他们的眼睛为之一亮,无疑是深得人心的。

---

① 　参见姜涛:《太平天国〈百姓条例〉考》,《盐城师专学报》1984 年第 1 期,中国人民大学复印报刊资料《中国近代史》1984 年第 5 期。

　　《天朝田亩制度》在经济方面总的指导思想还是上面《百姓条例》中提及的"皆系天王之田"、"总归天王"、"皆天父所有，全应解归圣库"等，即所有的财富包括土地都属"天王"、"天父"所有，也就是不允许任何人拥有私有财产，"天下人人不受私，物物归上主"。这里的天父、天王或者圣库其实都是一个含义，即天下财富都为太平天国所公有，洪秀全是集多种角色于一身，是太平天国的代表和化身。在这种思想的指导下，在土地的具体分配上就是废除封建地主阶级的土地占有制和土地私有制，实行彻底的平均主义和公有制原则，因此土地分配的总策略方针就是"凡天下田，天下人同耕，此处不足，则迁彼处，彼处不足，则迁此处"①。也就是说，天下的田地都是天下人所公有共有的，或者说是归以洪秀全为代表的太平天国所有，任何人都不能据为个人私有。这些田地由天下人分领耕种。一个地方的田地如果不够当地人分配耕种，那么就将这个地方的人迁往田地充足的地方居住分配，反之亦然。

　　对于土地的肥瘦问题，《天朝田亩制度》也规定了解决的办法，"凡天下田，丰荒相通，此处荒则移彼丰处，以赈此荒处，彼处荒则移此丰处，以赈彼荒处"②。也就是说，在分配田地时，要充分考虑到土地的贫瘠肥沃、地理位置、播种收成等情况，根据田地不同的方位田块的不同收获状况给予合理的搭配，使人们分配到手的田地最后的粮食收获基本相等。太平天国领导人天真地认为，如果实现了这一大政方针，他们相信就能做到"使天下共享天父上主皇上帝大福，有田同耕，有饭同食，有衣同穿，有钱同使，无处不均匀，无人不饱暖也"③。也就是建立

----

　　①　翦伯赞、郑天挺主编：《中国通史参考资料·近代部分》（修订本）·上册，中华书局1985年版，第170页。

　　②　翦伯赞、郑天挺主编：《中国通史参考资料·近代部分》（修订本）·上册，中华书局1985年版，第170页。

　　③　翦伯赞、郑天挺主编：《中国通史参考资料·近代部分》（修订本）·上册，中华书局1985年版，第170页。

了一个人人平等没有贫富分化没有饥饿贫困没有社会不公，到处充满了祥和公平正义的大同社会。

至于具体的分配方法则是："凡田分九等：其田一亩，早晚二季可出一千二百斤者为尚尚田，可出一千一百斤者为尚中田，可出一千斤者为尚下田，可出九百斤者为中尚田，可出八百斤者为中中田，可出七百斤者为中下田，可出六百斤者为下尚田，可出五百斤者为下中田，可出四百斤者为下下田。尚尚田一亩，当尚中田一亩一分，当尚下田一亩二分，当中尚田一亩三分五厘，当中中田一亩五分，当中下田一亩七分五厘，当下尚田二亩，当下中田二亩四分，当下下田三亩"①。规定可谓详尽备至。显然，上一节说到的"天下人同耕"、"丰荒相通"等只是总的原则。这里的具体细则才方便易行，具有实际的可操作性。这里说得很明白，天下的田地分成九个等级，即尚尚（"尚"是"上"的意思，"上"是太平天国的避讳字）、尚中、尚下、中尚、中中、中下、下尚、下中、下下九等，其标准是根据每亩田地一年两季的粮食收获量的总和来确定的，每亩一年两季亩产一千二百斤的田地属于尚尚田，其余每个等级依次递减一百斤，直至下下田每亩两季亩产为四百斤。根据这个标准，《天朝田亩制度》测算出每个等级之间的换算方法。一亩尚尚田相当于一亩一分尚中田、一亩二分尚下田、一亩三分五厘中尚田、一亩五分中中田、一亩七分五厘中下田、二亩下尚田、二亩四分下中田、三亩下下田。为了使田地的分配做到绝对的公平正义和无懈可击，不给地方官吏在具体执行时留下可乘之机，太平天国领导人真可谓费尽心机。

在如何计算和对待"天下人"方面，《天朝田亩制度》也有详细的规定："凡分田，照人口，不论男妇，算其家人口多寡，人多则分多，人寡则分寡，杂以九等。如一家六人，分三人好田，分三人丑田，好丑各一

---

① 翦伯赞、郑天挺主编：《中国通史参考资料·近代部分》（修订本）·上册，中华书局1985年版，第170页。

半”；“凡男妇，每一人自十六岁以尚，受田多逾十五岁以下一半。如十六岁以尚分尚尚田一亩，则十五岁以下减其半，分尚尚田五分；又如十六岁以尚分下下田三亩，则十五岁以下减其半，分下下田一亩五分”①。

值得肯定的是，它确定分配的最终依据是按照家庭和人口数量，其中特别强调不分男女一视同仁。这一点积极意义是很明显的。

我们知道，在封建社会，妇女的地位是较低的，在很多方面都受到限制和歧视。太平天国打破了这一传统观念，在对农民切身利益最为密切的土地方面给予了妇女平等的地位，这是应该予以充分的肯定和高度的评价。按照这一原则，如果一个家庭的妇女较多，这个家庭同样能与男性人口较多但人口数量相同的家庭分到同样数量的土地，这在封建社会里简直是不可思议的事情。在分配田地时，按照家庭人口的数量多少进行不同等级田地的搭配。当然，因为田地等级较多，各地的土地质量各不相同，很难从全局上制定像田地等级、不同等级田地之间的换算方法那样的硬性具体规定，《天朝田亩制度》只是笼统地规定了一个家庭所分得的土地应该是“杂以九等”，其中“好”田地和“丑”田地各一半。虽然笼统，但也不难理解，但是这个制度还是不厌其烦地又列举了一个六口之家的具体分配方案，即要分给这个家庭三口人的好田和三口人的丑田。与此同时，《天朝田亩制度》还对“天下人”分配田地的年龄作了明确的规定。虽然“天下人”不分男女老幼人人都可以分到田地，但在数额上还是有所不同的。任何人不区分男女只要超过了16岁，就应该分配到当地平均每人分到的土地的一份，而15岁以下的人口则只能分到平均数的一半。为了便于理解，制度中又不厌其烦地用例子加以说明。如果16岁以上的人口分到了一亩上上田，那么15岁以下的人口就要减去一半分得，也就是分到手上的田地应是五分

上上田;如果 16 岁以上的人口分到了三亩下下田,则 15 岁以下的人口就只能分到一亩五分的下下田。

从上面可以看出,如此细致完备的规定甚至都给人以啰啰唆唆、颠来倒去的感觉,大概也是为了让在太平天国领导人看来这样无比重要的制度能够深入人心和切实准确无误地贯彻执行下去吧!

《天朝田亩制度》以历史上前所未有的姿态和方式,表达了对封建地主阶级土地所有制和占有制的强烈不满和愤慨,表达了农民对土地的渴望和对土地问题的理念和主张,以大无畏的革命精神企图对其进行摧枯拉朽、横扫一切的破坏和摧毁,企图推倒后在它的废墟上重建一个"有田同耕,有饭同食,有衣同穿,有钱同使,无处不均匀,无人不饱暖"的理想社会,确实难能可贵。

然而,由于种种主客观原因,《天朝田亩制度》并没有有效地贯彻执行下去,甚至基本上是没有执行下来。在个别地区在太平军刚占领之初,确实也曾分过田地,太平天国还发给获得田地的这些农民"田凭"以作为拥有土地所有权的凭证。一些地方还把公田或逃跑的地主乡绅的土地分给农民。但这些情况毕竟是极少数。

虽然,在《天朝田亩制度》颁布以前,太平天国曾经颁布过《百姓条例》,宣布废除田赋制度,"不要漕粮",取而代之的是贡献制,并在一些地区确实实行过,但是它毕竟是在个别地方短时间内实行过,就太平天国整个的统辖区域来看,在大多数地区的大多数时间里其实际实行的仍然是"照旧纳粮"制度。

大约在 1854 年上半年,东王杨秀清、北王韦昌辉和翼王石达开曾给天王洪秀全上过一个关于"奏请晓谕良民照旧交粮纳税"的奏章,指出,上这个奏章的目的是为了"征办米粮以裕国库",认为"建都天京,兵士日众,益广积米粮,以充军储而裕国课",建议"安徽、江西米粮广有,宜令镇守佐将在彼晓谕良民,照旧交粮纳税",如果洪秀全批准这一方案,他们就将"颁行诰谕,令该等遵办,解回天京圣库堆积"。洪秀全接到这份奏请后批示"胞等所议是也,即遣佐将施行。钦此"①。

洪秀全当年永安封王时封的五位王到定都南京后只剩下这三位王爷了,而洪秀全在占领南京后就再也没有走出过南京城一步,在十一年的时间里连他的天王府也只离开过一次,当时外面的局面主要是靠这几位一同造反的王爷运筹帷幄着,所以这三位王爷更清楚太平天国诸如钱粮税赋等事务的实际情况。从这个奏请不难看出,当时的"照旧交粮纳税"远比"不要漕粮"重要和切实可行。然而,如果实行"照旧交粮纳税",那么就要承认地主对土地的出租行为,进而就要维护地主的土地所有制,《天朝田亩制度》也就很难贯彻执行下去。事实上的确如此。

《天朝田亩制度》颁布之后并没有实施开来,这也许与太平天国一直没有较长时间较稳固地统治过较大的连片区域有一定的关系,许多地方都是出于清军和太平军拉锯战式地不断地争夺变换之中,例如光杭州城就曾被太平军攻陷过三次之多。但是,没能得到贯彻实施的最主要原因乃是《天朝田亩制度》严重脱离了实际,是小农意识和绝对平均主义思想的反映,是空想共产主义的表现。它严重违背了客观规律和社会现实,其结局只能是无法实施而半途夭折。

第四节　中国近代新式农垦企业

中国近代新式农垦企业是指 20 世纪初开始出现的以种植业为主的包括林、牧、养殖等业生产经营的各类垦殖公司和农场的总称。它兴起于 20 世纪初,衰于 20 世纪 30 年代。这是中国农业史上一种新型的农业经营形式。从其最初之经营目的、产品生产、劳动使用和组织形式

---

① 《东王杨秀清等奏请晓谕良民照旧交粮纳税本章》,见翦伯赞、郑天挺主编:《中国通史参考资料·近代部分》(修订本)·上册,中华书局 1985 年版,第 174 页。

来看,它未尝不具有某些资本主义的因素,然而由于其经营方式的封建性、退变性和落后性,它仍然没有脱离封建主义经济性质的范畴。张謇于 1901 年创立的通海垦牧公司是这类农垦企业中最先成立的一家,也是中国近代新式农垦企业的典型和代表;第一次世界大战期间及稍后几年是新式农垦企业发展的黄金时代;到了 30 年代左右,它就先后衰落下去了。下面,我们就从通海垦牧公司入手,来看一看中国近代新式农垦企业的一些状况和特点。

一、通海垦牧公司是中国近代新式农垦企业的代表

提起中国近代新式农垦企业,人们首先想到的估计会是通海垦牧公司。

通海垦牧公司是张謇(1853—1926)于光绪二十七年(1901 年)经两江总督刘坤一上奏批准后创设的。《清实录》记载:“刘坤一奏:‘遵饬查访滨江、滨海久荒可垦之地。兹查有通州境内吕四场及海门厅小安沙地方各荡滩,拟派在籍翰林院修撰张謇,集股试办垦牧。’得旨:‘即著认真开办,务收实效’。”①

在另一篇奏折里,刘坤一说:“时局艰危,财赋日绌,臣前叠奉谕旨,查垦荒地,……臣思此项荡滩,废弃可惜,若听民间以肥瘠为弃取,则所垦复有几何? 而全局强筹需本巨,非得本地公正明白见信于人之绅士,为之斟酌办法”②,所以他举荐督令张謇试办垦牧公司。

其实,开发通州、海门境内的盐滩荒地是张謇的夙愿。早在光绪二十一年(1895 年)受朝廷之命办理通海地区团练时,张謇就注意到了这个地方。1897 年,在《请兴农会奏》中,他建议成立垦殖公司来经营这里的荒地;1898 年,在他为刘坤一起草的《开垦海门荒滩奏略》及为翁

---

① 南开大学历史系编:《清实录经济资料辑要》,中华书局 1959 版,第 117 页。
② 李文治:《中国近代农业史资料》第一辑,三联书店 1957 年版,第 699 页。

同龢起草的《农工商标本急策》里,他均提到要建立公司招集佃民开垦荒滩,使用机器进行耕种。曾任大生第二纺织公司经理的刘厚生回忆说:"张謇对于黄海垦荒之企图,早已发生在开办纺织公司之前"。张謇曾劝两江总督亲自办理垦荒之事,但是由于投资巨大而使其"皆敬谢不敏"。张謇为此慨叹:"你能希望现在的政府来办吗"[1]? 在屡屡奏请无效的情况下,张謇只好依靠自己的力量去做了。

张謇为什么要在苏北地区创设通海垦牧公司呢? 大致说来,有这样几个原因:

第一,张謇创建的大生纱厂在度过了短暂的艰难时期后很快兴旺发展起来。特别是在 1900 年秋天,由于进口的洋纱减少,大生纱厂很兴隆,需要大量的棉花。这些原材料的获得,无论是购买还是运输都要花费大量的人力和物力,而如果能自己耕种收获,无疑将会"厚纱厂自助之力"[2]。

第二,中国历来以农为本,以商为末。饱受封建教育的张謇难免打上这种思想烙印。张謇是"实业救国"论者,提倡"棉铁主义",向往创办资本主义机器农场"以振兴农务",以更好地解决民食问题和工业原料问题。在他看来,他所创设的大生纱厂乃是"工商之事也,不兼事农,属本末不备"[3]。

第三,张謇是在海门长大的,童年时代海门农家的凄苦生活给他留下了难忘的印象。由于没有田地,很多人被迫外出做苦力。上海的人力车夫有 90% 是海门和崇明人。目睹此情此景,张謇认为:"通州范公堤外之海滨,直到阜宁县境,南北延长六百华里。可垦之荒地,至少在

---

[1]　刘厚生:《张謇传记》,上海书店出版社 1985 年影印版,第 248—251 页。

[2]　张謇:《张季子九录·实业录》卷 4,《垦牧公司第一次股东会演说成立之历史》,第 30 页。

[3]　张謇:《张季子九录·实业录》卷 4,《垦牧公司第一次股东会演说成立之历史》,第 30 页。

一千万亩以上"。如果"筑成江苏省内黄海之滨一个长堤"那么"不到二十年,至少可以增加二三百万亩的棉田"①。也就是说,这样就能解决一大批贫苦人的生活。

第四,虽然当时清政府由于资金短缺等种种原因不能直接组织大规模的开荒垦殖运动,但在主观上却是积极支持各地的行动的。例如,曾创办了许多农事实验场和农桑学校,不断督令各地查垦荒地重视农业生产。这样,既有清政府的提倡,又有认为垦荒如"全局强筹需本巨"的两江总督刘坤一的支持,张謇创设通海垦牧公司自然就要方便多了。

通海垦牧公司的资金来源采取"集股"形式获得。由张謇、汤寿潜、李审之、郑孝胥、罗振玉等人签名的《通海垦牧公司集股章程启》规定集资 22 万两规银,每股 100 两。章程对股民的资格作了地域上的限制:"入股先尽通境本完粮、海境前报案之人,次通海人,次本省人,次外省人"②。至于股民购买股数的多少则听便。当时,除苏松、狼山两镇兵营因资金短缺以报案缴价银作为 52 股列入外,通海垦牧公司的第一批股民均为封建大地主、官僚和富商,如上述在集股章程上署名的那几个人。

光绪二十七年(1901 年)七月,公司在筹集了 14 万两的股金后,张謇即开始了全面的开工部署。农历十月二十二日,在祭过海神后,规模浩大的基建工程正式拉开了帷幕。

创业艰难。当时,张謇主要面临着两大难题:一是地权纠纷的困扰,一是风暴海潮的袭击。

张謇所领的那片荒滩表面看来"似多无主,可以任我开垦,然按地求之,有官,有营,有民,有灶"。除 2 万余亩的"兵田"外,还有原属淮

---

① 刘厚生:《张謇传记》,上海书店 1985 年影印版,第 250—252 页。

② 李文治:《中国近代农业史资料》第一辑,三联书店 1957 年版,第 700 页。

南盐场蓄草煎盐用地及民间的土地占有者，"真是几无一寸无主，亦无一丝不纷"，特别是当地盐场百般刁难，企图维护腐朽落后的封建盐政制度。张謇四处奔波，"历 8 年之久，官民之纷始能理竟，其难益可知矣"①。

要想把大片的海滩荒地改造成良田，筑造长堤、开沟控渠等工程是必不可少的。公司先将这片荒地"规度定界，分为六堤"，于光绪二十七年（1901 年）正式动工。仅仅 3 个月，6000 余丈的第二堤和第三堤就已完工。翌年春，又每日出动 7000 余人筑造第一、四堤。然而，天公不作美，这年秋天，此地刮起了狂风，持续五昼夜之久。这次飓风"沿中国海滨各县及日本界无处无之，七八十岁老人诧为未见。……坏未竣之堤 50 余处，凡 300 余丈。"在这场暴风灾中，张謇和同人们表现得相当顽强，在"飓潮雾雨之中，督三五人躬率揽头役夫，东奔西走，且修且筑，以保未竣之堤，日或不再食，及 29 日势已不支，栖集一舟，彻夜不寝，堤坏而人犹守望"②。在人们的齐心协力下，到翌年春，终于将毁坏之堤修筑完毕。

1905 年，通海垦牧公司的辛勤付出已经初见成效。这时，已修筑了七条长堤和部分河渠，开辟了近万亩土地，种上了庄稼，喂起了牛羊。然而，天有不测风云。这年 8 月，通海垦牧公司再次遇到了特大风暴。这次台风"连五昼夜不绝，（海）潮高逾丈，坏新成诸堤"，张謇等"督工人彻夜不懈，卒编筏舟，或凫水自救，死长夫三，飘牧场羊略尽"③。这场灾难令公司股东们丧失了信心，以至于不愿承担 12 余万两的修复费用。张謇则表现得很坚强。他四处奔走吁请救助，积极组织修复。到

---

① 张謇：《张季子九录·实业录》卷四，《垦牧公司第一次股东会演说成立之历史》，第 30 页。

② 张謇：《通海垦牧公司说略》，见《张謇存稿》，上海人民出版社 1987 年版，第 554—555 页。

③ 张謇：《通海垦牧公司说略》，见《张謇存稿》，上海人民出版社 1987 年版，第 555 页。

宣统二年（1910 年），通海垦牧公司境内已经是炊烟缭绕、充满生机的一片新世界了。这时境内出现了"自治公所"、初等小学、中心河闸等，"堤成者十庐社，商有廛市，行有涂梁"①。和原来相比，这里简直由地狱变成了天堂。

从通海垦牧公司的生产经营情况看，它已具有某些资本主义色彩。"采用美国大农法，……用大犁次第普为翻垦"本是张謇的愿望，为此他还"派人前往美国考察大农开垦之法，采购机器模型，归为仿造"②。通海垦牧公司早期的股东大多为大生纱厂的股东。对大生纱厂而言，通海垦牧公司是从属于大生纱厂的，开垦荒地的绝大部分费用是大生纱厂供给的。据统计，从 1901 年至 1910 年，垦牧公司共动用了大生纱厂约 100 万两的巨款。通海垦牧公司还将资金用于筑堤、开渠、建闸、修路等工程，显然这具有扩大再生产的意义。这些均表明通海垦牧公司确已具有某些资本主义的因素。然而，另一方面，公司的田地，除极少量的自营外，绝大部分都是出租。《通海垦牧公司招佃章程》规定，佃户租种土地需交顶首每亩 6 元，地租则为"每四亩小熟收小银圆六角，大熟除收沟草一担外，棉豆杂粮均视收成丰歉，公司得四，佃人得六。"也就是说，其地租形态基本上仍是实物地租。章程还规定，10 年后，"如有股东指地卜宅或兼自种，在所佃人应领回顶首，将田交还，不得妨碍股东应享之权利"③，即股东则有将公司之土地瓜分的权利。公司的集股章程规定："第十三曰均利……每一堤（即一区）成，核地若干，照股分成匀给。五堤俱成，分地大定，由公司刊刻分地执照……如十年后股东自愿收回管理，将股票缴还公司，换领印照……"等等④。

---

①　张謇：《张季子九录·实业录》卷 8，《垦牧乡志》，第 10—13 页。

②　张謇：《张季子九录·实业录》卷 2，《咨呈江督垦牧盐业被灾补救筹款之办法》，第 29 页。

③　李文治：《中国近代农业史资料》第一辑，三联书店 1957 年版，第 705 页。

④　参见陈洪进：《江苏盐垦区盐垦公司之股东分地制》，见陈翰笙等编：《解放前的中国农村》（三），中国展望出版社 1989 年版，第 221—228 页。

上述章程规定公司垦殖十年后股东有权分地的问题,有必要详述一下。当 1907 年 7 月,各股东第一次莅临公司的时候,有人提出分地,但未获通过。张謇申明了不应分田的理由,并做出议决"分地之说万不可行,公议公司一日不解散,即一日不能分地,如有股东创议分地者,是即败坏全局"①。然而,到 1915 年,在通海垦牧公司第三次股东会议上却以 25 票对 20 票通过了第一次分地的决议,将已垦地 4 万亩按每股 10 亩完全分尽。更有甚者,还提出"公司地无论已垦未垦,一律派分"的建议,虽然没有实现,可是分田制度就从 1915 年起在盐垦区实行了。

在以后的几次股东会上,均讨论过继续分地的问题。到 1928 年,张謇已故。在第 8 次股东会上,通过了第二次分地方法,规定每股 12 亩。"第二次分地照章发给正式凭证,……俾各股东永远执业。……并登报声明钱粮由公司代完,由公司出立代完粮串凭证并交各业户收执。分地后,股息变为租息,总办事处开支由公司项下开支"②。

后来,竟有人要求取消公司的名义。在 1930 年第 11 届股东会上,有一部分股东提议:"公司田亩分配已定,领田自管者业过半数。公司虽拥有名义,事实上已无统辖全局之权能……善后之拟议,论事论时,刻不容缓,谨为提交大会以供讨论:(一)取消公司名义——其未领之田,由股东集合团体,组织机关,自行管理之……(二)组织垦牧乡业主基产管理处成立委员会,以保管公共之基产"③。这个提议当时未获通过,在第 12 届股东会议上,也因"众意解散未到其时,改组暂可勿议"而长期保留了。

---

① 参见陈洪进:《江苏盐垦区盐垦公司之股东分地制》,见陈翰笙等编:《解放前的中国农村》(三),中国展望出版社 1989 年版,第 221—228 页。

② 参见陈洪进:《江苏盐垦区盐垦公司之股东分地制》,见陈翰笙等编:《解放前的中国农村》(三),中国展望出版社 1989 年版,第 221—228 页。

③ 参见陈洪进:《江苏盐垦区盐垦公司之股东分地制》,见陈翰笙等编:《解放前的中国农村》(三),中国展望出版社 1989 年版,第 221—228 页。

面对这种情况,当时公司和股东地主之间建立了一种"托管"(或称代管)关系,即公司代替股东收租。1934 年实行的 11 条"股东托管办法"鼓励股东委托公司代管田地,保障股东的地租收入。据统计,1935 年公司代管地为 21514 亩,占已垦面积(97762 亩)的 22%,公产只有 9054 亩,仅占 9.3%,股东自己拥有的土地高达 67194 亩,占 68.7%①。

这就是说,当垦殖几年后,就实行公司交地股东,户权属于股东,将"股息变为租息"。显然,通海垦牧公司的分地制,十分鲜明地表现了其经营方式上浓厚的封建性和褪变性,表明了它名义上是挂着公司的招牌,实际上是股东地主的管家或收租栈,它仍然没有脱离封建地主的剥削方式。

上面我们用了较多的篇幅介绍了通海垦牧公司。这是因为它是中国近代新式农垦企业的典范。"历年所垦之地,以通海垦牧公司成数最多,……收入方面亦以通海垦牧公司为最优"②。在资金来源、企业创办人、经营方式等诸方面,通海垦牧公司亦堪称为中国近代新式农垦企业的代表。一言以蔽之,它是新式垦殖公司的一个窗口,透过它我们就可以窥见中国近代新式农垦企业之一斑。

二、中国近代新式农垦企业概貌

新式农垦企业兴起后发展是很迅猛的,据统计,1902 年登记注册的公司数只有 4 家,而到 1912 年就已多达 171 家。苏、皖、浙、鲁、豫、晋、吉、察 8 省 1912 年的注册公司数为 59 家,已缴资本近 300 万元,以后则逐年增多,分别为:1913 年,55 家;1914 年,60 家;1915 年,66 家;

---

① 参见陈洪进:《江苏盐垦区盐垦公司之股东分地制》,见陈翰笙等编:《解放前的中国农村》(三),中国展望出版社 1989 年版,第 221—228 页。

② 实业部:《中央直辖淮南模仿垦区计划》,《农村复兴委员会会报》5 号,1933 年 10 月,第 52—53 页。

1916年,87家;1917年,91家;1918年,92家;1919年,100家。累计已缴资本已达4570余万元①。其中苏北地区的垦殖公司发展尤为迅猛。据不完全统计,在苏北南通、如皋、东台、盐城和阜宁这5个县共有45个垦殖公司,资本总额达2014.6万元(缺12个公司),占地637.85万亩(缺4个公司),这些公司多数是在1915—1920年间创办的②。时人评论说"此项事业不可谓不伟且大",因为"中国内地有人满之患矣,生齿日繁,谋生无术",而将此地"悉加以垦殖,每亩年可获利二元者,则吾苏省岁即可增五千万元之收入,每有以百元计,可活50万人,若半其数,即倍其人,于国计民生,不知要增加富力几何"③?

广西在1927年以前共有72家垦殖公司,其中"清代末年成立垦殖公司25家,民国元年至五年成立35家,六年至十年成立4家,十年至十六年有8家"④。

临河县是西北地区农垦企业比较典型的地区。"在民国十四年时,各地在临河投资农业经营者,有如雨后春笋"。且投资均在万元以上⑤。

当时,全国各地基本都有农垦企业创办。据中国人民大学历史系85级师生的实地调查,浙江永嘉县就曾创办了4个农垦企业。其中如士绅金殿魁等人于1916年呈请农商部批准创办了"培本栽植股份有限公司"。该公司征集了本地山场,进行统一经营。"一方面密植大宗松杉,绿化童山荒地,改良土壤,治理水土,保护农田;一方面通过种植果树和水竹、油茶等经济作物,开发地利",收效显著⑥。

这些新式农垦企业具有以下几个特点:

① 章有义:《中国近代农业史资料》第二辑,三联书店1957年版,第339—341页。
② 李积新:《江苏盐垦事业概况》,《东方杂志》21卷11号,1924年6月,第67—70页。
③ 李积新:《江苏盐垦事业概况》,《东方杂志》21卷11号,1924年6月,第79页。
④ 章有义:《中国近代农业史资料》第二辑,三联书店1957年版,第353页。
⑤ 章有义:《中国近代农业史资料》第三辑,三联书店1957年版,第857页。
⑥ 金德群:《桥头镇志》,海洋出版社1989年版,第44页。

第一，从企业的创办人来看，多为在全国或本地很有势力的封建军阀、官僚、乡绅，真正由商人、资本家创办的并不多①。

这些军阀、官僚和本地乡绅普遍利用政府实施丈放官荒、鼓励垦耕的政策，乘机对土地进行包揽侵占，也有些官僚和资本家等集资领垦荒地创办农牧垦殖公司。这些封建军阀、官僚往往采取种种卑鄙的手段强行和廉价圈占土地，有的甚至动用武力进行血腥的镇压。通海垦牧公司所拥有的 12 余万亩土地价只有 1.89 钱。江苏盐城的太和公司是岑春煊于 1919 年创立的。其"股东之中居然有三个总统、七个督军的名字。……当太和成立之初，强夺农民灶田、拆毁和禁止农民私灶，曾引起数万农民之竭力地反抗与流血的斗争，但是因缺乏组织，这运动不久便为政府军队压平了"②。

第二，从企业的组织形式看，新式垦殖公司多为股份公司和合资公司。据统计，1912 年在农商部登记注册的 171 家农垦企业中，股份制企业为 112 家，占总数的 65.5%；合资企业为 35 家，占总数的 20.5%；其他 24 家，只占总数的 14%③。

上述的通海垦牧公司就是股份制，随着公司的扩展，每股股金 100 两规定不变、而股数则不断增加。再如察哈尔（今河北）陶林地区的永大垦务公司是 1924 年夏天由山西资本家冯桂五创建的。开始集股 1 万元，每股 100 元，领垦 24000 亩。头年开垦 3200 亩，种植菜子等，实行成本核算，每亩收益 4 元，共计 12800 元，有利可图。第二年又追加新股 1 万元，扩大再生产④。

小型的垦殖公司也如此。"培本栽植股份有限公司"公开发行股票。入股方法为："额定大洋 3000 元，印股 600 张，每张金额 5 元，先由

---

① 章有义：《中国近代农业史资料》第二辑，三联书店 1957 年版，第 342 页。
② 薛农山：《中国农民战争之史的研究》，神州国光社 1935 年版，第 508 页。
③ 李文治：《中国近代农业史资料》第一辑，三联书店 1957 年版，第 697 页。
④ 章有义：《中国近代农业史资料》第二辑，三联书店 1957 年版，第 356 页。

创办人认购置 10 股(张)至 20 股(张),余则由其他士绅或富裕人家自由认购;不论认购多寡,一律称为股东。股金作为开发山场的资本。"公司制定条例,"股东分红大会在夏历正月二十日,一年一度",共同议事①。

第三,从企业的生产手段看,有些新式农垦企业拥有一些农机设备。

我们知道,使用农业机械能极大地提高农业生产率。这是资本主义国家解决土地问题的一大政策。1855 年巴黎博览会进行了一次打谷机工作效率比赛,结果表明,同时 6 个人用连枷打麦半小时能打 60公斤,而"比国打谷机打麦 150 公斤,法国打谷机打麦 250 公斤,英国打谷机打麦 410 公斤,美国打谷机打麦 740 公斤"②。当时,我国的农业机器进口量是不小的,一些垦殖公司也从国外购进了一定数量的机械。黑龙江呼玛三大公司在这方面有一定的代表性。这三大公司于 1915年创办,资本为大洋 60 万元,农场面积 3600 垧(36000 市亩),其中垦熟地 600 垧,主要种植小麦和燕麦。当时"备有大型拖拉机五台、二五马力拖拉机二台、打谷机二台、割禾机八台、播种机八台、大型梨三台等机械农具,有农场劳动者 45 人,系大农式经营。"这三大公司有自己的面粉加工厂,所制面粉"行销县内县外"③。奉天泰来县泰东公司亦"备有拖拉机一台、开垦犁 30 台、耕耘机 1 台、耙 7 台、镇压机 1 台、播种机5 台、刈草机 1 台"④。这些机械的配备,有利于规模经营,提高劳动生产率。可惜类似这些有农机装备的垦殖公司为数不多,而且,当时不少农业机械从国外进口,并不符合我国的农情和国情,没有发挥出应有的作用,购置不久就"有的机械已经卸下来改装作别的工业机械,有的因为不能改装作别的工业机械,……只好任其废搁,"致使其"生满了铁

---

① 金德群:《桥头镇志》,海洋出版社 1989 年版,第 44 页。
② 高启宇:《垦殖学》,商务印书馆 1936 年版,第 29 页。
③ 章有义:《中国近代农业史资料》第二辑,三联书店 1957 年版,第 359 页。
④ 章有义:《中国近代农业史资料》第二辑,三联书店 1957 年版,第 360 页。

锈,丝毫不能转动,始将成为废铁了"①。

　　值得注意的是,多数农垦企业还是人工畜力操作,自垦面积不大,效益差;主要是将农场划分为小块土地出租给佃户耕种,靠收高额地租来维持。

　　第四,从企业的经营效果看,一般来说,规模小的企业效益比较显著,资本主义色彩浓厚。苏北地区的41家垦殖公司的总亩数达637.85万亩②。在这里"占地10万亩,资本50万元,都还算不上是大公司"③。在东北和西北地区,由于清政府开放禁垦区,奖励垦荒,新式农垦企业所拥有的土地数也较多,规模较大。一般来说,这些企业的经营效果不明显,负债较多,资本主义的因素较少。相反,在苏南、海南、淮南及城市郊区等地的农场则较小,土地大多已经垦熟,比较适宜于雇工经营,见效快,收效大,农业资本主义的经营方式比较明显。

　　当时一些华侨在南方经营的新式农垦企业是属于资本主义性质的经营范畴。海南岛是我国最先种植橡胶的地方,乐会地区的华侨何麟书是在海南岛种植橡胶的鼻祖。他于1906年设立了琼安公司,在一块250亩的土地上种植了4000余株橡胶种苗,从1915年开始收获橡胶,到1918年就收获3000斤并运销新加坡④。在广西,有二人分别租用50亩和30亩田地种植果树,其中一位还同时开挖了两个鱼塘,雇用了十七八个长工;他的租田租期为40年,获利可观。时人称此二人为"从广东飞来了两只资本主义的春燕"⑤。

---

①　朱新繁:《关于中国社会之封建性的讨论》,《读书杂志》第1卷4、5期合刊,1932年5月,第51页。

②　李积新:《江苏盐垦事业概况》,《东方杂志》第21卷11号,1924年6月,第67—70页。

③　参见陈洪进:《江苏盐垦区盐垦公司之股东分地制》,见陈翰笙等编:《解放前的中国农村》(三),中国展望出版社1989年版,第228页。

④　林金枝:《近代华侨投资国内企业的几个问题》,《近代史研究》1980年第2期。

⑤　雨林:《广西苍梧农村——三乡八个村庄视察记》,《新中华杂志》1934年1月。

当时那些主要是为城市居民提供蜂蜜、鸡、鱼、蔬菜、水果等生活副食品的规模较小的农场,其资本主义经营色彩较浓。上海扬思乡有一蔬菜种植场,有土地180余亩,雇用了3名职员,40余名农夫,"专种蔬菜花卉,用人工施肥,深合西人改良之法"。南京天宝树木公司"雇佣工人10人,管理全山树木,每人月薪洋3元,不供伙食"①。这些小农场一般占地不多,生产的技术性强,产品市场稳定,使用雇工经营比较优越。从其生产经营方式上看,资本主义成分要远大于占有大量土地的垦殖公司。

然而应当指出,当时出现的种种雇佣关系还是很不成熟的。有的采用了工资劳动,有的是以劳役地租的方式偿付;有的还竟然以农副产品作为劳动报酬。例如,江苏青浦的振兴垦殖公司有土地50亩,种植水蜜桃等果树,"皆归工人承种,不出工值,而以副产品为酬"②。一般来说,雇工经营只不过是具备了成为资本主义性质的雇佣劳动的条件,它还必须以资本主义农业经营的产生和存在为前提,按照马克思的说法,也就是"农业劳动者从属于一个为利润而经营农业的资本家为前提"③。而农业资本家"只是把农业作为资本的特殊使用场所,作为一个特殊生产部门的投资来经营的资本家,即租地农场主"④。所谓雇佣劳动,应该"是自由劳动以及这种自由劳动同货币相交换,以便再产生货币并增殖其价值"⑤。很显然,当时各公司的状况距此还有一段相当的距离。

在分析农业中资本主义形成时,马克思认为:"因为这种资本主义生产首先不过稀疏出现,所以,……资本主义生产所控制的,首先只是

---

① 章有义:《中国近代农业史资料》第二辑,三联书店1957年版,第343—346页。
② 章有义:《中国近代农业史资料》第二辑,三联书店1957年版,第367页。
③ 《马克思恩格斯全集》第25卷,人民出版社1974年版,第694页。
④ 《马克思恩格斯全集》第25卷,人民出版社1974年版,第698页。
⑤ 《马克思恩格斯全集》第46卷,人民出版社1974年版,第470页。

这样一些地区的土地,这种土地因为有特殊的丰度或有特别有利的位置,所以大体说来能够支付一个级差地租"①。列宁则认为:"资本主义经济不能一下子产生,劳役经济不能一下子消灭,因此,唯一可能的经济制度是把劳役制度与资本主义制度两者的特点结合在一起的过渡制度"②。这就是说,封建经济向资本主义经济的转换、发展并不是一下子就能实现的,而是要受各种因素、条件的制约,必须有一个从无到有、从少到多、从不成熟到成熟的过程。明白了这一点,我们再来分析考察一下新式农垦企业,心中自然也就豁然开朗了。

历史唯物主义告诉我们,生产力决定生产关系,经济基础决定上层建筑;生产关系对生产力、上层建筑对经济基础又有巨大的反作用。中国近代新式农垦企业的生产技术和物质技术装备是很落后的,企业的有机构成极低,所拥有的现代化生产技术和工具很少,即便购置的少量机械也没有发挥出应用的作用。它的整个生产过程基本上还没有脱离传统的"肩挑手耕"式的窠臼,抵御自然灾害的能力很差,仍然处于"靠天吃饭"的境况。同时,中国近代社会长期处于资本—帝国主义侵略下,并与半封建半殖民帝政权相勾结,一起压迫和掠夺,保持着前资本主义的剥削方式,是不可能将近代新式农垦企业推向资本主义发展轨道的。总之,由于先天不足,后天失调,中国近代新式农垦企业必然难逃其失败的厄运。

---

① 《马克思恩格斯全集》第 25 卷,人民出版社 1974 年版,第 937—938 页。
② 《列宁全集》第 3 卷,人民出版社 1984 年版,第 165 页。

第二章 "平均地权"是以孙中山为代表的 资产阶级最重要的土地思想

我们知道,人类社会的发展是有其客观规律性的。一般说来,它是沿着原始社会、奴隶社会、封建社会、资本主义社会和共产主义社会的轨迹前进的。到了近代,古老的中华帝国已经在封建社会的原野上前行了两千年。其实,这个封建帝国已经逐渐走向了衰落。她像一个老牛,拉着封建社会的破车,在封建主义的原野上蹒跚行走着。按照正常的发展趋势,她会慢慢地终结生命,然后在长达两千年的封建母体里正常地孕育出一个健康的资本主义的新生儿。然而,由于中国近代备受西方的欺凌,再加上封建地主阶级的压榨,在这种特殊的时代背景下,这个资本主义的新生儿是畸形发展的。也就是说,在西方资本——帝国主义势力和本国封建地主阶级势力的双重压迫下,中国并没有如期诞生出一个健康的资本主义新生儿来。虽然如此,在殖民者和地主阶级"夹缝"中仍然顽强地孕育出了一个"先天不足"的资产阶级。如果不是由于中国近代特殊的半殖民地半封建社会的国史国情,这个阶级将会是历史大舞台上的政治主角,将会接过历史的"接力棒政权"。虽然推翻封建帝制建立资产阶级民主政体这一历史任务没能彻底完成,然而这个阶级确实也勇敢地登上了历史的舞台,做了一番淋漓尽致可歌可泣的表演,尽到了她们应当担负的历史责任。土地是最重要的生产资料,土地问题是关系到国计民生的根本性问题,在这个重大的问题上,资产阶级当然也必然不能回避地要提出它们的观点和主张。

正是基于此种认识,本书将对资产阶级的土地思想多做一些分析。

中国的资产阶级是在两个广东人的率领下向封建地主阶级的专制独裁发起猛烈进攻的。但是,在使用什么手段达到新生的资产阶级的政治目的方面,这两大阵营的主张则是完全不同的。以康有为为代表的这支队伍主张用和平的渐进的方式,目标是建立像英国、日本那样的资本主义君主立宪制的政治制度,而以孙中山为代表的这支队伍则主张用暴力的激进的方式,目标是建立像美国、法国那样的资本主义共和制的政治制度。于是,这两支队伍在这两个领袖人物的率领下走向了不同的道路。康有为的这支队伍就是我们所说的资产阶级改良派,或者叫资产阶级维新派,而孙中山的这支队伍也就是我们所熟知的资产阶级革命派。

第一节　资产阶级改良派的土地主张

资产阶级改良派作为一种政治力量在中国近代政治舞台上存在的时间并不长,从时间上看,虽然和日本明治维新时期没晚几年,但却没能取得明治维新那样的成功,可以说是昙花一现。在土地问题上他们也是浮光掠影,没提出什么完整像样的观点主张。

一、裁撤厘金发展经济,为附着在土地上的农民"松绑"

前面已经说过,随着西方殖民势力的不断侵入,民族矛盾日益尖锐突出,割地赔款、开放通商口岸,诸如此类的屈辱和灾难最终必然要转嫁到普通民众的头上。本来,在封建统治阶级和豪强地主权贵官僚的压榨下,广大人民群众就已经生活在水深火热之中。这样一来,对于老百姓来讲犹如雪上加霜,他们的生活更加艰难,这就使本来已经十分严重的阶级矛盾更加激化了。生活在最底层的农民阶级更是痛苦不堪。官逼民反,各地的抗捐抗税风潮不断涌现,农民起义亦是连绵不断。对

于当时的这种困难局面,有识之士当然都不会袖手旁观,任何阶级都会
做出他们的表现和努力的,不管是主动的还是被动的。资产阶级维新
派当然也不例外。他们已经意识到占人口大多数的农民所遭遇的超出
"常规"的"困境",意识到仅靠自有的少量田地或仅靠租来的土地维持
生存的农民阶级的痛苦不堪的生活已经到了非解决不行的程度了。

厘金本是清政府为镇压太平天国农民战争筹措经费而临时设置征
缴的一个税种,是针对经过水陆要道的包括粮食等农产品在内的各种
货物征收的。但太平天国运动被镇压后仍然继续征收。这种制度严重
阻碍了农业、工商业和国民经济的发展。表面看来,厘金是征收的过路
货物的税金,但是,在工商业还十分微弱而主要依靠农业以农为本的实
际情况下,这些负担其实最终都要转嫁到以土地产出为主要收入来源
的农民头上,无疑额外加重了农民的负担,对主要靠土地维持生计的农
民来讲恰似"屋漏偏逢连阴雨"。

其实,厘金征缴的最大受益者并非清政府,而是那些具体承办事务
的各级官吏差役人员。清政府的大小官吏本来已经油水多多了,甚至
有"三年清知府,十万雪花银"的说法,而这些和厘金局的差事相比是
小巫见大巫。当时一种流行的说法是署一年的州县官,不如当一年的
厘局差。

1898 年 8 月,康有为给光绪帝上书《奏请裁撤厘金片》,强烈要求
废除祸患无穷的厘金制度,给农业松绑,给商业松绑;给农民松绑,给商
人松绑。他认为"内地害商之政,莫甚于厘金一事,天下商人久困苦
之"。他痛责厘金"内之伤农工之源,外之损富商之实。"他实事求是地
指出"既以筹款计,亦徒中饱吏役,而国不受其大益"。为了征缴厘金,
各地"卡厂日增,密如织网,吏役日多,托为巢穴,每省厘卡百数,吏役
数千",负责征缴厘金的大小官吏差役更是狐假虎威,恣意妄为,趁机
大肆搜刮民脂民膏,假公济私。他们对厘金缴纳对象动辄"咆哮恐吓,
锁拿逼辱",在这种淫威之下,必然造成这样的局面,那就是"小民畏

累,皆如数而偿,得赃放行,饱其私囊,否则船货充没,锁禁交加,或且鬻卖子女,以偿罚款,如斯之类,殆难悉数"。这不仅失去了厘金征缴的本意,而且严重激化了封建统治者和人民大众的矛盾,又使各级官吏和差役中饱私囊,真是有百害而无一利。基于此,康有为大声疾呼:"似此弊政,病国害民,岂皇上爱戴元元,通商惠工之意? 宜决裁之,以嘉惠商民"①。

二、"土地公有"的主张

在土地的所有制问题上,康有为曾经勇敢地提出了"土地公有"的主张。当时的土地已日益集中到少数人的手中,再加上大量官田、屯田等特殊形式的土地占有的存在,农民手里的土地不断减少,人地矛盾、人地关系日渐紧张,封建地主阶级和人民大众之间的矛盾不断激化。以康有为、梁启超为代表的资产阶级改良派当然也要思考探究解决土地问题的办法。

《大同书》是康有为的代表作之一,是康有为避难印度时著述的。最初书名为《人类公理》,因为当时没有公开发表,能够读到的人不多,只有梁启超等少数学生那时看到过。

梁启超当时读过后对康有为的"土地公有"思想印象很深。他后来回忆说在《人类公理》里康有为曾明确主张解决土地问题应该"略仿井田之意,凡地球之土地,皆归公有,民不得私名田;政府量其地能出之富力几何,随时定其率,约十而税一。惟此一税,他皆除之"②。

显然,对盛行于西周时期的井田制康有为先生是颇为赏识的。确实,表面看来,西周时期"普天之下莫非王土,率土之滨莫非王臣",除

---

① 康有为:《奏请裁撤厘金片》,见翦伯赞等编:《戊戌变法》(第 2 册),上海人民出版社 1957 年版,第 265—266 页。

② 梁启超:《南海康先生传》,《饮冰室合集》文集六,第 79—80 页,转引自金德群主编:《中国国民党土地政策研究》,海洋出版社 1991 年版,第 48 页。

了周王,土地不为任何人所私有,这的确避免了作为最重要的生产资料和生活资料的土地集中到少数人手中,尽最大可能地避免了社会不公和贫富分化。康有为是看到了这一点。所以在他看来,要想彻底解决清政府时期严重存在的各种土地矛盾和问题,尽可能地做到社会公平和稳定,恢复类似于西周时期的"井田制"是一剂很好的"良药"。天下的土地只能属于国家公有,任何人都不能据为私有。当然,国家应该也必须将这些土地根据肥沃贫瘠、区域位置、地力、产出等情况分配给国民生产经营,而且还要坚决去除附着在土地和农民身上的名目繁多、各式各样的苛捐杂税,仅仅征收大约百分之十的税赋。

在《大同书》里,康有为再次强调了"土地公有"的思想,并且设计了具体的实施方案。他认为应该采取"公农"的方式,建立一套从中央到地方的遍布全国各地的农业生产体系。中央和地方都要设立管理机构。中央层面成立农部负责领导统筹全国的农业生产经营,各地相应地设立农事局作为当地的领导机构,直接从事生产经营田地的基层单位则称为农场。"农场中的劳动者和领导者都是领取工资的职工。这种设想具有很大的空想性,无助于当时土地问题的解决。就连康有为自己也认为,实现这种设想,要'待之百年'以后"[1]。

三、戊戌变法时期重视发展农业

戊戌变法时期,康有为在经济上的变革方面思考和主张很多,大力提倡发展奖励农业和工商业是维新变法的一个重要内容和措施。上面提及的《奏请裁撤厘金片》奏折里所涉及的一些思想主张就是其中的一个。可以说,这些思想在康有为的奏折、上书里随处可见。对这些主张和建议,光绪皇帝也大多非常赞同,多次发布诏书予以采纳实施。康有为指出,为了发展农工商业,应该在北京设置一个全国性的统筹领导

---

[1]　参见金德群主编:《中国国民党土地政策研究》,海洋出版社 1991 年版,第 48 页。

机构,叫作农工商总局,各省则成立农工商分局。

农业方面,康有为认为各省、府、州、县都要设立农学堂,在 1898 年 8 月 21 日前呈递的《请开农学堂地质局折以兴农殖民而富国本折》中,他说得很清楚,政府要从官地的收入中视各地情况不同划拨出相应的部分公费来支持成立农学堂,农学堂的具体开办运营应该由各地的土绅乡农来负责。除了兴办农学堂,康有为同时还建议各地要成立农学会,编辑刊印农学报,通过这些措施大力宣传农业知识,使农民能够真正学到农作物的种植技能,提高农业生产水平,发展农业经济,摆脱贫穷落后的状况。

光绪帝对此大为赞赏,专门下旨要求各省的督抚重视这个问题,劝谕督促乡绅农民认真开办农学堂。康有为还特别强调奖励的作用。针对当时的大量土地荒芜和待开垦现象,他建议对开垦荒地行为要给予奖励,对于学习外国人先进的农业生产方法,使用先进的农业生产技艺,利用农业机器借助西法开垦土地者更要大张旗鼓地予以支持和奖赏。

有一点需要指出的是,康有为此前曾提及的"土地公有"的思想在戊戌变法期间并没有涉及,对此会有人认为无法理解,甚至会予以批评指责。其实这是康有为的智慧和计谋。如果"百日维新"不是在很短的时间内遭到扼杀,如果戊戌变法当时能够取得实效的话,康有为应该会在时机成熟时渐次提出的。

土地问题涉及面实在太广太大、太复杂太敏感了。当时土地已经日益集中到少数人手中,无地和少地的农民占了大多数。而拥有土地的少数人又有权有势,关系盘根错节。最关键的是,作为封建统治者,本身就是封建地主阶级利益的代表和保护者。康有为很清楚,他领导的这场变法主要是得到了光绪皇帝的支持,但是光绪帝毕竟势单力薄,甚至可以说是个"光杆司令"。在他的后面还有一个以慈禧太后为代表的庞大的顽固守旧的势力集团。他们的力量要远远大于以光绪皇帝

为代表的维新派。慈禧太后集团正在虎视眈眈,密切关注着康有为他
们的一举一动,随时准备举起屠刀,稍有不慎,变法就会夭折。后来的
事实发展也确实证明了这一点。对此康有为当然很明白。所以,在变
法之始,在封建地主阶级的利益还没有根本触动和势力还依然强大的
时候,如果变法措施涉及土地这一重要而敏感的问题,那么变法的最急
迫和最主要的内容就很难被统治阶级所接受和顺利推行下去,变法的
阻力就会太大太大了,变法也必将很难成功。所以作为一种策略,在变
法之初不提及土地问题的变革方法应该是明智之举。

当然,康有为也许没有料到,即使他们小心翼翼,即使他们极力避
免暂时不触动敏感重要的土地问题,最终结果仍然还是难逃被绞杀的
命运,慈禧太后集团仍然是难以容忍他们,仍然是毫不犹豫地围剿了
他们。

四、主张用资本主义生产方式经营土地

当时,在土地经营方面,中国还保持着几千年来传统的肩挑手耕式
的农业生产经营模式,生产力低下,土地利用效率低下,农业生产的有
机构成极低。封建地主阶级将拥有的大量土地不是用于大规模的集约
化生产经营,而是分割出租,获取超常的地租收入,榨取佃农的超额利
润和劳动剩余价值。土地的这种生产经营方式严重制约了农业生产的
进步,远远落后于社会生产力的发展需要。对此,资产阶级维新派是很
清楚的,所以,他们极力主张采用农业资本主义的生产方式进行土地经
营,对于封建地主阶级的出租田地赚取地租行为和农民阶级的"肩挑
手耕"生产方式加以否定和批判。

康有为在《日本书目志》卷7中就严厉地指责封建地主阶级和统
治者死守僵化守旧的赋税制度,醉心于轻而易举的剥削行为,对采用西
方先进的生产方法不感兴趣,对采用机器开垦土地进行农业生产不感
兴趣,也就是"牧民者但知收其赋税,不预为谋"。对于当时一些人津

津乐道的所谓"黜奢崇俭"思想,资产阶级维新派也给予了坚决地批驳,一针见血地指出,"黜奢崇俭"表面看很动人,杜绝奢侈浪费现象,发扬艰苦朴素精神,但其实质乃是维护腐朽落后的已被西方文明所抛弃的生产剥削方式、躺在封建地主阶级的安逸享乐铺上拒绝社会的发展进步而已。因此,"谭嗣同警告说,久而久之,必将导致农民的反抗,使地主富户自身也'随之煨尽';即使不到这般地步,'崇俭'的结果,阻碍了社会经济的发展,造成'民智不兴','物产凋瘵'的局面,从而对富户的财富增殖也无好处。因此,维新派希望地主富户开明一些,自觉适应形势,改变经济观念和剥削方式,多做增进地力和社会财富的事,以转移农村中矛盾冲突的焦点"①。

早在戊戌变法前的 1896 年,梁启超就在《说橙》这篇文章里杜撰了一个故事。借这个故事表达了避免土地分割出租、使用西法进行大农式生产、通过集约化经营来发展农业资本主义的思想。

梁启超在这个故事里设计了一个具有资本主义农业生产性质的"橙园",塑造了三个层面的人物。"橙园"的土地所有者是地主,但是他不同于中国封建社会传统意义上的地主,已不再将土地分割成小块出租经营,而是将大片的土地整块出租。"橙园"租期相对于小块承租者时间要长,租金也要便宜。土地的租赁者成为了"橙园"的主人。梁启超称其为"老农"。这个所谓的"老农"也不像一般的土地承租者那样一人或者全家直接从事生产劳动经营,他是使用雇工对"橙园"进行生产管理和经营的。"老农"所雇用的劳动者叫作"长工"或者"散工"。这些雇工也不同于过去的一般雇工,他们不在靠从雇主那里赚取实物形态物质获得劳动报酬,而是直接领取工资。

这个"橙园"显然在中国农业生产史上是未曾有过的,它既不同于皇庄和各种封建田庄,也不同于屯田等各种官田,而是一种具有农业资

---

① 参见金德群主编:《中国国民党土地政策研究》,海洋出版社 1991 年版,第 50 页。

本主义生产性质的大农场。"由此可以看出,梁启超等人所向往的,是在不触动地主阶级土地所有制的前提下,建立租地经营的资本主义农场,走'普鲁士式'的农业资本主义发展道路"①。

前面已经介绍过张謇开垦荒地、兴办中国近代新式农垦企业的情况。张謇在招募人员垦殖荒地海滩方面功绩确实卓著。2009 年 4 月 19 日,"第五届张謇国际学术研讨会"在上海闭幕。在这次会议上,华东师范大学教授、中国工程院院士陈吉余以《划时代的实业家——张謇》为题作了主旨报告,高度评价了张謇作为近代著名实业家的历史功绩,特别是强调了他在开垦荒地方面的杰出贡献。

海门市张謇研究会曾经有过调查统计,从 1901 年起到 1936 年止,在南起长江口北侧的协兴河口,北至赣榆县青河口的鸡心滩,张謇在绵亘 500 多公里的现 204 国道(东台市富安镇以南为范公堤)以东的滩涂上进行垦殖,标定土地,招募股份,设置机构,把筑堤、开河沟、建涵闸、改土治碱作为垦区四大工程。经过二十多年的经营,张謇先后创办了大有晋等 50 个万亩以上大公司,以及一批中小公司,连同派生的小公司共 98 个,占地面积 503.33 万亩,已垦面积 193.63 万亩。与同期的广东、福建、浙江等地开办的沿海滩涂垦荒公司相比,总面积高出许多。陈吉余院士明确指出张謇在江苏海门等地围海造田开创了中国近代垦牧第一滩。

如此大规模的垦荒行为当然需要大量的劳动力投入。在这期间,张謇先生组织了海门 10 万大军肩挑手推大迁移,大举北上推进垦荒,直至连云港云台山脚下,800 里垦荒百万亩,不仅解决了几百万人的吃饭生存,还传播了海门垦荒和种田经②。

总之,以康有为为代表的资产阶级改良派由于在政治舞台上的表

① 梁启超:《饮冰室合集》文集一,第 115 页。转引自金德群主编:《中国国民党土地政策研究》,海洋出版社 1991 年版,第 51 页。
② 参见陈吉余、程和琴:《划时代的实业家——张謇》,《张謇研究》2009 年第 1 期。

演时间很短,由于他们后来分化得很严重,特别是其领袖人物康有为在政治上"停止了"前进的脚步,失去了往日锐意进取的精神和光芒,如此种种使他们并没有在土地问题上留下"辉煌"的足迹。单就这一点而言,相比于资产阶级革命派,他们也应该自叹不如了。

第二节　"平均地权"是三民主义的重要内容

以孙中山先生为代表的资产阶级革命派以历史上前所未有的姿态和方式向封建地主阶级和封建统治者发起了猛烈的进攻。虽然同属于新生的资产阶级阵容,但是他们在思想、主张、方法、目标等方面都显然不同于以康有为、梁启超为代表的资产阶级维新派。在土地问题上,资产阶级革命党人明确地提出了"平均地权"的主张,并进而强调"耕者有其田",将二者紧密地结合起来,形成了比较完整科学的土地思想。在后来的革命实践中,也尽可能利用一切机会努力加以实施。在这一点上,资产阶级革命党人也完全不同于维新派。前面说过,康有为曾有过"土地公有"的想法,但是后来实际上资产阶级维新派非但没有提及和坚持,反而走向了其反面,也就是坚决反对"土地公有",为此他们还同资产阶级革命派进行了激烈的争论。这个问题下面我们还将论及。

一、三民主义理论产生的时代背景

要想准确地理解把握"平均地权",有必要先对三民主义有所了解。

"平均地权"思想是孙中山三民主义理论中民生主义的重要内容之一,它和"节制资本"共同构成了民生主义理论。以民族主义、民权主义和民生主义为内容的三民主义理论是以孙中山先生为代表的资产阶级革命党人集体智慧的结晶,是一套完整的科学理论体系,是互相依存互为条件密不可分的。三民主义是资产阶级革命党人的行动指南,是中国国民党的指导思想。要想准确完整地把握了解"平均地权"思想，有必要先对三民主义简单地介绍一下。

任何一种理论的形成都是特定历史时期的产物，是根植于当时当地的时代背景之下的。到了近代，西方殖民者不断入侵，帝国主义和中华民族的矛盾不断加剧。与此同时，封建帝制已经在中国存在了二千年之久。作为封建社会的最后一个朝代大清王朝在康熙、乾隆的强势统治下也到达了封建社会的顶峰。虽然这祖孙二人给我们创造了一段足以向世人夸耀的所谓"康乾盛世"，然而，在乾隆统治的中后期，这个古老的中华帝国已经开始走向衰落。

1793 年英国特使马嘎尔尼勋爵来华给乾隆祝寿，其真实意图乃是要求与大清帝国通商，陶醉在泱泱大国之中的乾隆大帝一口回绝。当时，高傲固执的乾隆肯定没有想到，没过五十年，他的子孙就在英国的坚船利炮之下乖乖地被迫打开了中国的大门，割地赔款，对英国俯首称臣。从此以后，大清王朝日渐衰落。

随着民族矛盾的不断加大，国内的阶级矛盾和社会矛盾亦日趋激化，人民群众的反抗不断发生并四处蔓延，抗捐抗税直至暴动起义此起彼伏。对于日益加剧的民族矛盾和阶级矛盾，清王朝采取了截然相反的处置方法。对于西方殖民者，清廷是卑躬屈膝，百般忍让；对于广大人民群众的抗争，则是采取了严厉残酷的镇压措施。这就更加激起了人民群众的愤怒和进一步的斗争。总之，当时严重的民族矛盾和阶级矛盾已经到了无法调和且有愈演愈烈之势的地步。

作为统治阶级，清王朝当然不会坐以待毙，也采取了一些挽救措施，例如，先是开展了一场以"中学为体西学为用"作为指导思想的洋务运动，企图达到图强求富的目的。后来，在光绪皇帝的大力支持下，以康有为、梁启超为代表的资产阶级改良派又开展了轰轰烈烈的戊戌变法运动，企图学习西方的政治民主制度，走资本主义的君主立宪制道路。

　　八国联军侵华后,慈禧太后亲自主导了所谓的"清末新政"。这次实施的新政表面看来确实有"洗心革面"、务求实效之决心,大有不达目的决不罢休之意。就中央层面来讲,专门设立了"督办政务处"作为全国性的新政领导机构。措施内容包括大力提倡奖励发展资本主义工商业,为此专门成立了商部作为指导机关,成立了户部银行;大力改革发展教育文化事业,废除科举考试制度,为此专门成立了学部;改革军事制度,裁汰绿营,编练新式军队,等等。后来,在资产阶级立宪党人的推动下,又表示将进行政治体制改革,准备学习西方资本主义的君主立宪制度,并制定了一个以九年为过渡时间的所谓"仿行宪政"计划,这就是所谓的"预备立宪"。这次,为了表示认真、决心和真诚,清王朝庄重地颁布了《钦定宪法大纲》。

　　清廷的君主立宪制模式基本上是参照了日本明治维新时期的君主立宪制"窠臼"。《钦定宪法大纲》的内容和精神也多有模仿抄袭日本帝国宪法之处。其中相当条款都是基本原封不动的,连九年的预备期限也是照搬当年日本的。然而,清王朝也许没有意识到,它的预备立宪举动虽然仅仅比日本晚了二十年,虽然它可以仿照日本帝国宪法的语言和措辞,它也可以采纳明治维新时期的九年时间的预备期限,但是,这只是历史的表象。透过现象看本质,清末新政时期的大清帝国和明治维新时期的日本帝国所处的国际国内环境和矛盾是完全不可同日而语的。

　　当年日本已经逐步主动关注、接受、容纳、融入世界发展的潮流之中,在是选取封建专制制度还是采纳西方资产阶级的君主立宪制的政治制度的抉择上,日本的做法是交由全体国民决定。而正当日本国民在为采用何种政治制度更有利于大和民族的崛起昌盛而进行全民大论战之时,古老的中华帝国却在为祝贺慈禧太后的生日而大张旗鼓、欢呼雷动;当康有为、梁启超等人期望在政治上实行君主立宪而进行戊戌变法之时,又遭到了慈禧太后毫不犹豫地残酷镇压。后来,当慈禧太后意

识到君主立宪制之"妙处"而痛下决心决定学习日本"仿行宪政"之时，
她大概是忘记了这一点：君主立宪的表面是可以学来的，但是，对在什
么时间节点上来实施这个历史机遇的把握上则不是简单地模仿就能实
现的。

清王朝的预备立宪在时间上比日本只是仅仅推后了二十年。二十
年，放在人类历史的长河上来看，显然极为短暂，甚至短暂得可以忽略
不计，然而，在人类历史发展进步的某些关键时期和紧要关头，不要说
二十年，哪怕是几年几天，甚至是短短的瞬间滞后，都将是致命的和无
可挽回的。清王朝可以学习日本的"仿行宪政"，可以照搬日本的帝国
宪法，也可以在钦定宪法大纲里冠冕堂皇，慷慨激昂，然而有一点是无
法学到和做到的，那就是作为统治者的自我更新能力和自我完善能力，
对历史机遇的准确把握能力。不管清王朝预备立宪的行为是主动的还
是被动的，不管清廷后来再做出什么样的变革和努力，有一点是确定无
疑的，那就是清皇室的所有改革措施对于自身的生存来讲，都只是苟延
残喘而已，都已经为时太晚了。王朝的所有举措都已无法挽救其被历
史所淘汰的命运了……

二、民族主义和民权主义的形成

孙中山先生是伟大的革命先行者。虽然他在香港西医书院读书时
按照学校的教学计划按部就班地度过了整整五年的大学生活，但是在
学习医学的同时他也时刻关注着病态的中国。本来他选择医学作为专
业就是希望通过以医学为"入世之媒"来了解医治社会拯救祖国。在
西医书院学习时他就特别崇拜洪秀全，经常和同学朋友议论洪秀全，并
以"洪秀全第二"自居。他和陈少白、尤列、杨鹤龄等人志同道合，常常
聚集在一起谈论政治，评说国事，畅谈理想抱负，鼓吹暴动革命，自觉地
以天下为己任，甚至无所顾忌地直言要学习洪秀全推翻大清统治，恢复
中华天下，大有"当今天下，舍我其谁"之气概。他们四人因而被称为

"四大寇",孙中山当然是"四大寇之首"。

有意思的是,孙中山对这一"雅号"反而十分欣赏并欣然笑纳。1921 年孙中山在广州建立了军政府,政务之余,还时常和另外三位"大寇"到广州观音山(今越秀山)的文澜阁相聚,孙中山还挥毫为文澜阁题名"四寇楼"。由此可见,学习的虽然是医学,但孙中山不可能光把时间和精力用在专业知识的学习上。对政治的浓厚兴趣和对祖国命运的密切关注使孙中山在这五年的时间里广泛地涉猎了大量的资产阶级政治学说、经济学说、社会学说和其他各方面的知识。这样大范围的阅读和积累为日后三民主义革命思想的形成奠定了牢固而扎实的基础。

从香港西医书院毕业后,孙中山曾经到离他家乡不远的澳门行医一年。由于他医术高明,又经常为穷苦百姓免费看病给药,受到当地医生的排挤,最后被迫离开澳门来到广州继续行医。然而,对时局的关注和对祖国命运的担忧使孙中山逐渐把时间和精力从医学转向了政治和社会。他开始认真地思考社会的改造和国家的前途。

本来,他想走一个捷径,即借权势之人之手轻松地实现自己的政治理想和抱负。他选中了李鸿章,把"宝"押在了李鸿章的身上。本来,孙中山从香港西医书院毕业之时,当时的英国驻香港总督罗便臣就曾推荐孙中山到李鸿章的北洋通商衙门担任李鸿章的专职医师,但是在广州办理相关手续时由于两广总督德寿的反对而未果①。看来,孙中山当时对李鸿章是颇有好感的。

1894 年 1 月,孙中山把自己的政治见解和经济、社会、教育等方面的变革措施集结成了一篇八千余字的见解书,拟呈送给当时的当朝势力人物坐镇天津的直隶总督兼北洋大臣李鸿章。这就是赫赫有名的《上李鸿章书》。

为稳妥起见,他到达天津后,先通过朋友关系把见解书递交给了李

———————————

① 参见《孙中山的学医行医历程》,《中山日报》2002 年 5 月 19 日。

鸿章身边的得力干将、洋务运动的骨干分子盛宣怀。盛宣怀读完这篇
洋洋洒洒、独到深邃的见解书后对孙中山的观点颇为赞同,进而很欣赏
这位年轻人的才气和为人,对萍水相逢的孙中山产生了好感,痛快地答
应了孙中山的请求,将见解书转呈给了李鸿章,并带着孙中山去见李
鸿章。

　　然而,此时的李鸿章或许是忙于备战中日甲午战争而晕头转向无
暇顾及,或者是根本就没把这个二十多岁的年轻人放在眼里,尽管盛宣
怀竭力推荐和夸赞,但他依然还是没有接见孙中山。也许李鸿章后来
会非常后悔,当时没有听从盛宣怀的意见,没有把这个年轻人笼络到自
己的阵营里来。有一点可以肯定的是,当时李鸿章绝对没有想到,正是
这个被他冰冷地拒之于门外的年轻人,最终率领着一班人把李鸿章所
代表的那个阶级连同大清帝国一起送进了坟墓。历史给了这位自命不
凡的晚清中兴名臣一记响亮的耳光。没有出面接待渴望求见的孙中山
真是李鸿章的一大失误,是这位功绩卓著的"晚清名臣"的一大"败
笔",令他头上的光环失色不少。

　　当然,即使当时李鸿章接见了孙中山,可以肯定地讲,后来历史发
展的轨迹、趋势和结局都不会有什么改变。我们只是觉得,对于充满激
情、见解的上书和充满才气和抱负的上书主人,又有贴身幕僚的极力推
荐,同样才华横溢的李中堂怎么也应该出面见一见这位年轻的旷世奇
才才是,怎么也不应忽略到连孙中山绝非等闲之辈也意识不到。断然
拒绝似乎不应是同样也是旷世奇才的李鸿章之所为。

　　李鸿章的冷漠和拒绝接见令孙中山大失所望,同时也使他坚定了
用革命的手段推翻大清专制政权的决心。离开天津后他先去了北京。
此时中日甲午战争的隆隆炮声不断响起,而北京却是一派升平祥和景
象,到处都在张灯结彩、热烈隆重地庆贺慈禧太后的六十大寿。清廷的
这种倒行逆施更坚定了孙中山用武力推翻大清统治集团的决心。离开
北京后,他又来到武汉等地,不断了解考察国内的形势,为即将到来的

用暴力革命手段推翻清廷的专制统治做准备,最后辗转来到了他年少时曾经度过一段读书生涯的美国檀香山。在这里他决定竖起反抗清王朝的封建专制统治、恢复中华"正统"、建立资产阶级民主共和国的大旗,聚集革命力量,勇敢地向清王朝正式开战。

1894 年 11 月 24 日,孙中山和二十多位赞同他的革命主张的华侨聚集在一起,经过热烈的讨论,通过了孙中山起草的《兴中会章程》,也就是兴中会的成立宣言,庄严地宣告了兴中会的成立。章程里最大的一个亮点应该是她第一次以一个组织的名义向世人响亮地喊出了"振兴中华"的口号。章程分析了当时中国面临的种种危机,大声疾呼有识之士警醒奋起,拯救中华于水深火热之中。

值得注意的是,为了避免引起清政府的注意和警惕,为了争取更多的人加入兴中会,为了得到更多的人对兴中会和革命的同情支持,为了筹措到更多的革命经费,孙中山当时并没有在兴中会章程中明确提及推翻清王朝的封建专制统治,也没有明确说到要采用革命的暴力手段来"振兴中华",虽然这两点在成立之时这二十多位"革命的先行者"是很清楚和很明确的。这是他们的智慧和策略。紧接着,在兴中会的加入秘密誓词里就表达得非常直白了,因为显然这时候已经没有必要也不可能再隐瞒他们的观点和目标了。兴中会的入会誓词说得很明白:"驱除鞑虏,恢复中国,建立合众政府"。在这里,孙中山的民族主义和民权主义思想已经初露端倪。

兴中会是中国第一个具有资产阶级革命性质的革命团体。她的成立,犹如一声霹雳,在本来就已危机四伏、摇摇欲坠的满清王朝的统治大地上猛然响起,加速了清廷的灭亡进程。她是一颗革命的火种,点燃在檀香山上空,迅速燃烧到中华大地;她像一点星星之火,经孙中山为首的资产阶级革命党人的努力"撒播",很快在苦难深重的中国大地蔓延开来,并最终形成了燎原之势。

兴中会成立后,即以勇猛的姿态向清政府发起了猛烈的进攻。从

广州起义开始,孙中山发动了一次又一次武装起义。与此同时,自兴中
会成立后,具有资产阶级革命性质的革命团体在中华大地上不断出现。
1904 年初,黄兴在湖南长沙成立了华兴会,同年冬,蔡元培在上海成立
了光复会。这些革命组织也以不同的方式从事着颠覆大清封建统治者
的各种活动。为了把这些革命力量凝聚在一个大旗下,在孙中山的提
议和努力下,他们决定将这些革命团体进行合并,建立一个资产阶级革
命政党,这就是中国同盟会的建立。

三、三民主义的形成

1905 年 8 月 20 日,在日本东京的一座普通民宅里,兴中会、华兴会
和光复会等资产阶级革命力量汇集到了一起,他们在这里举行了隆重
的合并大会,宣告了中国第一个资产阶级革命政党中国同盟会的成立。
大会通过了《中国同盟会总章》,选举孙中山为总理。大会通过了孙中
山的提议,把"驱除鞑虏,恢复中华,创立民国,平均地权"作为中国同
盟会的政治纲领和资产阶级革命党人的行动指南。本来,这十六字纲
领是孙中山 1903 年在日本东京设立青山革命军事学校时学生的革命
誓词。这次组建中国同盟会,孙中山再次庄重地建议将这十六个字作
为这个资产阶级革命政党的政治纲领和奋斗目标,得到了大家的赞同。

中国同盟会成立后,在原华兴会的机关刊物《二十世纪之支那》的
基础上组建了中国同盟会的机关报《民报》。在《民报》发刊词中,孙中
山将"驱除鞑虏,恢复中华,创立民国,平均地权"这一民主革命纲领概
括为民族主义、民权主义和民生主义,这就是我们常常所说的三民
主义。

民族主义是指"驱除鞑虏,恢复中华"。这是资产阶级革命党人打
出的第一面旗帜,甩出来的第一个"杀手锏",是他们在革命征途上要
跨越的"第一道坎"。这一口号给人的第一感觉就是"反清",这其实也
是当时任何一位资产阶级革命党人在革命思想初萌之时最原始最直接

的一种感觉和理想,其实也是当时大多数中国人的共同感受和愿望。所以,这个口号的喊出很有号召力和感染力,很容易得到人们的认同,很容易把人们聚集在大旗下。

在孙中山这些资产阶级革命党人和大多数人的心目中,清政府是一个由塞外民族即所谓"鞑虏"建立的封建独裁专制政权。这个少数民族建立的政权野蛮残暴,对其他以汉族人为主体的中华民族实行残酷统治,广大人民群众深受其害。特别是到了近代,面对着西方的侵入和步步紧逼,这个政权卑躬屈膝,一再懦弱忍让,在思想、态度、做法和对策等方面与对待国内的劳苦大众和国内形势相比截然相反。这个鞑虏政府和西方殖民侵略者互相勾结,沆瀣一气,共同欺压我中华同胞,事实上已经蜕变沦落为"洋人的朝廷"。

而且,孙中山还特别强调,如果不推翻大清的封建专制统治,那么中华民族就将面临着亡国灭种的危险,中国就有可能难逃被西方列强所瓜分或者共管的厄运,所以,为避免这种悲惨局面的出现,他大声疾呼大家都要快快起来想想法子,快快地警醒,快快地行动起来推翻大清的专横统治,把中华民族从大清鞑虏的"鹰爪"下解救出来,争取中华民族的解放和独立。

民权主义是指"创立民国"。这是三民主义的核心内容所在。在孙中山他们看来,推翻大清政府只是第一步,但并不意味着革命到此为止,更不是他们进行资产阶级革命的最主要目的,而只是建立资产阶级革命终极目标的道路上的一个重要环节,一个必要条件和先决条件,一个前提和基础。在他们看来,推翻了大清的封建专制统治,只是为他们革命的道路上扫清了一个障碍,铲除了一只"大老虎",为革命的继续前进创造了必不可少的条件,打下了坚实的基础。他们政治革命的最重要目标是要建立资产阶级的民主政治制度,建立资产阶级民主共和国,也就是"创立民国"。

当时,中国主要面临着两大矛盾,一个是中外矛盾,也就是帝国主

义和中华民族之间的矛盾,这是民族之间的矛盾,在当时应该是最需要
先解决的矛盾,当然这一点当时资产阶级革命党人并没有完全意识到。
第二个矛盾是国内矛盾,也就是以清王朝为代表的封建地主阶级和人
民大众之间的矛盾。这两大矛盾在当时都是迫切需要解决的殊死
矛盾。

"沉舟侧畔千帆过,病树前头万木春"。在资产阶级革命党人看
来,封建专制统治已经早就过时了,早就不为那个时代所容纳了,早就
应该扔进历史的垃圾堆里去了,早就应该让位于资产阶级民主政治制
度了。在中国的政治大舞台上,作为主角的封建地主阶级早就应该让
位于新生的资产阶级了,早就应该谢幕了。所以,孙中山他们认为,即
使坐在封建王朝龙椅上的那人不是爱新觉罗氏家族的人,而是其他人,
但不管他是谁,不管他姓甚名谁,哪怕是汉民族的人,也断然不能存在
下去了,也不能容许再有人把龙椅上的那个家伙拽下来然后急不可待
地企图自己再坐上去,面对着下面的跪倒一片和高呼"吾皇万岁万岁
万万岁"而冷酷和陶醉,享受着子孙万代江山永存的美梦。

民生主义即"平均地权"。这是关于社会革命方面的内容,是资产
阶级革命党人所憧憬的未来国家中民权得以实行所必须具备的必要条
件和基本条件,也可以说是中国资产阶级革命的最终理想和最高理想。
其实,在孙中山的心目中,在大多数情况下,在大多数时候,他是把民生
主义和社会主义、共产主义等同起来的。民生主义是孙中山为首的资
产阶级革命党人的社会理想。在他们看来,推翻清王朝的专制独裁统
治也好,建立资产阶级民主共和国也好,这都是政治手段,政治革命。

推翻清政权,也不是革命的主要目的,而只是革命进程中的一个必
不可少的重要手段和环节;恢复了以汉人为代表的中华天下之后,他们
更不是要用某一个汉族人取代坐在龙椅上的爱新觉罗氏家族的人。他
们的革命目标是要把封建地主阶级的专制独裁统治送进"坟墓",永远
不得"死灰复燃",而代之以代表社会历史发展进步潮流的资产阶级民

主政治制度。而这一制度的确立,孙中山他们认为这也只是革命进程中政治目标的达成实现,其实也是整个革命进程中的一个手段,是为下一个革命目标的实现扫除障碍,铺平了道路。

下一个目标就是民生主义的实现,就是要实行"平均地权"的经济纲领。孙中山早就关注到民生的疾苦问题,意识到当时的土地集中和严重不均是造成广大人民群众生活困苦的根本原因。在中国人的心目中,"不患寡而患不均"的传统思想根深蒂固,孙中山当然也深受影响。

除此以外,孙中山自1895年第一次广州起义失败后就流亡海外,至1911年武昌起义后回国,在这长达十六年的时间里他一直在国外生活,对资本主义世界有着比较深刻的了解。他既注意到了资本主义世界民主政治制度相对于封建专制制度的优越,同时更关注到了资本主义社会存在的贫富严重不均的社会问题。他不无道理地意识到了这种现象不可能合理地长期存在下去,如果不能有效解决,必将造成社会的动荡不安,甚至会引发再次革命。

为了避免在中国革命成功后也出现这样的局面,孙中山把他的思考和解决办法在他的革命思想和实践中不断地加以补充和完善。这就是在兴中会成立之时没有提及的"平均地权",后来随着革命实践活动的不断向前推进,渐渐地萌发出来,并最终形成了中国同盟会的革命纲领之一。这也是一个水到渠成的自然历史过程,是瓜熟蒂落、顺理成章的。关于"平均地权"问题,我们将在下面详细重点论述。

中国同盟会成立后确立的三民主义理论被称为资产阶级旧三民主义理论。后来,孙中山认为国民党十分涣散,像一盘散沙,成分过于复杂,许多人加入国民党的动机不纯,是为了做官才加入的,是把加入国民党作为做官的捷径,所以下决心重组国民党,对党员进行了重新登记,吸收接纳中国共产党党员进入国民党中来,允许中国共产党党员拥有两党的党籍,并于1924年1月在广州召开了重组大会也就是中国国民党第一次全国代表大会。大会确立了"联俄、联共、扶助农工"的三

大政策,重新解释了三民主义,将三民主义从旧三民主义阶段发展到新
三民主义阶段。新三民主义在许多方面都有不同程度的发展和进步。
在民族主义方面,增加了反帝反封建的内容;在民权主义方面,提出了
国家权力必须为一般平民所共有,不得为少数人所私有。在民生主义
方面,进一步提出了"节制资本"的思想,并将其与"平均地权"并列为
民生主义的二大原则。对"平均地权"也作了进一步的解释,明确提出
了"耕者有其田"的思想理论。

三民主义理论是一个伟大的系统工程,是孙中山为代表的资产阶
级革命党人革命思想的集中体现和概括。三民主义三大内容之间是互
为一体、密不可分的,是环环紧扣、有序逐步地向前推进的,是政治革命
和社会革命的完美结合,是企图将革命"毕其功于一役"的理想蓝图。
民族主义是民权主义贯彻实施的必要条件和先决条件,也是三民主义
得以彻底实现的前提和基础,二者都是政治革命。民生主义则是社会
革命范畴,它的实现是需要仰仗民族主义和民权主义的确立和实施的,
是三民主义实现的最后一步,也是最关键的一步。她关系到民权主义
的稳固和恒久,关系到三民主义的实施质量和成功,是检验和考量真假
三民主义和三民主义的贯彻实施是否彻底的试金石。

第三节 "平均地权"的形成过程和内涵

所谓"平均地权",在孙中山等资产阶级革命党人最初看来,简单
地说,就是对土地的现状予以承认和保护。国家作为土地的所有者向
地主征收地价税,对于以后由于革命或经济社会发展等原因高于该地
价的土地增值部分,则全部归属于国家所有。土地的具体地价由地主
本人向国家呈报,作为国家征收地价税的基本参照依据和土地状况的
原始资料。为了防止和打击地主少报地价,特别强调国家保留对土地
按照呈报价格收购的权力。

　　作为资产阶级革命党人关于社会革命的具体方案,"平均地权"思想的形成经历了一个比较漫长的历史过程,其内涵也在不断地变化中,但总的趋势是在向前发展的。考察一下孙中山的这方面的言行,可以说大致经过了四个阶段:第一个阶段,是"平均地权"的萌芽期和初步形成期,从时间上说,大约是从 1896 年起到 1911 年 12 月中旬,也就是说是到武昌起义爆发后孙中山结束长达十六年的流亡海外生活回到国内止;第二阶段,是"平均地权"的形成期和酝酿实施期,大约是从 1911 年 12 月下旬起到 1918 年底;第三阶段,是"平均地权"的完善期和初步实施期,大约是从 1919 年起到 1923 年底;第四阶段,是"平均地权"的全新期和内容飞跃期,大约是从 1924 年起到 1925 年 3 月孙中山去世。

　　下面,我们就结合具体历史事实来看看"平均地权"形成发展的历史轨迹和深刻的内涵。

一、第一个阶段,"平均地权"的萌芽期和初步形成期(1896 年起到 1911 年 12 月中旬)

　　作为伟大的资产阶级革命家,孙中山最先关注的重点也理所当然地集中在政治领域。这一点从上面的论述中明显地可以看出来。可以说,孙中山在 1896 年 10 月被清政府驻英国公使馆绑架前并没有认真地思考过土地问题的解决和民生方面的问题,更没有把它上升到作为政治纲领和革命纲领这样高度的层面上来。当然,关于这方面的言论,也还是能零星地散见一些的。

　　大概在 1891 年前后,孙中山曾专门写过一篇关于农业方面的文章《农功》。中国近代著名的思想家郑观应在光绪二十年(1894 年)出版了 5 卷本的《盛世危言》,该书共收录了 57 篇文章,其中就有孙中山的《农功》。在这篇文章里,孙中山从古代中国的农业渊源娓娓述来,认为地力毕竟有限,再加上天灾人祸等种种原因,致使"万里中原,沟渠湮废,粟麦而外,物产无多,地之肥者变而瘠矣"。对于古代的一些农业方面的著述,孙中山的观点是:"三古农书不可考已,今所传者,如《齐民要术》、《农桑辑要》、《农政全书》,亦多精要,大抵文人学士,博览所资,而犁云锄雨之俦,何能家喻而户晓?况劳农劝相,虚有其文,补助巡游,今无其事,民亦因循简陋,聊毕此生,盖官民之相去远矣。"而与之相反的是,西方国家的农业实践则值得我们仿效因为他们的具体做法确实先进而科学。

孙中山比较详细地罗列了他们的具体做法:"泰西农政,皆设农部,总揽大纲,各省设农艺博览会一所,集各方物产,用考农功,与化学诸家详察地利,各随土性,种其所宜。每岁收成,自百谷而外,花木菓蔬,以至牛羊畜牧,胥人会考察优劣,择优异者奖以银币,用旌其能。至牲畜受病,若何预治?谷螟木蠹,若何豫防?复备数等田样,备各种汽车,事事讲求,不遗余力。先考土性原质,次辨物产所宜,徐及浇灌粪壅诸法,务欲各尽地利,各级人工。所以物产赢余,昔获其一,今且倍蓰十百而未已也。"所以,他竭力主张中国也应该学习他们这些行之有效的经验和做法:"我国似宜专派户部侍郎一员,综理农事,参仿西法,以复古初。委员赴泰西各国讲求树艺、农桑、养蚕、牧畜、机器耕种,化瘠为腴。一切善法泐为专书,必简必赅,使人易晓。每省派藩臬道府之干练者一员为水利农田使,责成各牧,令于到任数月后,务将本管土田肥瘠若何?农功勤惰若何?何利应兴?何弊应革?招徕垦阗、董劝经营。定何章程?作何布置?决不得假手胥役。生事扰民,亦不准故事奉行,敷衍塞责。如果行之有效,开阗利源,使本境居民日臻富庶,本管道府查验得实,乃得保以卓异,予以升迁。"①

值得注意的是,在孙中山的具体方案里,这里已经出现了"机器耕种"和"招徕垦阗(辟)"土地及责令有关职责人员理清"本管土田肥瘠"等关于土地方面的想法和建议。可以说,他已经开始思考这些关

① 孙中山:《农功》,见《孙中山全集》第一卷,中华书局1981年版,第4—5页。

系到国计民生的大问题。当然，这时他的革命思想还没有形成。在《农功》这篇文章里，孙中山还表现出了浓厚的改良主义色彩。他还对清政府抱有希望，希望清政府在政治上实施一些改良措施，以促进中国的进步，重振古老中华帝国的威风，重新以大国强国的形象屹立于世界民族之林。也就是说，此时的孙中山还和一般的中国人和一般的知识分子的想法和愿望没有什么两样，只是寄希望于统治者在"量"的范围内来点"小打小闹"，采用柔和的手段来改造中国和社会，根本还谈不上有什么革命理想和革命思想，更谈不上有什么明确的政治革命纲领的提出，当然也就更无法期望他在经济方面和社会方面有什么明确的方向和目标了。

前面已经说道，为了快速地实现自己的政治理想和抱负，孙中山曾经想走一条捷径，也就是通过上书李鸿章希望得到赏识来施展他的才华。然而无情的现实给了这个当时 28 岁的年轻人当头一棒，那就是李鸿章拒绝接见他！就在这篇精心准备的《上李鸿章书》里，孙中山也涉及了土地和农业问题，而且可以发现这一问题已经越来越引起孙中山的重视。在很谦逊地介绍了自己之后，孙中山即开卷明义亮出了他的"治国平天下"的具体方案："窃尝深维欧洲富强之本，不尽在于船坚炮利，垒固兵强，而在于人能尽其才，地能尽其利，物能尽其用，货能畅其流——此四事者，富强之大经，治国之大本也。"

在孙中山看来，作为执政者，只要能采取措施做到这四点，国家就能富强昌盛，人民就能安居乐业，而这四方面的有效实施才正是西方诸国富强的最根本原因。在这里，孙中山把土地问题排在了第二位。今天，越来越多的人已经认识到，人是最大的资源和财富，这已经是无须争辩的事实了。当年孙中山就已经把"人能尽其才"放在了关系到国富民强的最重要位置上来对待实属不易。紧跟其后的就是"地能尽其利"，说明土地问题在孙中山的心目中的位置已经提升。

所谓"地能尽其利"，在孙中山看来，是指"在农政有官，农务有学，

耕耨有器也"。孙中山认为,"地利"是"生民之命脉。自后稷教民稼
穑,我中国之农政古有专官",所以那时"故能生民能养民者为善政",
但遗憾的是"三代以下民间养生之事已备,故听民自生自养而不再扰
之",这就是"中国今日农政之所以日就废弛"的主要原因。在国家不
在设置农政官的情况下,"农民只知恒守古法,不思变通,垦荒不力,水
利不修,遂致劳多而获少,民食日艰"。对于大量的土地闲置和荒芜现
象,孙中山也表现出了极大的关注,指出:"荒地之不辟,山泽之不治,
每年遗利又不知凡几。所谓地有遗利,民有余力,生谷之土未尽垦,山
泽之利未尽出也,如此而欲致富不亦难乎"。

在西方则与此形成了鲜明的对比,这种情况就不会出现。"泰西
国家深明致富之大源,在于无遗地利,无失农时,故特设专官经略其事,
凡有利于农田者无不兴,有害于农田者无不除",他大声疾呼:"有国家
者,可不急设农官以劝其民哉"?他特别强调:"水患平矣,水利兴矣,
荒土辟矣,而犹不能谓之地无遗利而生民养民之事备也,盖人民则日有
加多,而土地不能以日广也。倘不日求进益,日出新法,则荒土既垦之
后,人民之溢于地者,不将又有饥馑之患乎,是在急兴农学,讲求树畜,
速其长植,倍其繁衍,以弥此憾也"。他认为一定要重视农业科学:"农
学既明,则能使同等之田产数倍之物,是无异将一亩之田变为数亩之
用,即无异将一国之地广为数国之大也。如此,则民虽增数倍,可无饥
馑之忧矣。此农政学所宜亟设也"。

他还特别提到要学习西方使用机器进行农业耕种和生产的科学方
法,指出西方"近世制器日精,多以器代牛马之用,以其费力少而成功
多也。如犁田,则一器能作数百牛马之工;起水,则一器能溉千顷之稻;
收获,则一器能当数也"。正因为如此,"故泰西创器之家,日竭灵思,
孜孜不已,则异日农器之精,当又有过于此时者矣。我中国宜购其器而
仿制之"。最后,他总结出农业和土地方面三个最重要的问题:"农政
有官则百姓勤,农务有学则树畜精,耕耨有器人力省,此三者,我国所当

仿行以收其地利者也"①。从这些阐述中我们不难看出,此时的孙中山对土地和农业问题的关注和思考又上了一个台阶。

1894年11月兴中会的成立是孙中山革命生涯中一个重大的政治事件。从兴中会的章程和秘密入会誓词中可以看出,此时的孙中山并没有把土地问题或者民生问题放在重要的位置上,对此并没有涉及。在兴中会的秘密入会誓词里,三民主义中的民族主义和民权主义均已出现,即明确地提出了"驱除鞑虏,恢复中国,建立合众政府"的政治目标。对于为什么没有触及民生方面的问题,可以从两方面来理解:一是当时他们的关注重点当然是推翻清朝封建专制统治,恢复所谓的"大汉族天下",这是革命的首要而必需的目标和任务,也是资产阶级革命党人和大多数中国人最为关心的问题;二是正如前面专门谈到兴中会时所说的,当时兴中会的公开章程里并没有出现这些民族主义和民权主义方面的内容,这是孙中山他们当时的策略。可以想见,在公开的章程中连这些内容都不愿明确地宣示于众,更何况在当时还不可能认真思考的土地和农业问题了。

值得注意的是,兴中会成立一年后,也就是1895年10月,孙中山还正式创设过中国最早的农学会。1895年3月,孙中山和青天白日旗的设计者陆皓东及惠州起义的主要领导人郑士良等到广州拟成立兴中会广州分会。他们在双门底王家祠承租了房屋作为革命活动场所。正像孙中山在兴中会章程中没有公开表达革命愿望一样,为了掩护兴中会的真正革命目的,孙中山在一边开始借行医之名宣传革命思想发动民众的同时,一边又借对外宣讲农业、农事为名于是年10月正式成立了农学会。

"当年10月6日,孙中山先生在广州《中西日报》发表《创立农学会征求同志书》,在我国首创农学会。孙中山先生创设的这个农学会,

---

① 孙中山:《上李鸿章书》,见《孙中山全集》第一卷,中华书局1981年版,第10—11页。

拟从事的工作主要有四项：一是翻译，搜集各国的农桑新书，译成中文，
'俾开风气之先'；二是建立学堂，培养优秀的农学人才，并著书立说来
教育农民接受新的种植方法；三是开设博览会，用重金奖励农民送出产
品；四是筹集资金，开垦荒地"①。

在农学会要做的四件事里，开垦荒地是其中之一。也就是说，虽然
设立农学会只是一个幌子，其真实的目的仍然是鼓吹"驱除鞑虏，恢复
中国，建立合众政府"，但这并不影响我们对孙中山此时思想的判断。
可以说，土地问题和农业问题在孙中山的心目中的地位在不断地提升，
越来越受到重视。对这个问题，孙中山后来在清政府驻英国公使馆里
说得要详细一些："欲开垦清远县荒地……如有成效，即可将广东官地
一并开垦"②。

广州起义失败后，孙中山开始了长达16年的海外流亡生活。1896
年10月，他曾化名到清政府驻英国公使馆探听情况，没成想看手表时
被公使馆里的工作人员邓廷铿识破真相，认出他就是孙中山，随后遭到
公使馆的拘捕，被囚禁了十多天。在他的香港西医书院老师康德黎等
人的帮助下，孙中山成功获救。被清公使馆释放后，孙中山并没有立即
离开英国，而是把图书馆作为他的主要去处，在这段时间里，他阅读了
几乎欧洲所有流行的思想和学说著作，其中就有19世纪末期美国著名
的经济学家和社会活动家亨利·乔治1879年出版的《进步与贫困》和
马克思的《资本论》。亨利·乔治认为土地作为最重要的生产资料和
要素不能为少数人所占有，主张土地应由国家来掌握，即土地归国家所
有。他认为社会的不公平和不平等主要就是由土地的占有不均造成
的，所以他建议国家征收单一地价税，其他的税收税种都要废除，而且
征收的地价税应归全民所共有。

---

① 影文：《孙中山首创农学会》，《汕头特区晚报》2011年7月22日。
② 孙中山：《与邓廷铿的谈话》，见《孙中山全集》第一卷，中华书局1981年版，第27页。

　　亨利·乔治的这一思想对孙中山影响极大。孙中山曾说过："美人有卓尔基·亨利（Henry George）……曾著一书，名为进步与贫穷，其意以为世界愈文明，人类愈贫困，著于经济学分配之不当，主张土地公有，其说风行一时，为各国学者所赞同，其阐发地税法之理由，尤其为精确，遂发生单税社会主义一说"①。正像孙中山自己说的，他的"平均地权"思想的形成得益于这段时间在英国的阅读和其后欧洲等地的考察见闻。

　　此后，孙中山对土地问题的思考越来越深刻，开始涉及一些根本的敏感的具体方面。据梁启超记载，1899年，在日本东京，孙中山在和梁启超探讨土地方面的问题时曾表达了一些具体设想："今之耕者，率贡其所获之半于租主而未有已，农之所以困也。土地国有后，必能耕者而后授以田，直纳若干之租于国，而无复有一层地主从中腌削之，则农民可以大苏"②。

　　显然，孙中山对土地占有的严重不均和贫富悬殊甚为关注，对租种地主田地的大批普通民众的境遇非常同情，对于他们要将收获的大半交予田地的主人愤愤不平。怎么样才能解决这一严峻急迫的现实问题呢？孙中山给出的方案是"土地国有"。如果能做到这一点，也就是由国家出面，将土地租种于有能力耕种者，租种者直接将少部分产出缴纳给国家作为租种费用，而且仅此一项而已，那么果如此就可以解决目前存在的种种弊端，农民也就"可以大苏"了。

　　1902年的春天，在日本的横滨，孙中山和章炳麟也曾探讨过土地问题。这次谈及的内容更广泛，有土地兼并问题，有国家税赋问题，有田地耕种租赁问题："兼并不塞而言定赋，则治其末已。夫业主与佣耕者之利分，以分利给全赋，不任也。故取于佣耕者，率参而二……方土

---

① 孙中山：《社会主义之派别及批评》，见《国父全集》第二册，第197—198页。
② 梁启超：《杂答某报》，见《梁启超选集》，上海人民出版社1984年版，第515页。

者,自然者也,非材力……以力成者其所有,以天作者其所无,故买鬻者
庚偿其劳力而已,非能买其壤地也。夫不稼者,不得有尺寸耕土,故贡
彻不设,不劳收受而田自均"①。

在这里,孙中山设计了一个"均田"的"良方",那就是不能亲自耕
种田地的人不能有任何耕种的土地,做到了这一点,则自然就能堵塞了
土地兼并的大门,自然就能达到"田自均"。虽然,孙中山的设想有些
天真,也很难实现,明显带有乌托邦的色彩,但是,在那个土地兼并日益
严重和剧烈、贫富分化日趋明显和加快的年代,对于那些穷困的劳苦大
众来说,这一主张还是很有蛊惑力和吸引力的。

从孙中山和章炳麟的这次谈话不难看出,孙中山土地方面的思想
正在逐步向纵深发展。其实,在这里,我们可以窥见"平均地权"思想
已经开始初露端倪了,"平均地权"的思想已经呼之欲出了。果然,时
间仅仅过去一年,在1903年在日本东京创设青山军事学校时,孙中山
遂将"平均地权"写进了该校学生的革命誓词中,和"驱除鞑虏,恢复中
华"的民族主义革命目标及"创立民国"的民权主义革命目标放在同一
个层次上相提并论。

在中国近代史上,有一个以反清复明为目的的政治组织,叫致公
堂,又叫义兴公司,或者洪门,大约成立于咸丰、同治年间。其总部在美
国旧金山。为了争取致公堂成员加入资产阶级革命党人的阵营里来,
以及争取到他们对资产阶级革命派的支持,孙中山1904年在檀香山加
入了该组织,受封为"洪棍"。

接受该职位后,孙中山即前往致公堂的总部所在地旧金山。在这
里,孙中山获得了致公堂首领总堂大佬(会长)黄三德的赏识和信任。
黄三德听从了孙中山的建议,对会员实行总注册,并重新修订了致公堂
的章程,采纳了孙中山的提议,明确规定"本堂以驱除鞑虏,恢复中华,

---

① 《孙中山全集》第一卷,中华书局1981年版,第213页。

创立民国,平均地权为宗旨"①。这是孙中山第一次把"平均地权"作为一个政治组织的行动纲领和奋斗目标。从这里我们也可以明显地看出孙中山是想把致公堂改组为一个具有资产阶级革命性质的革命组织。

1905 年组建中国同盟会时,孙中山将"驱除鞑虏,恢复中华,创立民国,平均地权"作为革命纲领和奋斗目标的提议也是费了一番周折的。在 7 月 30 日的筹备会上,有一部分人对把"平均地权"放在革命纲领里提出了异议。孙中山当即予以解释。结合自己丰富的理论知识和在资本主义国家的见闻,孙中山从理论和实践上阐述了必须将"平均地权"作为革命纲领的理由和依据。他对异议者循循善诱:"现代文明国家最难解决者,即为社会问题,实较种族、政治二大问题同一重要。我国虽工商业尚未发达,……欲解决社会问题,则平均地权之方法,乃实行之第一步。本会系世界最新之革命党,应立志远大,必须将种族、政治、社会三大革命,毕其功于一役。"②无可争辩的事实、通情达理的阐发,再配合着能言善辩的绝佳口才,孙中山用了一个多小时的时间,终于力排众议说服了大家将这十六字的革命誓词作为中国同盟会的革命纲领和奋斗目标。

中国同盟会成立一年后,在《中国同盟会革命方略》中,孙中山对"平均地权"思想进行了大致的描绘:"当改良社会组织,核定天下地价。其现有之地价,仍属原主所有;其革命后社会改良进步之增价,则归于国家,为国民所共享。肇造社会的国家,俾家给人足,四海之内无一夫不获其所。敢有垄断以制国民之生命者,与众弃之"③。

从这段描述可以看出,孙中山此时的"平均地权"方案已经比较清晰,具体的步骤是,先根据公平诚信原则核定全国的土地价格,这是第

---

① 《孙中山全集》第一卷,中华书局 1981 年版,第 262 页。
② 冯自由:《革命逸史》第 2 集,第 132 页。
③ 孙中山:《中国同盟会革命方略》,见《孙中山全集》第一卷,中华书局 1981 年版,第297 页。

一步,是基础,是前提,接着根据核定的地价计算分配土地的收入权益,即核定的现有土地价值收益仍然属于土地的主人所有,但是,后来由于革命胜利社会的改良和进步等种种原因必然造成地价的上涨,这部分增长的价值权益就不能归土地原主所有了,而应该收归国家所有,为全体人民共同享有。这是第二步,是目的,是结果。这个方案听起来确实很美好,但是仔细推敲就会发现显然缺乏可操作性,理论上值得商榷,实践上也缺乏现实基础,势必很难实现。但孙中山对此还是很认真的,并且对胆敢反对或蔑视者提出了严正警告和极大的愤怒:"敢有垄断以制国民之生命者,与众弃之"。可见孙中山此时还是认为他的这一"良方"是切实可行的,还是能解决当时的土地问题和社会问题的。

前面曾经说过,在土地的所有制问题上,康有为曾经有过"土地公有"的想法,虽然其具体的内容和细节还很朦胧模糊。但是资产阶级革命党人把"平均地权"的大旗竖起后,却立即遭到了资产阶级改良派的围攻。他们来了个一百八十度的大转弯,改变了所谓的"土地公有"的设想,转而表示出了坚决地维护封建地主阶级的土地私有制的强硬态度,强烈地批评和反对资产阶级革命派的"平均地权"思想。

我们知道,中国同盟会成立后,立刻有计划地组织了和以康有为、梁启超为代表的资产阶级改良派的大论战。这场论战可以说是中国近代思想文化史上的一朵"奇葩"。双方分别以其机关报《民报》和《新民丛报》为主阵地,其分布在世界各地的分支机构及其所办的刊物均投入这场持续了三年之久的大辩论中。在这旷日持久的大论战中,"平均地权"是论战的一个重要内容,"论战的时间主要集中在 1906 年 1 月至 1907 年 8 月,论战的焦点是维护封建主义的土地制度,还是以资产阶级的土地国有制代替封建主义的土地私有制"①。

对"平均地权"问题的辩论,孙中山非常重视,始终"坐镇指挥"。

---

① 金德群:《中国国民党土地政策研究》,海洋出版社 1991 年版,第 81—82 页。

对于辩论的具体内容和方法,对于创意文章和批驳文章的立意、思路、组织和写作等等问题孙中山都要亲自指导和过问,可谓无微不至。双方的辩论内容涉及十分广泛。例如,在当时中国,到底有没有必要实行资产阶级革命派的"平均地权"主张? 对此,改良派是强烈反对的。

　　其实,他们的理由根本站不住脚,完全不顾当时的社会现实。明眼人一看就很清楚。他们不是故意装傻,就是强词夺理,故意混淆是非,颠倒黑白,唯恐天下不乱。他们竟然说:"在我国,则汉魏时患土地兼并最甚,而其后则递减,逮今日而几复无此患"①。对于改良派的一派胡言,革命党人给予了彻底的批驳。他们一针见血地指出:"中国自古迄今,授田之法,均属失利",针对改良派的所谓汉魏以后中国土地的兼并开始呈现缓和与减弱趋势的论断,革命党人坚决地予以否定,指出情况正好相反,汉魏后的土地占用不均恰恰在不断加重,特别是到了近代,封建地主阶级和广大农民群众的状况分化的趋势更加明显。地主阶级是"操蕴利之术,以殖其财,财盈则用以市田,田多则恃以攘利,民受其厄与暴君同",而与此相反的是,"农民终岁勤动,仍无以瞻其身家也","名为佃人,实则僮隶之不若"②。

　　在实行"平均地权"是否公平公正、合理合法,是否会造成新的不公等方面,双方也针锋相对,进行了激烈的辩论。改良派认为,今天的地主拥有的土地和财富是一代代辛勤劳动积淀传承下来的。地主的祖先并不是一开始就富有的,他们也是普通的穷苦人家,他们是靠着辛勤的劳动和勤劳的持家才逐渐演变成今天的富有者的。如果实行"平均地权",就意味着对他们的土地和财产进行剥夺,这是不公平的,是侵犯了地主阶级的权益,于理于法都不能成立。地主不管是收取地租也好还是获得其他权益也好,都是"勤劳所应享之报酬",如果实行"平均

---

　　① 　梁启超:《驳某报之土地国有论》,见《饮冰室合集》第 18 册,第 28 页。
　　② 　韦裔:《悲佃篇》,《民报》第 15 号;转引自金德群:《中国国民党土地政策研究》,海洋出版社 1991 年 8 月版,第 82 页。

地权",势必会侵犯地主阶级的权益,"掠夺人民勤劳之结果"①。

对于这些似是而非的观点,革命派予以了有力的还击。上面提到的韦裔在《悲佃篇》里就曾直言不讳地说:"今日之田主,均大盗也"。胡汉民也亲自撰文予以批驳,认为对于农民来讲,土地是最重要的生产资料和最主要的生活来源,而土地的自然属性决定了她"非人为造成,同于当日空气,本不当私有"②。

可以说,在关于是否实行"平均地权"这个问题上,双方的核心人物都赤膊上阵,使出了浑身的解数。从上面就可看出,梁启超和胡汉民这两位政界的元老和理论家就直接对阵。我们知道,改良也好,革命也好,其目的无非都是为了促进经济社会的发展和进步,促进社会的公平与正义。改良派就从这方面入手发难,认为如果实行"平均地权"非但不能达到推动社会历史的进步,反而会引起经济社会秩序的严重混乱,造成农业生产和经济发展的大倒退。

梁启超从人生下来就有自私之心入手,认为私有制是天经地义的。他说:"经济之最大动机,实起于人类之利己心",正是基于此种缘由,财富的私有制和经济社会的发展"为现社会一切文物之源泉",这个"源泉"是不能触动和破坏的。一旦遭到破坏,那么整个政治、经济、社会的根基和现状等一切必将受到冲击和重创,天下势必会大乱而失去控制,于国于民都大为不利。因为这样做的结果就是"个人勤勉殖富之动机将减去泰半",势必会"牵一发以动全身,则其紊乱社会秩序之影响,必有不可思议者"③。

胡汉民则尖锐地指出,"平均地权"在当时确实很必要,甚至是当务之急,因为土地的占有集中和贫富不均已经到了人民群众难以忍受的极限了,如果再不解决这一问题,恐怕才要经济停滞不前甚至后退、

① 梁启超:《驳某报之土地国有论》,见《饮冰室合集》第18册,28—29页。
② 胡汉民:《民报之六大主义》,《民报》第3号。
③ 梁启超:《驳某报之土地国有论》,见《饮冰室合集》第18册,第24页。

社会秩序动荡不安甚至崩溃。如果实行了"平均地权"的措施,将土地收归国有,然后根据公平原则交予劳动者耕种,反而能极大地调动广大的劳动群众的积极性,促进社会生产力的发展和社会进步。因为腐朽落后的封建地主阶级土地私有制只能是损坏了大多数人的利益,仅仅维护了少数不劳而获的团体的利益。土地的私人占有"可使地主有绝对之强权于社会,可使为吸收并吞之原因,可使农民废业,可使食艰而仰给于外,可使全国困穷而资本富厚悉归于地主"。如果实行了"平均地权",则"民日趋业而无旷土,地主夙者坐而分利,今亦与平民比而转为生利之企业"的欣欣向荣的局面就指日可待,国家经济社会的繁荣昌盛就会水到渠成,瓜熟蒂落。做到了这一点,"著莫大之良果"是显而易见的①。

随着对土地问题认识的深入,孙中山渐渐地把"平均地权"思想和民生主义理论等同起来。1910 年 2 月,孙中山将美国旧金山的进步青年组织少年学社改组为中国同盟会分会,将中国同盟会盟书更名为《中华革命党盟书》。值得注意的是,在这份盟书的誓词里并没有出现"平均地权"的字样。其誓词是:"同心协力,废灭鞑虏清朝,创立中华民国,实行民生主义"②。显然,这里的民生主义就是指"平均地权"。此时在孙中山的心目中民生主义和"平均地权"是同义词。由此可见土地问题越来越引起了孙中山的重视。

应该看到,孙中山"平均地权"思想在此时得以逐渐萌芽和初步形成,是当时各种社会历史条件合力下促成的一种必然结果。其中,我们特别应该注意的是,他对资本主义世界的观察所起的重要作用。孙中山自己曾经说过:"两年之中,所见所闻,殊多心得。……予欲为一劳永逸之计,乃采取民生主义,以与民族、民权问题同时解决。此三民主

---

① 胡汉民:《民报之六大主义》,《民报》第 3 号。
② 孙中山:《中华革命党盟书》,见《孙中山全集》第一卷,中华书局 1981 年版,第439 页。

义之主张所由完成也"①。

这里的两年是指 1896 年和 1897 年。这期间,孙中山考察了欧美许多国家。他关注到资本主义世界有效的政治制度、比较发达的生产力和先进的生产方式、快速增长和积累的社会财富等等,但是,与此同时他也注意到了这些国家普遍存在的贫富严重不均和分化的事实,注意到了生活在下层社会的民众对社会的强烈不满和愤慨,注意到了资本主义世界表面欣欣向荣的背后隐藏的深刻的社会矛盾和阶级矛盾。他担心这种局面在中国取得民族主义和民权主义革命胜利后也会出现,所以他认为,应该将"平均地权"措施连同"驱除鞑虏,恢复中华,创立民国"一同实施。

当然,他也曾注意到,"平均地权"的类似实践在资本主义国家也曾经出现过,"近来欧美已有试行之者,然彼国势已为积重难返,其地主之权直与国家相埒,未易一蹴改革。若吾国,既未以机器施于地,作生财之力尚恃人功,而不尽操业主之手,故贫富之悬隔,不似欧美之富者富可敌国、贫者贫无立锥,则我之措施当较彼为易也"。他认为:"盖天下万事万物无不为平均而设,如教育所以平均知识,宫室衣服所以平均身体之热度,推之万事,莫不皆然。则欧美今日之不平均,他时必有大冲突,以趋剂于平均,可断言也。然则今日吾国言改革,何故不为贫富平均计,而留此一重罪业,以待他日更衍惨境乎?……故弟于革命时一齐做起,吾誓词中已列此为四大事之一"②。

显然,孙中山是把"平均地权"看作是解决贫富不均社会问题的行之有效的方略的。但是在他看来对资本主义国家并不能奏效,是因为这些国家的贫富分化早已形成,"积重难返",富人阶级势力强大,直接或间接地掌控着国家政权。统治者已经成为了富有阶级的代言人和利益的维护者。他认为中国则完全不同。中国还没有产生像资本主义国

---

① 《孙中山全集》第六卷,中华书局 1985 年版,第 232 页。
② 孙中山:《复某友人函》,见《孙中山全集》第一卷,中华书局 1981 年版,第 228 页。

家那样的"富可敌国"的大富翁,也没有"贫无立锥"的穷苦人家,贫富悬殊没有欧美国家那么严重。

当然,孙中山的这一判断值得存疑,特别是对于穷苦百姓的不存在令人怀疑。但是正是基于这一认识,孙中山认为这给"平均地权"在中国的有效实施创造了条件。所以他特别强调应该将贫富严重不均在还未扩大和彻底形成前将其扼杀在"摇篮"里。也就是要在进行民族主义革命和民权主义革命的同时进行民生主义革命,实行"平均地权"。一言以蔽之,孙中山设计了这样一种看似完美的理想革命方案:为了避免建立了民主政治制度后重蹈资本主义世界"富者富可敌国、贫者贫无立锥"的旧路,防止"他时必有大冲突,以趋剂于平均"这种"二次革命"局面的出现,应该将民族革命、政治革命和社会革命同时进行,将革命"毕其功于一役"。

二、第二阶段,"平均地权"的形成期和酝酿实施期(1911 年 12 月下旬起到 1918 年底)

武昌起义爆发后,远在海外的孙中山敏感地意识到这是中国历史发展的一个里程碑式的转折。他一方面电令黄兴迅速前往武汉指导革命,争取抓住革命的领导权,一方面自己星夜兼程奔向祖国。他预感到,无数先烈用鲜血和生命为之奋斗的理想看来即将实现。经过数日的风餐夜宿,孙中山终于在 1911 年 12 月 25 日返回国内。

12 月 29 日,在上海中国同盟会举行的欢迎大会上,孙中山发表了热情洋溢的演讲,指出:"今民族主义、民权主义二者虽已将达,而欲告大成,尚须多人之努力。况民生主义至今未少着手,今后之中国首须在此处着力"[1]。我们可以设身处地地想象一下孙中山此时此刻的心情。

---

[1]　孙中山:《在上海中国同盟会本部欢迎大会的演说》,见《孙中山全集》第一卷,中华书局 1981 年版,第 439 页。

自成立兴中会后,他就集中了全部的心血和精力投身到推翻清王朝的
封建专制统治和建立资产阶级民主共和国的奋斗中。在他的大旗下,
也聚集了一大批有同样理想和目标的仁人志士。他们梦寐以求的理想
和事业集中体现在三民主义理论里。为了这种理想的达成,他们已经
付出了多么惨烈的伤亡和悲壮的代价。

在此时的孙中山看来,黑暗已经过去,曙光已经出现,光明灿烂的
未来正在向他们招手,虽然后来的发展事实证明情况远没有这么简单
和顺利,但至少在当时的孙中山看来是这样的。他充满激情和信心地
宣示,民族主义和民权主义的两大任务即将初步完成,民族革命和政治
革命的目标即将初步实现,虽然距离最后的"大成"还有一段路程,还
需要许多人付出艰苦的努力,这一点孙中山还是很清楚的,但是,他仍
然认为,接下来,也是以后最重要和最主要的任务,就是实现民生主义
的理想了,就是实现社会革命的目标了。

其实,孙中山当时的境遇远非他表面所呈现出的乐观和豁达。本
来,在孙中山还没归来前,独立的各省代表就在上海开会,准备在南京
成立一个临时政府,并推举黄兴出任临时政府的大元帅,但是因为当时
反对的势力较大,黄兴一直犹豫着是否到南京上任。正在纠结不决之
时,孙中山从海外归来,当然是众望所归,于是独立各省代表在 12 月
29 日又投票选举孙中山为中华民国临时政府的临时大总统。当然,对
这一结果,也有坚决反对者,而且一般人很难想到反对激烈的人中竟然
有中国同盟会元老级的人物,那就是宋教仁。

宋教仁当时还不到三十岁,风华正茂,年轻气盛,时任江苏省的政
务厅长,大概相当于今天的省长。宋教仁的本来想法是由黄兴出任临
时大总统,由他执掌内阁,出任总理,而不愿与孙中山搭档。对此,孙中
山当然很明白。此外,在中国同盟会成立以后,可以说其内部就一直矛
盾重重,各种各样的不健康声音频频出现。武昌起义爆发后比较典型
的就是章太炎的所谓"革命军起,革命党消"。对这种种不和谐的现象

孙中山非常警惕，认为如不反击甚至有可能导致革命半途而废，所以，12月30日，孙中山在上海召开中国同盟会本部临时会议，会议讨论通过了会前由孙中山主持制定的《同盟会本部改写暂行章程并意见书》，也称为《中国同盟会意见书》，对当时这些急迫的问题有的放矢地进行了一一的阐发。

孙中山先开卷明义地指出，中国同盟会“以异族僭乱，天地黪黩，民不聊生，负澄清天下之任，使曩者朱明之绪无绝，太平之师不熠，则犹是汉家天下，政由己出，张弛自易”。其意思很清楚，朱元璋的明朝天下和太平天国农民战争建立的南京政权都是汉人的江山社稷。中国同盟会就是这些事业的继承者，是以恢复“汉家天下”为己任的。也就是首要的是要推翻大清的“外族”统治。

现在看来，这一任务即将达成，但是，“吾党之责任盖不卒于民族主义，而实卒于民权、民生主义，前者为之始端，后者其穷及也”。也就是说，孙中山认为，中国同盟会的奋斗目标显然不能到此为止，更重要的任务还在后面，那就是民权主义和民生主义的彻底实施和实行，使全体国民摆脱大清的统治，摆脱封建地主阶级的专制独裁统治，建立一个人民自由行使权力的资产阶级民主共和国，进行社会革命，“平均地权”，实行民生主义，最终使三民主义得以彻底实行，真正做到“欲造神圣庄严之国，必有优美高尚之民”。

随后，孙中山话锋一转，用无比愤怒的口吻尖锐地批评（甚至可以说是怒骂）了资产阶级革命党人和中国同盟会内部的那些“不安定分子”：“惟吾党已众，散处各地，……声气未达，意见不相统属，议论歧为万涂。贪夫败类乘其间隙，遂作莠言，以为簧鼓；汉奸满奴则复冒托虚声，混迹枢要。上者于临时政府组织之军（际），其祸乃大著……星星之火，可以燎原，其为害于本会者犹小，害于民国者乃大。则本会之造成灵敏机关，剔弃败类，图与吾军政府切实联系者，固今日之急务也。……而吾党偏怯者流，乃唱为‘革命事起，革命党消’之言，公然登诸报纸,至可怪也。……"①。

这段话的指向很清楚。其实是在批评和责骂两类截然相反的人物,一类是盛气凌人之辈,以宋教仁为代表;另一类是怯懦羸弱之徒,以章太炎为代表。前面的话是针对强势之人说的,显然是指宋教仁他们这一类人。孙中山指责他们甚至是大骂他们是"贪夫败类"、"汉奸满奴";后面的话说得更明白,直指章太炎这类所谓的怯懦之流,严厉地批评他们不应该散布"革命军起,革命党消"之类的消极错误言论,而且还公然在报章上宣扬。

孙中山后来对章太炎的这一言论一直耿耿于怀、揪着不放,曾在一些场合反复地给予批驳,甚至他把辛亥革命失败的一个重要原因也归咎于章太炎的这个涣散人心的蛊惑言论。显然,在《同盟会本部改写暂行章程并意见书》里,孙中山是在警告这两类人,不能继续这样下去了,如果再不悬崖勒马,革命就不可能真正成功,三民主义就不可能实现,特别是以"平均地权"为主要内容的民生主义就难以达成,社会必将再次动荡不安,人民生活仍然将会继续困苦下去。孙中山的循循善诱和高瞻远瞩昭然若揭,在那种国际国内当时情势极其复杂和中国同盟会内部严重不合的环境和现实下实属不易。可谓用心良苦。

然而,现实毕竟是现实,在当时的特定社会历史条件下,孙中山虽然具有无疑显然是正确的先觉意识,但他毕竟还是回天无力。在他4月1日正式解除临时大总统职务前的不到一百天的任职时间里,他明知"平均地权"和"民生主义"之重要,但面对着残酷无情的事实,他也不得不屈服和让步,在其以中华民国临时政府或以中华民国临时政府临时大总统名义所颁布的为数亦较为可观的大政方针和政令法规中,竟然对这一问题只字未提。

———————————

① 孙中山:《中国同盟会意见书》,见《孙中山全集》第一卷,中华书局1981年版,第577—578页。

　　这期间,只是在 1912 年 3 月 3 日颁布的《中国同盟会总章》中简单地例行公事般地再次提及:"本会以巩固中华民国,实现民生主义为宗旨"①。而我们知道,早在 1905 年 8 月中国同盟会成立之始,三民主义就已经被明确为该会的宗旨和纲领。而到了中华民国已经宣告成立的 1912 年 3 月,资产阶级革命党人认为将中国同盟会作为一个公开的革命政党的条件已经形成,所以才在是年 3 月 3 日在南京召开本部全体大会,通过了中国同盟会新的总章程,宣布正式将中国同盟会改组为一个公开的政党。

　　此时,该会认为民族主义革命和民权主义革命的任务已经达成,故而仅仅提出"本会以巩固中华民国,实现民生主义为宗旨"。该总章所列举的具体政纲包括:完成行政统一,促进地方自治;实行种族同化;采用国家社会政策;普及义务教育;主张男女同权;实行征兵制度;整理财政,厘定税则;力谋国际平等;注重移民垦殖事业。从这里可以看出,对于"平均地权"的问题根本就没有涉及,而显然这才应是民生主义的主要内容。该政纲中的"采用国家社会政策"倒是似乎可以理解为与地权、资本等相关,但仍然颇为笼统、含糊其辞。

　　与此形成鲜明对比的是,辞去中华民国临时政府临时大总统后,孙中山一改往日对这个问题的"沉默",不失时机地抓住一切机会不厌其烦甚至是喋喋不休地反复强调以"平均地权"为主要内容的民生主义之重要。据统计,在辞职后的九个月的时间里,孙中山曾经在南京、武昌、上海、广州、北京、南昌、杭州等地就"平均地权"问题进行了 18 次之多的演讲,内容涉及"平均地权"的意义、步骤和方法等②。

----

　　①　《孙中山全集》第二卷,中华书局 1981 年版,第 160 页,转引自金德群:《中国国民党土地政策研究》,海洋出版社 1991 年版,第 84 页。
　　②　参见万国鼎:《平均地权思想之演进》,载张继、萧铮编:《平均地权与土地改革》,商务印书馆 1943 年版,第 40—46 页;转引自金德群:《中国国民党土地政策研究》,海洋出版社 1991 年版,第 85 页。

1912 年 4 月 1 日,正式解除临时大总统职务的当日,孙中山就在南京举行南京同盟会会员饯别会,并在会上以"民生主义与社会革命"为主题发表了切中时弊的演讲。为了准确正确完整地理解这一问题,他还是简要地提及了民族主义之问题,并以半个世纪前席卷大半个中国的太平天国农民战争和当时正在进行的资产阶级革命进行了对比。

他一针见血地指出:"50 年前,太平天国即纯为民族革命的代表。但只是民族革命,革命后仍不免成为专制,此等革命,不能算成功"。接着,他就反复强调了他刚从海外归来时一直坚持的观点,并进一步地予以阐发。如上所述,孙中山在 1911 年 12 月 25 日归国后,29 日上海中国同盟会举行了隆重的欢迎大会,孙中山在会上发表了慷慨激昂的演说,指出:"今民族主义、民权主义二者虽已将达,而欲告大成,尚须多人之努力。况民生主义至今未少着手,今后之中国首须在此处着力"[1]。

四个月后,国内的情势已经发生了很大的变化,而此刻的孙中山并没有完全认识到凶险的未来和资产阶级革命党人与袁世凯之间危险的妥协和交易,仍然对袁世凯充满了幻想和希望,所以他在此次饯别会上乐观地充满自信地认为民族主义和民权主义已经实现了,已经从四个月前的"已将达"变成了当下的"俱达到",民族主义和民权主义这两大革命任务已经完成了,接下来就是为达成民生主义革命的任务而去努力了,诚如他所说的:"今日满清退位,中华民国成立,民族、民权两主义俱达到,唯有民生主义尚未着手,今后吾人所当致力的即在此事"[2]。

值得注意的是,在这短暂的四个月的时间里,孙中山对待民族主义和民权主义的实现的认识上随着时间的推移和国际国内形势的变化也在不断地变化着,直至乐观地认为任务已经达成。但在民生主义的实

---

[1] 孙中山:《在上海中国同盟会本部欢迎大会的演说》,见《孙中山全集》第一卷,中华书局 1981 年版,第 439 页。

[2] 孙中山:《在南京同盟会会员饯别会的演说》,见《孙中山全集》第二卷,中华书局 1981 年版,第 319 页。

现问题上观点却是一直没有改变。1911 年 12 月 29 日的演说对这一问题的判断是"况民生主义至今未少着手",1912 年 4 月 1 日的演说仍然是"唯有民生主义尚未着手"。他认为,不管是掌握国家政权的领导者还是资产阶级革命党人或是其他任何阶级、政党、团体或个人等今后最需要努力的方向和去达成的目标当属此事。归国之初的观点是"今后之中国首须在此处着力",四个月后的看法依旧是"今后吾人所当致力的即在此事"。

很显然,在孙中山的心目中,在清王朝被推翻和中华民国建立之后,民生主义就是当务之急了,就是最重要的任务了,而且也是最复杂和最困难的任务。孙中山很清楚,要想实现民生主义,必然要触动"富人"的利益,触动利益集团的利益,这是何等艰难的事情啊!不要说这么重大深刻的社会变革,就是一般意义的改革阻力和困难都十分巨大,都要付出惨重的代价和很大的牺牲,而且失败的概率也很大,历史上这方面的事例比比皆是,连敢于废汉自立的一代枭雄王莽最后都不得不主动废除了下了很大决心和气力企图剥夺地主之田予以穷人的决策,对于这些惨痛的教训孙中山不会不清楚。但也正因为如此,孙中山才下了极大的决心和勇气反复强调这个问题并试图力促此项任务之达成。

就在 1912 年 4 月 1 日的南京同盟会会员饯别会上,孙中山果然是对此"迫不及待"了,果然对民生主义作了进一步的强调和阐述,可以说是向纵深处发展了。他谆谆地告诫他的同志们:"唯社会革命最难。……种族革命,只要将异族除去便了,政治革命,只要将机关改良便了,唯有社会革命,必须人民有最高程度才能实行。中国虽然将民族、民权两革命成功了,社会革命只好留以有待。……中国资本家未出,障碍物未生,因而行之故易"①。

---

① 孙中山:《在南京同盟会会员饯别会的演说》,见《孙中山全集》第二卷,中华书局 1981 年版,第 319 页。

如果说,在关于民生主义还没有实施的问题上孙中山这四个月来的观点还没有什么变化,那么在对于如何实现民生主义及实现民生主义的困难度等方面,此时孙中山的思考和认识更加深刻和准确了,至少在公开表达方面是明显地进一步深化和细致了,究其原因,是与他退位前后的压力感及大小、关注的重心及关注度、时间和精力的集中度和指向等都有密切关系。

特别值得引起我们关注的是,在这里,孙中山已经明确提及"资本家"。我们知道,所谓"资本家",当然是与"资本"密切相关了。不管是作为个人还是作为一个阶级,都是拥有大量的"资本"的。他们所拥有的社会财富,在数量和质量上,都要远远大于地权的拥有者。特别是随着经济社会的发展,这一特质将会越来越明显和突出。

当然,地权也是一种资本,而且是相当重要的一种资本,只不过是在不同的历史时期其所占的比例、分量及表现等不尽相同而已。显然,孙中山在这里提及的"资本家"并不是指拥有地权的农业资本家,而是指从事实业经营的工业资本家。而且,在这一时期,民生主义的主要内容无疑还是"平均地权",但是我们还知道后来孙中山在不断地丰富和发展着它的内容,直至最后明确地将"节制资本"也作为了民生主义的又一大主要内容。

显然,孙中山在这时候就已经开始考虑如何从"资本"入手来缩小贫富差距、使社会趋于公平正义的问题了。可以说,这其实已是"节制资本"的萌芽状态了。当然,孙中山这时对于中国资本家状况的判断是否正确值得存疑,这也是个智者见智、仁者见仁的问题。当时的中国工业经济尚未发展的确是个不争的事实,但是否就可以说"资本家未出"恐难下结论,当然更不能认定实行民生主义和社会革命的"障碍物未生"。这正如同后来袁世凯刺杀宋教仁及恢复帝制使孙中山等资产阶级革命党人幡然醒悟一样,直到付出如此惨重的代价方知原来对民族主义和民权主义已经达成的认识是何等的幼稚和错误!

　　我们认为,关于民生主义和社会革命问题,孙中山此时"中国资本家未出,障碍物未生,因而行之故易"的判断也是经不起历史推敲的。不过,在此次演讲中孙中山紧接着的这一观点应该是正确的,那就是"若能将平均地权做到,那么社会革命已成七、八分了"①。后来,在许多场合,孙中山都曾提及平均地权对于实现民生主义之重要,如在山西同盟会举行的欢迎会上,他谆谆告诫他的同志们:"平均地权一层,即为民生主义第一件事情。此事做不到,民生主义即不能实行……必平均地权,而吾人始能平等"②。

　　毫无疑问,孙中山此时对于平均地权的重要性和急迫性的认识、对于平均地权与民生主义和社会革命的关系的认识等诸方面显然是高瞻远瞩的。

　　本来,早在中国同盟会创立后,孙中山就反复地强调实行民生主义和社会革命的重要性,并且基于他对中国资本家还没有"出世"的认知,反复地强调应及早着手布局实行民生主义和社会革命问题,以防止西方社会的贫富分化的严重局面的出现。他那时就认为:"凡是大灾大祸没有发生的时候,要防止他是容易的;到了发生之后,要扑灭他却是极难。社会问题……在中国却还在幼稚时代,但是将来总会发生的。到那时候收拾不来,又要弄成大革命了。……将来富者日富,贫者日贫,十年之后,社会问题便一天紧似一天了。这种流弊,想也是人人知道的,不过眼前还没有这现象,所以容易忽略过去。然而眼前忽略,到日后却不可收拾"③。

　　中华民国创立后,孙中山认为这一问题的解决已经具备了许多条

---

　　①　孙中山:《在南京同盟会会员饯别会的演说》,见《孙中山全集》第二卷,中华书局1981年版,第320页。

　　②　孙中山:《在山西同盟会欢迎会的演说》,见《孙中山全集》第二卷,中华书局1981年版,第473页。

　　③　孙中山:《在东京创刊周年庆祝大会的演说》,《孙中山全集》第一卷,中华书局1981年版,第326—328页。

件,但是受制于种种主客观条件的制约,孙中山在位的短短时间里不要说一蹴而就了,就是简单地触及甚至提及都很难做到。对此孙中山其实是心急如焚的,但是又无可奈何。将临时大总统的职位交与袁世凯后,孙中山这才急不可待地反复强调这一问题。在这一时期的演说中屡屡提及,甚至是不厌其烦。

除了上一节中提到的以外,我们还能看到很多。例如,在广州报界举行的欢迎会上,孙中山语重心长地告诫大家:"及今不平均地权,则将来实业发达之后,大资本家必争先恐后,投资于土地投机业,一二十年间,举国一致,经济界必生大恐慌。……土地有限,投机者无限,势必至有与平民以失业之痛苦之一日"①。

在不断反复地论及平均地权思想的同时,孙中山关于民生主义的另一主要内容"节制资本"思想也渐渐地产生了。

所谓节制资本,简单地说,就是国家要把私人资本限制在一定的范围内。对于企业,一国之内不管是本国公民还是外国投资者创设的,都要一视同仁,都要受到节制,如果规模过大超过了所有者的运作能力,或者具有独占性质的,国家都不会允许,都应将企业交与国家管理经营。也就是说,要借助国家的力量来抑制私人资本的垄断和膨胀。它的内涵其实也就是节制私人资本,发达国家资本。"到1912年10月,孙中山在论述平均地权——土地国有之同时,提出了节制资本的思想。孙中山认为社会变化与资本发达的程序是:最初由地主,后由地主而商人,而资本家;且根据经济学上的土地定义,山林矿产水力等均属土地范围之内,而铁路码头港湾等虽属人工设施,亦附丽于土地,言土地国有,则此等大经营亦归国有。故积极性之节制资本,亦隐含于平均地权之中,其后由此引申而出,'遂成民生主义之双翼'"②。

---

① 孙中山:《在广州报界欢迎会的演说》,见《孙中山全集》第一卷,中华书局1981年版,第335页。

② 金德群:《中国国民党土地政策研究》,海洋出版社1991年版,第88页。

孙中山对资本的认识并不局限于金钱。他告诫我们："资本原非专指金钱而言,机器、土地莫不皆是"①。他认为,对于关系到国计民生的大企业大资本,国家都应控制也就是节制。孙中山特别重视铁路。我们知道,不要说在那个时候了,就是今天,铁路的重要性亦是不言而喻的。当时孙中山辞去临时大总统后曾气势恢宏地表示要十年不过问政治,十年的时间修筑十万公里的铁路造福于民,并且欣然接受了袁世凯要他执掌筹划全国铁路使命的任命,可见孙中山对于铁路利权的重要性的认识。所以,他当时以铁路为例来说明他对这一问题的看法:"我国铁道应提倡归为公有,则公家于铁道一项,每年顿增六万万之收入。再以之兴办生产事业,利仍归公,则大公司大资本尽为公有之社会事业,可免为少数资本家所垄断专制矣"②。

然而,在当时复杂的社会历史条件下,要想真正地将"平均地权"和"节制资本"贯彻实施谈何容易。特别是资产阶级革命党人在连自身安全都很难保证的情况下,甚至可以说是"痴人梦想"。孙中山在让出中华民国临时大总统的职位不到一年后,袁世凯就撕下了温情的面纱,以刺杀宋教仁为突破口向资产阶级革命党人举起了屠刀。

本来,在孙中山让位不久袁世凯还毕恭毕敬反复邀请孙中山到北京"共商国是",袁世凯特别安排了用前清摄政王的专用马车到北京火车站迎接孙中山。在欢迎孙中山的宴会上,袁世凯甚至假惺惺地频频举杯高呼"中山先生万岁"。袁世凯的虔诚恭敬真是到了无以复加的地步。然而,刺杀宋教仁后,袁世凯就露出了隐藏已久的狰狞面目,毫无顾忌地通缉了孙中山和黄兴,甚至还说什么孙中山、黄兴左一个捣蛋右一个捣蛋,除了捣蛋什么本事也没有。

"宋案"的发生就像一盆冷水把孙中山他们浇醒了。当然他们并

---

① 《孙中山全集》第二卷,中华书局1981年版,第521页。
② 《孙中山全集》第二卷,中华书局1981年版,第521页。

没有被袁世凯的残暴所吓倒,并没有屈服,而是迅速地再次举起了革命
的大旗,进行了"二次革命"。此次革命被镇压后孙中山依然没有气
馁,特别是在袁世凯冒天下之大不韪公然宣布复辟帝制后,孙中山更是
义愤填膺,愤怒地谴责这种逆历史潮流而动的罪恶行径,表示"是可忍
孰不可忍",表示用先烈无数之头颅无量之鲜血换来的民主共和一定
要誓死捍卫,接着在日本组织了中华革命党和中华革命军,分批秘密回
国进行了伤亡惨烈的第三次革命。后来又进行了"护法运动"等一系
列的维护民主共和的行动。这种坚持不懈的精神和顽强斗志不能不使
我们肃然起敬。

但是,正如我们已经知道的那样,这期间无论资产阶级革命党人再
怎么顽强、再怎么努力,受制于当时种种主客观条件限制,他们已经无
能为力、回天无术了,孙中山晚年无可奈何的感叹恰恰是对这种局面的
最好说明:"革命党为民族、民权两个主义奋斗了十三年,民生主义十
三年总没有理过。说到结果,民族主义只有一半成功,民权主义到今日
还觉得是失败;因为民权、民族两个主义还没有成功,民生主义还更是
没有工夫去做"[①]。

孙中山的这几句话真是坦诚肺腑之言,说得很明确很准确很中肯
很诚恳,既是对过去数十年奋斗目标没有达成的无可奈何的遗憾,又是
对残酷现实的一种无奈的感叹。在中华民国成立十多年后,孙中山对
三民主义的实施状况做出了科学的评判。其中,对于民族主义和民权
主义的实施目标判断不尽相同,但是对于在孙中山看来是最重要的民
生主义的情况判断,从始至终则是没有什么改变的,即在中华民国成立
十几年后,仍然坚持认为"民生主义还更是没有工夫去做"。虽然孙中
山在卸任临时大总统后对民生主义的实施到处奔走呼吁,真可以说是

[①] 孙中山:《在广州农民联欢会的演说》,见《孙中山全集》第十卷,中华书局1986年版,
第462页。

不遗余力,然而收效甚微。这真是历史老人给孙中山开的一大玩笑,是历史老人给孙中山搞的一个恶作剧,是历史老人留给孙中山的残酷一面,是历史老人留给我们的又一大遗憾!

三、第三阶段,"平均地权"的完善期和初步实施期,大约是从1919 年起到 1923 年底

这一阶段的起始时间其实很难确定,也没有什么标志性的讲话或事件等。1918 年 11 月 11 日法国时间凌晨 5 时,法国陆军统帅福煦代表协约国在法国东北部贡比涅森林雷道车站福煦车厢里与德国代表签订了停战协定,这就是著名的《贡比涅森林停战协定》,也称《协约国对德停战协定》,第一次世界大战终于落下了帷幕。消息传到中国,举国欢庆。刚刚上任的徐世昌大总统宣布全国放假三天以示庆贺。

然而随后举行的巴黎和会的外交大失败却给了国人当头一棒:和会竟然决定将德国在山东的一切权益全部转让给日本! 全世界的华人都被震怒了。一时间,"内惩国贼,外争国权"的抗议声响彻了祖国的大江南北和世界的华人聚集区,最终引发了中国近代史上著名的五四运动,并以此为标志,中国的新民主主义革命揭开了历史的新篇章,中国的无产阶级开始登上了历史的舞台,自觉地承担起了她们所应担负的历史责任。

此时的孙中山正在上海集中精力闭门著书,对他的三民主义思想特别是民生主义思想有了更多更深的思考,但他同时也在密切关注着这场充满了崭新气息和新生力量的运动,并抽出时间充满激情地接见学生代表,用团结就是力量来鼓励这些"指点江山,激扬文字,粪土当年万户侯"的年轻人。

我们知道,1915 年以《新青年》杂志的创办为标志的新文化运动蓬勃开展起来,以陈独秀为领袖的这帮勇敢的斗士们高举着民主和科学的大旗,用"德先生"和"赛先生"来唤醒沉睡已久的国人,向封建专制

主义发起了猛烈的进攻。

随着越来越多的仁人志士的加入和越来越多的人被"警醒",新文化运动在第一次世界大战后期不断地向纵深发展,西方的各种新思潮不断得到广泛传播,随着五四运动的爆发和无产阶级登上历史的舞台,一批具有初步共产主义思想的先进知识分子开始主动研究学习马克思主义,虽然在新思潮传播之初他们也有些迷茫,有"隔着纱窗看晓雾"的感觉,但是他们最终还是拨开了迷雾见到了太阳,最终接受和选择了马克思主义,并自觉地去传播马克思主义,去传播科学社会主义理论。

正是基于上面的种种原因,孙中山敏感地意识到了资本主义世界的种种弊端和社会主义、马克思主义的优越性。当然,远在这以前孙中山就对这一问题已经关注。1896年他在伦敦被清政府驻英国公使馆囚禁获释后并没有立即离开英国,而是经常每天一早就到大英博物馆博览群书。

正是在这个圆形的屋顶之下,孙中山广泛地涉猎了大量的社会主义方面书籍,其中包括了对他的三民主义思想特别是民生主义思想的形成产生了重要影响的一些著作,如亨利·乔治的《进步与贫困》和马克思的《资本论》,从而对资本主义和社会主义有了初步的了解,只是这一时期由于资本主义世界的矛盾还没有彻底暴露和激化,种种弊端还没有根本显现,再加上孙中山此刻的关注重点不同及时间和精力有限等原因,对于社会主义和马克思主义的涉猎也只能是浅尝辄止。

到了第一次世界大战后期和新文化运动的广泛深入开展特别是五四运动的爆发及马克思主义的广泛传播,再加上此时的孙中山也有更多的时间和精力来关注和思考这些问题,如此种种社会历史条件使孙中山到了此时能够对诸如此类的问题的认识更加准确、精致、全面和深化了。

值得注意的是,这一时期孙中山先生对于民生主义的思考和理解已经是将民生主义和社会主义联系在一起了,而且他的观点也在不断地变化着,有时他认为民生主义就是社会主义,有时又认为民生主义的范畴比社会主义还要广泛,社会主义是包含在民生主义之中的。

　　这个时期,孙中山对于平均地权的看法也越来越成熟,其思考也越来越贴近中国的实际,并且更多的是从经济社会角度来考察,观点也越来越明确了。他认为:"工业革命之后,资本膨胀,而地价亦因而大增。……地主以地增价而成资本家,资本家以工业获利而成大地主。城市之地,固为此辈所垄断,而附廓之田,……渐而至于郊外之沃野荒原,亦陆续为此辈占有。由是地价则日增,而工值则日贱,盖工人欲退而归农,亦无田可耕,则耕亦不能偿其租值,于是更不得不全靠雇工为活矣。工业愈进步,商业愈发达,则资本家与地主之利愈大,而工人愈穷苦矣。故同盟会之主张,创立民国后,则继之以平均地权,倘能达此目的,则社会问题已解决过半矣"①。

　　从上面这段话可以看出,孙中山认为"土地"是最重要的生产资料和生产要素,是最重要的社会资源和社会财富,是富裕阶层投资和保值的首选,是他们的最终垄断对象,如此一来,土地就会越来越稀缺,有钱有权有势之人将会更加对土地趋之若鹜,其结果将是富者越富,穷者越穷,特别是随着社会的进步,这种现象将会更加明显突出。为了避免这种局面的出现,孙中山设定了一个解决的办法,那就是用"平均地权"(后来又增加了"节制资本")的做法来达到消除贫富不均的目的,而且很自信地认为果能做到这一点,那么社会问题就能解决一半以上了。

　　很显然,孙中山是把"平均地权"解决土地问题和民生问题上升到

————————

　　① 孙中山:《三民主义》,见《孙中山全集》第五卷,人民出版社 1985 年版,第 192—193 页。

经济特别是社会的高度来加以思考和认识的,是上升到理论的高度和全局的高度来加以统筹和解决的,是和当时已经在中国得到了一定传播和被一部分具有初步共产主义思想的先进人士所接受的社会主义紧密地联系在一起的。

当然,孙中山对社会主义的接触和思考要远在此之前,对"平均地权"方案的思考和设定也远在此之前。宫崎寅藏是孙中山的日本挚友,自1897年结识孙中山后就鼎力支持孙中山的革命事业。据宫崎寅藏回忆,他曾经问过孙中山:"先生土地平均之说得自何处?学问上之讲求抑实际上之考察"?

孙中山是这样回答的:"吾受幼时境遇之刺激,颇感到实际上及学理上有讲求此问题之必要。吾若非生而为贫困之农家子,则或忽视此重大问题亦未可知。吾自达到运用脑力思索之年龄时,为我脑海中第一疑问题者则为我自己之境遇,以为吾将终老于是境乎,抑若何而后可脱离此境也"①。

如果宫崎寅藏的回忆是正确的话,那么至少可以肯定,早在一九〇〇年以前,孙中山就认为他的"平均地权"思想的产生的根源是由于贫困的家庭出身,这种"幼时境遇之刺激"促使他本能地要摆脱这种穷苦的局面,以防止"终老于是境",而"何而后可脱离此境"的思考、焦虑不断反复地缠绕着他,致使他要千方百计地设法冲出这种困境,而且不管是"实际上及学理上有讲求此问题之必要"。也就是说,孙中山认为"平均地权"是个重大的问题,如果他"若非生而为贫困之农家子,则或忽视此重大问题亦未可知",这是其一;其二,孙中山认为他的"土地平均之说"的产生时间是在幼年时期;第三,孙中山认为"土地平均之说"

---

① 孙中山:《与宫崎寅藏的谈话(一九一一年前)》,见《孙中山全集》第一卷,中华书局1981年版,第583—584页。引文编者原注:"所据底本与日文手稿《孙逸仙》(《宫崎滔天全集》第一卷)内容相同,但前者叙至一八九五年,后者叙至一八九七年;估计为一八九七年秋宫崎寅藏认识孙中山后不久所作,谈话时间当在一九〇〇年惠州起义以前,地点在日本。"

形成的根源是因为他的家境十分贫寒;最后,"土地平均之说"的提出既有"学问上之讲求",又有"学理上有讲求此问题之必要"。

如上所述,孙中山 1896 年在英国伦敦的大英博物馆里就曾广泛地涉猎了包括马克思的《资本论》在内的社会主义的著述,此后,他对社会主义的学说一直都很关注,并寻找机会接触社会主义思想的组织及其成员,交换双方对社会主义的认识和看法,并介绍他的"驱除鞑虏,恢复中华,创立民国,平均地权"的理论思想。1905 年 5 月,孙中山再次到达了比利时的首都布鲁塞尔。这里是 1889 年 7 月 14 日成立的第二国际或称社会党国际的执行机构国际社会党执行局(1900 年成立)的总部所在地。在这里,孙中山分别拜访了该执行局的主席网德威尔得和书记胡斯曼。

孙中山的到访吸引了当地新闻媒体的关注,给予了比较详细的报道,并形象地把孙中山称作"中国社会主义者"、"中国革命社会党的领袖"。这次拜访也是在比利时社会党机关报《人民报》的记者桑德作为"中介人"的情况下完成的。在会见中,孙中山特别谈道了他的"土地平均之说",认为将来在中国要建立一个"土地全部或大部为公共所有"的制度,也就是要实行"平均地权"的方案,用这种办法来解决贫富不均的问题,避免当时欧洲普遍存在的社会财富为少数人所占用的不公平不公正的严重局面在中国的再次出现。他说:"土地全部或大部为公共所有,就是说很少或没有大的地主,但是土地由公社按一定章程租给农民。而且中国有一种十分简单的财政制度,每人按其财产付税,而不是像欧洲那样,把负担放在大多数没有财产的群众身上。我们……防止往往一个阶级剥夺另一个阶级,如像所有欧洲国家都曾发生过的那样……他们要在将来建立一个没有任何过渡的新社会,他们吸收我们文明的精华……由于他们,中世纪的生产方式将直接过渡到社会主义的生产阶段,而工人不必经受被资本家剥削的痛苦……几年内我们将实现我们梦寐以求的理想,因为届时我们所有的行会都是社会主义的了"①。

从上面不难看出,不仅当时的国际社会认为孙中山是一个社会主义者,是中国社会主义及其政党的领袖,孙中山本人也有类似的看法,当时甚至认为几年内就能实现他们梦寐以求的理想了,"因为届时我们所有的行会都是社会主义的了"。后来,在许多场合,孙中山都曾多次表达了类似的看法。

武昌起义爆发后孙中山于1911年12月25日抵达上海。中国社会党本部长江亢虎得知后就希望立即面见孙中山。在江亢虎的请求下,孙中山安排在是月30日在其上海的住所会见了他。这次会见中,江亢虎先是向孙中山介绍了社会党的历史和他对社会主义的看法,孙中山在询问了社会党的近况后,立即明确地表达了他对社会党和社会主义的看法和态度:"余对此主义必竭力赞成之"。接着,简单地谈了他希望社会主义在世界特别是在中国能够逐渐得到重视、研究、被了解和接受的愿望:"此主义向无系统的学说,近三五年来研究日精,进步极速,所惜吾国人知其名者已鲜,解其意者尤稀",并明确地表示了对江亢虎和社会党为社会主义在中国的宣传、倡导和实践所作出的努力给予肯定、钦佩和赞赏,也表达了他和他的同志们将会对江亢虎及其社会党给以大力支持,将会为社会主义理想在中国的实现去努力:"贵党提倡良可佩慰,余意必广为鼓吹,使其理论普及全国人心目中"。

对于民生主义特别是平均地权问题,江亢虎当然不会不提及。他说:"前读先生民生主义、平均地权、专征地税之说,实与本党宗旨相同",闻听此言,孙中山立即毫不讳言地同意此观点,并且直言不讳地进一步指出:"不但此一端而已。余实完全社会主义家也,此一端较为易行,故先宣布,其余需与贵党讨论者尚甚伙。余此次携来欧美最新社

① 孙中山:《访问国际社会党执行局的谈话报道》,见《孙中山全集》第一卷,中华书局1981年版,第272—273页。引文编者原注:"因所报道有许多并非原话,兼以谈话本用英语,再经辗转翻译,故对有关事实及孙中山观点的表述不甚准确。"

会主义名著多种,顾贵党之精晓西文者代为译述,刊行为鼓吹之材料。一俟军事粗定,吾辈尚当再作长谈"①。

从这里可以看出,孙中山竟然自己认为他是一个"完全社会主义家"了。对于"平均地权"问题,他认为切实可行,比较容易解决,所以很早就提出来了,而且要想方设法贯彻实行之,对于其他众多社会主义问题(显然他认为平均地权和民生主义也是社会主义的内容之组成部分)则容后慢慢地再和社会党探讨解决。而且,孙中山还特意把他在欧洲期间注意搜集的有关最新的社会主义的书籍推荐给江亢虎。据上述引文的原校编者注解,"二日后,孙中山托人赠交社会党书籍四种,即《社会主义概论》、《社会主义之理论与实行》、《社会主义发达史》和《地税原论》"②。

从这些书目就可清楚地看出,孙中山为什么会认为自己是一个完全的社会主义家了。或者我们至少可以这么认为,此时的孙中山确确实实是一个"社会主义迷"或者是"社会主义的崇拜者"了。当然我们很清楚,孙中山的理论和思想与马克思的科学社会主义理论还相去甚远,还有着本质的不同,虽然在某些方面有着相似之处,但也只是"貌合"而已,二者之间还是不可同日而语的。

孙中山对社会主义的向往甚至到了"痴迷"的程度,在他以后的言行中时时都会体现出来。他和江亢虎的此次会谈还只是一个简单的"碰头会",是象征性的,当时孙中山所面对的局面是相当复杂多变的,甚至可以说是前所未有的复杂多变,稍有不慎就可能酿成历史性的错误。他需要处理的事情真是太多太多了,比这重要的事情也真是太多太多了,用日理万机来形容一点也不过分,而且是相当艰难,甚至可以说是焦头烂额,特别是在军事、政治等方面更需要集中时间和精力解决

---

① 孙中山:《与江亢虎的谈话》,见《孙中山全集》第一卷,中华书局 1981 年版,第 579—580 页。引文编者原注:"该文选自上海《民立报》一九一二年一月一日,《大总统与社会党》。"

② 《孙中山全集》第一卷,中华书局 1981 年版,第 579—580 页。

好当时的诸多问题,对此孙中山是很清楚的。但是他并没有应付江亢
虎,而是很认真地承诺以后找时间和机会再继续共同探讨"社会主义
问题"。

果然,当孙中山卸任中华民国临时大总统的职位后,他就逐渐地兑
现了自己的诺言,虽然当时需要处理的事情仍然众多,特别是政治、军
事方面的问题仍然还是很棘手,而且孙中山还接受了袁世凯的所谓筹
划全国铁路事务的任命,但是他还是抽出时间于 1912 年 8 月 14—16
日对上海中国社会党发表了热情洋溢的演说。

在这次演讲中他对社会主义作了较为深入地剖析,而且还提及对
他的三民主义思想特别是民生主义思想产生过重要影响的两个关键人
物,也就是美国著名的经济学家亨利·乔治和莱茵河畔的那位大胡子
老人卡尔·马克思。孙中山先解释了他心目中的所谓"社会主义"的
内涵,他认为简单地理解,"社会主义,一言以蔽之,曰社会生计而已
矣"。

当然,孙中山的这一理解或者说解释是不正确的,是有失偏颇的,
显然他把着眼点和重点仅仅放在了"社会"范畴上了,而忽视了或者说
缩小了甚至也可以说还没有理解到他的"政治"内涵,而对于真正的科
学社会主义理论而言,首要的且最重要的应该先是政治上的"立意"和
标志。

在谈了他对社会主义概念的"定义"后,孙中山详尽地对社会主义
的流派进行了梳理,他认为当时在国际社会存在着四种社会主义的派
别,那就是共产社会主义、集产社会主义、国家社会主义、无政府社会主
义,而他认为这种划分不甚合理,进而提出了自己的观点,认为究其实
质所谓社会主义的派别只有两大类,即集产社会主义和共产社会主义。
其中,他对于集产社会主义大为赞赏,认为这正是他和他的同志们及国
人所应努力的方向和实行的目标。

他明确地指出:"凡属于生利之土地、铁路收归国有,不为一二资

本家所垄断渔利,而失业小民,务使各得其所,自食其力,既可补救天演之缺憾,又深合于公理之平允。斯则社会主义之精神,而和平解决贫富之激战矣",显然,在这里,他已经把他当时所思考的解决民生主义方面问题的方案和盘托出了,已经把"平均地权"和"节制资本"政策都涉及了。他还认为,亨利·乔治的"土地公有"的观点和马克思的"资本公有"的思想是很准确和正确的,是解决社会问题的一剂"良方",是预防和解决贫富不均的一付"妙药","其学说得社会主义之精髓"也。所以他得出结论:"我国今日而言社会主义,主张土地公有,则规定地价及征收地税之二法,实为社会主义之政策"①。

从上面所述不难看出,孙中山已经把他的民生主义理论看作成社会主义的代名词了,或者说,把社会主义看成民生主义的代名词了。后来,他的这一思想不断地继续演化着,不断地继续向前发展着。

1921 年 6 月,他在广东省第五次教育大会上发表过演说,直截了当地指出:"民生主义就是社会主义",并详细地解说了他对社会主义的最新认识:"社会主义有集产主义与国家主义两种。国家主义云者,国家各种大事业由政府借债经营,……其他可专利的事业概收归为国营。又如土地增价,……政府为主持公平计,……先令地主呈报地价,或则按价抽税,或则照价而收买其地。……则大利归之国家,政府即以其所获之利还诸人民,作诸种公益慈善事业,以调剂社会之苦乐。此主义事简而效大,实有可行之理由"②。

从这里可以很清晰地看出,孙中山的以"平均地权"和"节制资本"为主要内容的民生主义思想不断地完善和向纵深处发展,宽度和广度不断地增宽增厚。正如上面所指出的,在这里我们姑且先不论孙中山

---

① 以上参见孙中山:《在上海中国社会党的演说》,见《孙中山全集》第二卷,中华书局1982 年版,第 507—522 页。

② 孙中山:《在广东省第五次教育大会上的演说》,见《孙中山全集》第五卷,中华书局1985 年版,第 561 页。

对社会主义的理解及其与民生主义和三民主义关系的正确性、准确性
与否,仅就他对于如何贯彻实施民生主义的思考而言,已经是越来越精
致了,越来越具体化了,越来越具有可操作性了。孙中山的思路很明
显,那就是要高度重视国家的"权威",国家的"力量",国家的"调控能
力",尤其值得引起我们注意和感到意味深长的是,孙中山在这里已经
把他先前对社会主义流派的划分进行了更改。

前面我们说过,十年前也就是 1912 年的时候他在上海对中国社会
党发表演说时是将社会主义的派别划分为集产社会主义和共产社会主
义两类,而且那时认为他们的主要奋斗方向是"集产社会主义",而十
年后他则将其变更为"社会主义有集产主义与国家主义两种",也就是
说将"共产社会主义"改称为或者说改成为"国家社会主义",而且将
"国家社会主义"作为未来最主要的社会主义努力方向和奋斗目标。
当然,这里面,其中最值得我们关注的是"共产"二字被替换成了"国
家"。这两字之差的变动是有深刻含义的,最明显的寓意就是昭示出
孙中山越来越强调国家在经济社会发展中的角色、地位和作用。孙中
山认为,对于那些关系到国计民生的企业及"国家各种大事业",都应
"由政府借债经营",包括"其他可专利的事业概收归为国营"。国家如
果真的做到了这些,那么就能出现"大利归之国家"的理想局面,果真
如此,那么行使国家政权的政府就能有足够的财力和空间"以其所获
之利还诸人民,作诸种公益慈善事业,以调剂社会之苦乐",这真是一
件于国于民皆有利的大好事,是一箭双雕之举措,能收到事半功倍之
成效。

在抓住一切机会不断阐释"平均地权"和民生主义思想的同时,孙
中山一刻也没有忘记把这一理论尽快地付诸实践。早在中华民国南京
临时政府成立孙中山就任临时大总统之初,他就曾有过开始实施"平
均地权"的想法。"提议平均地权,试行本党的民生政策",但是当时确
实国际国内、主观客观等诸多方面的条件都不具备,所以很难如愿。孙

中山对此认为难以成行的一个很重要的原因是来自资产阶级革命党人内部的质疑、阻挠和反对。对于这种行为，孙中山非常气愤，甚至把这种"同志中有不表赞同"的"异己"言行上升到违背了中国同盟会的宗旨和党的纪律的高度来认识。并强烈地谴责他们："君等不曾宣誓不违背党义的吗"①？义愤之情和无可奈何都昭然若揭，都表现得淋漓尽致。

五四运动后，南方的形势越来越向着有利于革命的方向发展，各地方势力集团也想仰仗孙中山的威望来扩大自己的势力范围和影响，不断地邀请孙中山前往主政。1920 年 11 月 28 日，孙中山再次返回广州，在车站就迫不及待地发表了此次重返广州的目的："吾辈此次归来，即本斯旨，于广东实行建设，以树全国之模范，而立和平统一之基础"。在广东署当晚举行的欢迎宴会上，特别强调了轻军事重"民治"的主张："吾国必须统一，惟以民治为统一方法，然后可期永久。……武力不过辅之民治之不及，非不得已，不易轻用"。第二天，孙中山通电宣告广州军政府正式成立，孙中山亲自兼任内务部长。至此，中国出现了南北两个政府相对峙的局面②。

然而，当时"军政府虽已恢复，但以总裁不能同在政府办事，诸多阻碍。外交团复议收关余交旧军政府，而不交新军政府。而北方徐世昌事事以总统名义行使政权，及向外借款，益使南方有正式政府成立之必要。总理乃提议设立正式政府，选举总统，大多数国会议员皆赞成"③。于是，1921 年 4 月 7 日，广州国会两院召开非常会议，参众两院联合会议讨论通过了废除广州军政府的决议，通过了《中华民国政府

---

① 《孙中山全集》第五卷，中华书局 1985 年版，第 477 页。

② 以上参见《历史上的今天——孙中山返广州重组军政府》，《海外网·文史·历史上的今天·正文》，2013 年 11 月 28 日。

③ 邹鲁：《孙中山回粤就任非常大总统》，彭明主编：《中国现代史资料选辑》第一册，中国人民大学出版社 1987 年版，第 306 页。

组织大纲》,决定成立中华民国正式政府,会议并选举孙中山为中华民国政府非常大总统。10 日,国会非常会议发表宣言,希望孙中山尽快履职。21 日,孙中山回电表示接受该选举结果,指出:"当依人民之授权即国会之托付,以为准绳,务期振法治精神,成强国政府"①。

5 月 5 日,孙中山在广州宣誓就任非常大总统,并对外宣言表示,尊重列强及其人民依条约契约及成例等正当取得的合法权利,希望以此手段换取各国政府承认广州政府为中华民国的唯一合法政府。虽然这次任职的时间不长,特别是一年后由于陈炯明的叛乱孙中山再次被迫离开广州重返上海,但孙中山还是抓住了难得的机会开始着手实施平均地权的政策。在他的授意下,广州成立了土地局。意图先对广东的土地情况有一个基本的了解摸底,为接下来平均地权和整理地税的实施获取第一手资料。他还打算邀请德国著名的土地问题专家、曾经在德占青岛时期主持过 11 年土地工作的单威廉到广州担任顾问,开展土地问题方面的工作,但正如上面所指出的,令人遗憾的是由于不久发生的陈炯明反叛之变而被迫中止,真是让人扼腕叹息。当然,值得庆幸的是,不久后孙中山又再一次在广州重新组建了新的政府,即广州大元帅府,使一度停止的这些想法和工作又得以重新实现和开展下去。

陈炯明的倒行逆施无异于玩火自焚,他的势力不久就被逐渐打压下去了。1923 年 2 月 21 日,孙中山从上海再次返回广州。鉴于当时复杂的国际国内形势,孙中山认为如果恢复中华民国政府非常大总统的称号,北方的段祺瑞、张作霖及西南各省的都督等"各路诸侯"势必都会反对,所以他在名称上作了"技术处理"。3 月 1 日,孙中山宣布成立中华民国陆海军大元帅大本营,他本人就任陆海军大元帅。

虽然这次建立的政权仍然不稳固,甚至可以说面对的困难和危险

① 参见《南方建立正式政府推孙中山为非常大总统》,《海外网·文史·历史上的今天》,2013 年 4 月 7 日。

更多更大，连刚刚发生的陈炯明"倒戈"的"阴霾"尚未散去——因为陈炯明的势力依然存在并试图随时卷土重来，但孙中山还是毅然决然地开始着手为实施他的平均地权思想做准备。他下令为广东全省经界总局的成立紧锣密鼓地做着各种准备，准备清丈登记屋宇田地、整顿税收、制定土地税条例等。是年8月，制定颁布了《广东省经界总局规程》，"其主要内容是：（一）经界总局以厘正经界、确定民业为宗旨。（二）在全省屋宇田土均由该局次第清丈。（三）屋宇田土典当买卖应税契登记事项，概归该局办理。（四）屋宇田土未经税契验契者，清丈后均责令补税，补验并登记，始得营业。（五）屋宇田土清丈及登记费，均各照价值百分之一计算，契税率及附加等概照章程办理"①。从规程内容不难看出，孙中山确实想扎实地推进平均地权工作，努力把民生主义理想落到实处。可以肯定地说，虽然孙中山做出这种选择也有广东地区土地状况不清、土豪劣绅逃税避税以及大元帅府财政拮据、收入困难等客观因素的考虑和影响，但最主要的还是受他主观上的愿望所制约的。这个愿望就是他时刻念念不忘的实现民生主义的理想。

　　同年10月，孙中山设立了土地局，"并试办广州市土地税，广东成为全国试行地税最早之省"②。同月28日，广东省长廖仲恺呈请在广州市试行土地税。在廖仲恺主持下制定的《广东都市土地税条例》经孙中山审定后也予以颁布。

　　该条例有实施理由书及说明。理由书特别强调和重申了"平均地权"思想，认为"平均地权之说，以为改良社会经济之方，整理国家租税之具，其要旨系土地皆有税，且重课其不劳而获之收益"。我们知道当时的现状是"田亩有赋，而其它土地不征租税"，而这些"田亩"以外的"土地"的使用者或所有者"纳税能力，宅地远胜于田亩"，这显然有违

---

①　参见金德群：《中国国民党土地制度研究》，海洋出版社1991年8月版，第112页。
②　张晓辉：《孙中山与广东革命根据地的建设》，《广州日报》2011年10月25日。

社会公平和正义,所以该条例强调了实行平均地权和征收土地税的重要性、必要性、公平性和正义性。该条例共 5 章 37 条,另外附有说明 6条,包括总则、普通地税、地价之判定及登记、普通地税之纳税人和土地增价税等。具体说来,主要规定有:

(一)城市、商埠、乡镇,其人口在 5 万以上者,均适用本条例。(二)每年征收普通地税之税率如下:有建筑宅地,征收地价 15‰;无建筑宅地,征收地价 15‰;农地征收地价 8‰;旷地征收地价 4‰。(三)各种地价由当事人依限申报后,由地价评议会审查、判定。土地所有人,永租人或典主,认判定地价为不合时,得自收到通知书之日起 30 日内向地价评议会申述异议,请求复判。(四)土地所有人,永租人或典主,认复判地价为不满意时,得自收到通知书之日起 15 日内申请都市税务官署将土地征收之。(五)凡土地现时价额,超出于前判定之地价,其超出之价数,即为增价。(六)土地增价税率如下:土地增价,超过 10%至 50%者,课 10%;超过 100%至 150%者,课 20%;超过 150%至 200%者,课 25%;超过 200%者,课 30%[①]。

从上面这些内容可以看出,该条例对城市土地税的征收对象和范围、征收税率的大小、征收地价的确定、土地增价的认定及征收标准等等都作了比较详细的规定,具有实际可操作性。当然,该条例也有明显的不足,比较突出的部分就是对土地增价部分征收的累进税比例不一致,所征收的土地涨价税率增加幅度要明显低于土地涨价的增长幅度,也就是对土地增价税并没有规定涨价部分完全归公,相当一部分是放在了土地所有者的"口袋里了"。其实这也充分说明了孙中山他们部分地承认了土地拥有者的"土地占有权"和"土地收益权"。

很显然,实施都市土地税条例后所谓的"涨价部分归公"是部分

---

① 金德群:《中国国民党土地制度研究》,海洋出版社 1991 年版,第 113 页。

的,是有一定的范围和条件的,并没有使这些土地的所有者完全失去土地的拥有权和"受益权"。如此一来,这些土地的拥有者势必将会继续拥有他们土地的私有权。而且,该条例还规定了特殊情况下土地增价部分免除税费的缴纳,其中包括土地增价 10% 以下的,农地或旷地每亩地价在 200 元以下的,宅地全段地价在 500 元以下的,等等。

不仅如此,条例还有一个更"周到宽泛"的"顶层设计",那就是对涉及土地征收问题的规定:"政府征收土地,其权利关系人直接或间接必受有一种损失,应按申报地价增加些少,以为弥缝"①。显然,广州大元帅府大本营对土地的"权利关系人"是很"人道主义"和"人性化"的,是很讲究仁义道德的,也就是说是承认他们对于土地所有权的私人占有的。对此我们应予以理解,不管是放在当时特定的历史角度来考虑,还是从资产阶级的阶级属性来考量。即便拿到历史已经推进到相对说来已经充分发展和进步了的今天来考究,我们依然还是能体会、想象、原谅和理解孙中山他们的无可奈何和良苦用心。

客观地讲,我们今天的政府在土地征用的时候对土地的所有者和使用者何尝又不是如此考虑、规定和执行的呢? 甚至有时又是有过之而无不及的呢? 即便如此,各地花样层出不穷、屡见不鲜的所谓拆迁"钉子户"的消息、新闻时时充斥于耳、见诸各种报端新闻媒体的报道,虽然其中的原因十分复杂不尽相同,且并不一定是这些土地权利所有人"钉子户"的责任和过错。

当然,时代不同了,历史在前进,当时的广州大元帅府大本营是不能与今天的中华人民共和国政府同日而语的。此外,该条例的实行范围也有限,仅仅限于都市的土地,并且只先在广州市试办,等等。如此种种局限从主观上讲是资产阶级革命党人的阶级局限性使然,从客观

---

① 孙中山:《给廖仲恺的指令》,见《孙中山全集》第八卷,中华书局 1986 年版。第 301—310 页。

上讲也是他们根据当时广州的实际情况为了不激化阶级和社会矛盾、有利于社会安定之策略考虑。

在颁布都市土地税征收方面规范的同时,与此类民生主义理想密切相关的各类工作也先后逐步推广开来。鉴于当时广州"物价腾贵,田价因以日昂,业主无故加租及佃户借端霸耕之事时有所闻",为了"保障农民承佃权利,及维持业主所有权之安全","保证田土业佃租赁批约切实履行,增进双方利益",10 月 27 日,时任广东省财政厅长的邹鲁向孙中山提交了《呈请设置广东田土业佃保证局文》,并附上了他草定的《广东田土业佃保证章程》和《广东全省田土业佃保障局组织简章》。

章程一开始就明确指出了制定该章程的宗旨及章程的保护适用范围。其宗旨目的是为了"保障农民承佃权利,及维持业主所有权之安全";其保护适用范围是凡是依据该章程向政府保障局缴纳了相关的费用并领取了执照的承佃者及其"田土权利所有者",其双方的权益均受该章程的制约和保护。对于佃户来讲,"租项无论上期下期,分年分季,佃户须依约缴交,不得拖欠霸佃";对于田土的权利所有人来讲,"非俟佃户批租期满,不得易佃加租"。这些规定佃租双方都不能违背,任何一方如有触犯均要遭到"主管机关追究"。从这些规定可以看出,这个章程表面看来是同时调整、维护和保护租佃者和田土权利所有人双方的利益,但是很明显其根本和基础是在承认租赁者和出租者双方"租佃"和"租出"这一基本关系的前提下成立。在这一对关系中,双方的地位很显然是不对等和不平等的,"佃户"明显处于"劣势"。也就是说章程对佃租双方关系的调整是建立在承认田土所有者的私人所有权的前提和基础之上的。在这种情况下,等于田土拥有者的私有权益受到了大元帅府大本营的法律保护,具有了合法性,具有了稳固的法律保障和保证。

针对邹鲁的呈请,孙中山于 11 月 6 日发出《给邹鲁的指令》,"除了对章程第七条规定增收执照费的办法批示'间有未妥,经予修正,合行抄发'外,对章程从总体上给以了肯定性的评价"。孙中山指令邹鲁:"呈及章程、简章均悉,所请设置广东田土业佃保障局,系为保障农民业佃双方利益起见,事属可行,应予照准"①。根据孙中山的这一指令,11 月 6 日设立了广东田土业佃保障局,并颁布了《广东田土业佃保证章程》和《广东全省田土业佃保障局组织简章》。

　　鉴于当时荒地较多的局面,孙中山感到"亟宜提倡开垦,以辟土地,而厚民生",他要求尽快地解决这一关系国计民生的大问题。在他的授意下,由时任大本营建设部部长的杨森拟定了《国有荒地承垦条例》,由孙中山批准予以实施。条例对"国有荒地"的概念给予了诠释,限定了其范畴:"本条例所称之国有荒地,指江海、山林、新涨及旧废无主未经开垦者而言"。对于这些土地而言,"凡国有荒地除政府认为有特别使用之目的外,均准人民按照本条例承垦"。这些荒地被开垦出来之后,不是无偿归开垦者所有,而是要"照章纳税"的,"地价按每年竣垦亩数缴纳"。当然并不是当荒地开垦后就需要立刻纳税,而是待"承垦地于竣垦一年后,按竣垦亩数一律照各该地之税则升税"。开垦人按照规定缴纳了地价税后,则依法享有了该开垦土地的所有权,并受法律的保护,任何单位、组织和个人都不能侵犯,大本营则明令"官署应按其缴纳之亩数给以所有权证书"。该条例还特别强调了对于开垦荒地建有功绩者要采取优惠政策予以奖励②。

　　当然,当时广州复杂多变的形势令孙中山的这一系列指令和计划的实施困难重重,阻力多多,落实工作很难顺利开展。特别是一些基础性的材料性的资料数据,如户口登记册、粮税缴纳记录等都广泛缺失,

----

　　①　孙中山:《给邹鲁的指令》,见《孙中山全集》第二卷,中华书局 1982 年版,第 370—375 页。
　　②　孙中山:《给杨森的指令》,见《孙中山全集》第二卷,中华书局 1982 年版,第 446—451 页。

对这种情况他们当时认识得还是比较清楚的:"各县自反正以来,因水旱、天灾、兵燹对于地丁钱粮滞纳者有之,县知事催征不力者亦有之。……各乡户口积欠钱粮,间有数年,或自反正以来,未有清厘者不知凡几",这种局面无疑更增加了这些工作的如期展开和顺利推进的难度。为了解决这些问题和困难,孙中山下决心从"清丈田亩"这一最基本最重要的基础性工作入手。12 月 19 日,他指令时任广东省长廖仲恺以民生主义思想为核心并结合广东省的实际情况抓紧制定实行清丈章程呈送给他。廖仲恺接令后也立即要求广东全省经界总局"拟具实施规则,积极筹备赶速进行"①。

从上面的论述可以看出,从 1919 年以来,孙中山对以"平均地权"和"节制资本"为主要内容的民生主义思想的思考和认识的确是不断地向前发展着的,并且越来越完善,越来越具体化,越来越具有可操作性,越来越贴近中国的实际。不仅如此,而且孙中山还抓住可以抓住的一切机会努力将其付诸实践,并且在实践中善于找出缺点发现不足不断地予以改进和完善。这种真抓实干的大无畏精神的确是难能可贵的。这也正是孙中山之所以为孙中山的伟大过人之处。

四、第四阶段,"平均地权"的全新期和内容飞跃期,大约是从 1924 年起到 1925 年 3 月孙中山去世。

这一阶段,对于孙中山和中国国民党来说,最重要的历史事件就应该是中国国民党第一次全国代表大会了。此后的各项工作可以说基本上都是围绕着大会通过的宣言展开的。

我们知道,孙中山 1923 年 3 月在广州重建中华民国陆海军大元帅府大本营后,各项工作都在有序地展开。其中,改组中国国民党是他工作的重中之重。陈炯明的叛变对孙中山的打击特别重大。这次变故既

---

① 转引自金德群:《中国国民党土地制度研究》,海洋出版社 1991 年版,第 114 页。

对资产阶级革命党人的事业造成了重大的打击,也使孙中山的家庭遭受了重大的损失。陈炯明反叛时,孙中山原本拟携带宋庆龄一起逃避,但宋庆龄担心目标太大影响孙中山的出逃,坚持让孙中山先行逃脱。宋庆龄后来在护卫的奋力保护下,也成功地逃离了大元帅府并安全地回到孙中山的身边。

从1922年9月18日孙中山发表的《就陈炯明叛变事件致海外同志书》等文献我们可以看出,孙中山认为他和他的同志们为革命已经奋斗三十余年了,其间失败真是太多太多了,但就失败之"惨烈"程度,以前的哪一次失败都没有这一次的严重。

深刻反省这次的重挫,他认为应该从"从严治党"着手,从"从严治党"作为"切入点"和"突破口"。他认为,以前的"军事进行"不行,事实证明后来的"政治进行"也不行,只能依靠"党务进行",必须建立一个强有力的政党。他认为当时的国民党成分过于复杂,许多人是把加入国民党作为做官的捷径,所以必须下决心下大气力重组国民党,对党员进行重新登记,严格要求,严掌标准,严肃纪律,坚决清除那些混入国民党内的动机不纯、意志不坚定分子。经过艰苦的准备,终于完成了重组国民党的各项准备工作,并与1924年1月20日在广州召开了在资产阶级革命党人的奋斗历史上具有伟大转折意义的中国国民党第一次全国代表大会。

中国国民党"一大"不仅在中国国民党的历史上具有重大的历史意义,就是在中国近代史上也是一个伟大的标志性的历史事件。这次会议确定了"联俄、联共、扶助农工"的三大政策,重新解释了三民主义,使三民主义注入了崭新的内容,作为资产阶级革命党人指导思想的三民主义也由旧三民主义阶段发展到新三民主义阶段,与中国共产党民主革命阶段的政治纲领基本一致,使其成为了第一次国共合作的政治基础。中国国民党"一大"的召开也就标志着第一次国共合作的正式形成。由此也可以想见,这次大会的筹备工作及召开不可能是一帆风顺的。

我们知道,随着五四运动的开展,中国的无产阶级登上了历史的大舞台,揭开了新民主主义革命的帷幕,中国的历史从此掀开了新的篇章。特别是中国共产党的成立,更是使中国的政治格局和革命形势发生了根本性的改变。

"春江水暖鸭先知",作为伟大的革命先行者,孙中山当然能够敏感地意识到时代的潮流和前进的方向,对此次国民党重组所将面临的困难和阻力当然也有清楚的预见,其花费的时间和精力都是可想而知的。这次国民党重组,孙中山特别强调向苏联学习,"以俄为师"。本来,孙中山对马克思主义和社会主义理论就很有研究,且十分"痴迷",甚至认为他的民生主义就是社会主义。俄罗斯十月革命取得胜利的消息传到中国后,孙中山就立即拍电报给列宁表示祝贺,并希望两国革命党人携手共进。

这次改组国民党,他很自然地将目光、理想和目标投向了列宁,投向了布尔什维克党,将苏联和布尔什维克党作为了"楷模"。无论是在改组前的筹备工作还是改组后诸多工作的开展,在许多方面都是参照苏联和布尔什维克党的成功经验和做法的。

然而,众所周知,毕竟当时中国的国情和十月革命前的俄罗斯不尽相同,国民党也不同于布尔什维克党,所以这次改组注定了不可能是一马平川,代表各种各样利益的个人和势力都要发出不同的声音。特别是关于民生主义方面的理论的充实及变动,孙中山更是有一个里程碑式的伟大转折和飞跃,质疑和反对之声当然更是不绝于耳。对此,孙中山不断地反复予以解释和劝导。

中国国民党"一大"一个重大的成果是通过了《中国国民党第一次全国代表大会宣言》,其内容共包括三部分:中国之现状,国民党之主义,国民党之政纲。孙中山对大会特别是对这个大会宣言十分重视。在大会开幕的当天,孙中山以总理身份担任大会主席并致开幕词。在开幕词的最后,孙中山满怀信心地高度评价了这次大会的历史地位,对每位代表提出了殷切的希望:"今天的这个大会,是中华民国开国以来的第一次。这是中华民国将来国史中的大光荣。我希望诸君努力,在这十天之内,把应该做的事,完全达到目的"①。

在这一天,孙中山还曾几次向大会发表过演说。孙中山很清楚这次改组的一个重点同时也是难点和敏感的问题就是"联俄"问题,甚至也可以说是此次改组的最重要、最困难和最敏感的问题,是改组的核心之所在。如果"联俄"势必就会牵扯到"联共"和"扶助农工"问题,牵扯到社会主义问题,牵扯到与中国共产党的关系等诸问题。而这些问题都是十分棘手和敏感的问题,是容易遭到质疑和反对的问题。本来,从着手改组国民党之始,诸如此类的质疑、指责和反对之声就不断。孙中山曾对大会代表坦言:"本党旧同志骤闻共产党员纷纷加入本党消息,顿起怀碍(疑)。盖恐本党名义被彼利用也。对于此事,怀疑尤甚者为海外同志。本总理曾接到海外华侨数次函电,询问此次改组,是否为(改)国民党为共产党? 如为改成共产党,则华侨同志决不赞成"②。

在当天关于中国的现状和国民党改组方面的演说中,孙中山高度赞扬了俄国革命,指出:"中国革命六年后,俄国才有革命",但是"俄国革命党不仅把世界最大威权之帝国主义推翻,且进而解决世界经济政治诸问题。这种革命,真是彻底的成功,皆因其方法良好之故"③,所以,国民党改组完成后,资产阶级革命党人的革命道路是学习苏联。"我们这次革命,是先讲方法,然后才去进行。从前革命因为没有好方

---

① 孙中山:《中国国民党第一次全国代表大会开幕词·一九二四年一月二十日》,见《孙中山全集》第九卷,中华书局 1986 年版,第 98—99 页。

② 孙中山:《关于民生主义之说明·一九二四年一月二十一日》,见《孙中山全集》第九卷,中华书局 1986 年版,第 111 页。

③ 孙中山:《中国之现状及革命党改组问题·一九二四年一月二十日》,见《孙中山全集》第九卷,第 100 页。

法,所以不能大功告成"①。

他坚定不移地认定此后必须毫不犹豫地学习苏联的革命方法,并换了一个思维从另一方面循循善诱地教导他的同志们特别是那些"不理解者"和"反动派们":"方才俄国同志对我所说的话,乃是旁观者清,当局的人尚设想不到。但俄之反革命派,并非真正不如中国反革命派之聪明厉害,且百倍过;特俄国之革命党之聪明厉害,又百倍过于彼辈耳"②。虽然孙中山的说法未免有些夸张,但是中国资产阶级革命党人至此次改组时尚未取得革命的成功是事实,苏联的建立和布尔什维克党的成功是事实,这种成功与中国资产阶级革命党人的对比明显是事实,所以孙中山痛心地总结道:"中国之革命党经验不多,遂令反动派得尽其技,没有俄国那种好方法以防范反革命派,使其不能从中破坏。故俄国虽迟我六年革命而已成功,我虽早六年革命而仍失败"③。

就是在此次演说中,孙中山特别强调了大会宣言的极端重要性和历史地位:"这个宣言,系此次大会之精神生命",所以,希望"此宣言发表后,应大家同负责任。诸君系本党各省代表,宣言通过后,须要负责回各省报告宣传"。他特别强调:"此宣言将国民党之精神、主义、政纲完全发表,并应使之实现。此宣言今后即可管束吾人之一切行动,故须详细审慎研究,大家通过后,不能随意改变,都应遵守,完全达到目的,才算大功告成"④。在次日的有关民生主义的演说中,他又再一次强调了宣言事关国民党改组的成败:"此次开会所定本党全国代表大会宣

---

① 孙中山:《欢宴国民党各省代表及蒙古代表的演说·一九二四年一月二十日》,见《孙中山全集》,第九卷,中华书局 1986 年版,第 104 页。

② 孙中山:《中国之现状及革命党改组问题·一九二四年一月二十日》,见《孙中山全集》第九卷,中华书局 1986 年版,第 100 页。

③ 孙中山:《中国之现状及革命党改组问题·一九二四年一月二十日》,见《孙中山全集》第九卷,中华书局 1986 年版,第 100—101 页。

④ 孙中山:《中国之现状及革命党改组问题·一九二四年一月二十日》,见《孙中山全集》第九卷,中华书局 1986 年版,第 101 页。

言,关系于本党改组前提者至为重要"①。

在中国国民党"一大"宣言中的第三部分即国民党之政纲里,阐明了该党的"对内政策",共 16 条,而且特别说明"以上所举细目,皆吾人所认为党纲之最小限度,目前救济中国之第一步方法"②。

值得我们注意的是,在这 16 条对内政策中,关于民生主义方面的内容竟然达到了半数之多,其中涉及土地方面问题的就有 4 条,如第三条指出:"土地之税收,地价之增益,公地之生产,山林川泽之息,矿产水利之利,皆为地方政府之所有,用以经营地方人民之事业,及应育幼、养老、济贫、救灾、卫生等各种公共之需要",显然是从政府负有解决公共服务事业的责任的角度来规定这一问题的;第九条则强调:"严定田赋地税之法定额,禁止一切额外征收,如厘金等类当一切废除之",也就是严令除了严格的"田赋地税"征收制度以外严厉禁止其他一切苛捐杂税;第十条则是针对农民户籍耕地口粮的均衡问题的:"清查户口,整顿耕地,调正(查)粮食之产销,以谋民食之均衡";第 15 条更是从立法的高度强调了土地问题的严肃性和重要性:"由国家规定土地法、土地使用法、土地征收法及地价税法。私人所有土地,由地主估价呈报政府,国家就价征税,并于必要时依报价收买之"③。

很明显,这些政策法令触犯了地主资产阶级的切身利益,保护了平民百姓的权益。而中国国民党的成分当时比较复杂,相当一部分是代表着地主和资产阶级的利益的。在国民党"一大"筹备阶段就有人对宣言的这些内容不满,试图从宣言中将其部分甚至全部删去。孙中山对此予以反复说明并坚持将其写进宣言。然而有些人对此还不死心,

---

① 孙中山:《关于民生主义之说明·一九二四年一月二十一日》,见《孙中山全集》第九卷,中华书局 1986 年版,第 110 页。

② 《中国国民党第一次全国代表大会宣言》,见《孙中山全集》第九卷,中华书局 1986 年版,第 125 页。

③ 《中国国民党第一次全国代表大会宣言》,见《孙中山全集》第九卷,中华书局 1986 年版,第 124 页

还在到处活动进行"不懈的努力",试图使大会宣言难以通过。孙中山
对此很清楚,当然他也没有气馁,也是在做"不懈的努力"。

国民党"一大"召开的第二天,也就是1924年1月21日,孙中山专
门就民生主义问题作了一次说明。就像上面所指出的,孙中山首先再
次重申了宣言的重要性,然后话锋一转,直截了当地指出:"对于民生
主义一项尚有问题,……重大问题为本党之基础问题。……此重大问
题即为民生主义。本党多数同志对于此重要主义,向不甚研究,故近日
因此主义而生误会,因误会而生怀疑,因怀疑而生暗潮,刻既有此现象,
恐兆将来分裂,发生不良结果。故本总理对于此主义,必须再行剖解,
庶几本党同志因此主义所发生之误会、怀疑、暗潮,可以完全打破,而成
一最有力量之国民党"①。

从这里不难看出,孙中山把民生主义既看作中国国民党的重大问
题,又看作基础问题,其地位、作用、影响和意义的重要性都是不言而喻
的。正因为如此,每位同志本应细心悉心学习研究,结果是事实正相
反,所以才导致了种种误解,进而生发出了怀疑,乃至抵制、反对的"暗
潮"。这就意味着中国国民党将有"分裂"之"不良结果"出现的可能
性,孙中山当然对此十分警惕和担忧,当然更需要和他的同志们说清
楚,提醒提醒他们,敲个警钟,以引起同志们的警惕,有则改之无则加
勉,以收将中国国民党建成"一最有力量之国民党"之效。

随着俄国十月革命的成功和苏维埃社会主义共和国联盟的建立,
中国一部分先进的知识分子开始自觉地主动地接受和宣传马克思列宁
主义理论。特别是随着五四运动的爆发和新文化运动的深入展开,这
种状况更加明显,并最终发生了中国共产党成立这一开天辟地的大事
变。许多人既然站到了"社会主义"和"共产主义"的大旗下,那么三民

---

① 孙中山:《关于民生主义之说明·一九二四年一月二十一日》,见《孙中山全集》第九
卷,中华书局1986年版,第110页。

主义的阵营必然就受到怀疑甚至削弱。

针对这种情况,孙中山特别作了解释,认为"共产主义"与"民生主义"并不是对立的,是一致的,孙中山甚至还认为民生主义的范畴比共产主义还要大,民生主义包含了"共产主义"学说。

他强调指出:"本总理前闻北京一班新青年非常崇拜新思想。及闻俄国共产之主义,便以此为世界极新鲜之主义,遂派代表往俄,拟与之联合,并代俄宣传主义,认定'共产主义'与'民生主义'为不同之二种主义。我们老同志亦认定'民生'与'共产'为绝对不同之二种主义,于是群起排斥,暗潮便因之而生"。然而在孙中山看来,如果认真探究"诸民生主义之真谛,双方均属误解",因为后来的事实是这些"新青年⋯⋯代表抵俄后,俄人对之,便极力称赞国民党新主张之三民主义,故彼党遂细心研究三民主义,认定救国大计,非此不可,于是诚心悦服本党主义,改共产党员为国民党员"①。

那么,这些"新青年"为什么会赞同"新主张之三民主义"呢？为什么会心甘情愿地服从三民主义呢？为什么会加入国民党呢？孙中山认为就是"共产主义"等同于"民生主义",甚至认为民生主义的范畴和内涵比共产主义更广泛、更丰富。当然,他的这些观点是不全面的,更多的是不正确和不准确的。

其实,中国共产党加入中国国民党,对于当时的中共领导人来讲是无奈之举,并不是他们主观上努力的结果,恰恰相反,他们对此是持坚决反对态度的。正像我们所知道的那样,当时全体共产党员在集体加入中国国民党的同时,也还是保留了共产党员的身份的,也就是说共产党员当时具有双重党籍。中国共产党这个组织还是作为一个独立的政党存在的。这也是当时坚决排斥中国共产党人加入中国国民党中来的

① 孙中山:《关于民生主义之说明·一九二四年一月二十一日》,见《孙中山全集》第九卷,中华书局1986年版,第111页。

反对派们进行抵制的一个有力借口,即反对夸党,不容许中国国民党党员拥有双重党籍。

其实,当时的"联共"之所以能够实现,主要是由于苏联领导的共产国际的推动和命令。这一动议最先是共产国际驻中国代表马林向中国共产党中央提出的,立即遭到了拒绝。无奈的马林只好回到莫斯科寻求帮助。后来共产国际通过决议,指令中国共产党中央在接到这一决议文件后必须立即将中央从上海搬到广州,全体共产党员必须加入中国国民党。很显然,并不是孙中山所说的因为中国共产党党员们"细心研究三民主义"、"诚心悦服本党主义"才致"改共产党员为国民党员"。

至于孙中山对"共产主义"与"民生主义"关系的看法,我们很难苟同。这一观点显然是不正确的。为了说明二者的关系,孙中山可谓煞费苦心,他竟然动用了"画图"的方式来加以说明。这在他的演说中是不多见的。他说:"即就是非而言,本党即服从民生主义,则所谓'社会主义'、'共产主义'与'集产主义'均包括其中。兹将各主义连带关系与范围用图示之"。他的图是这样画的:

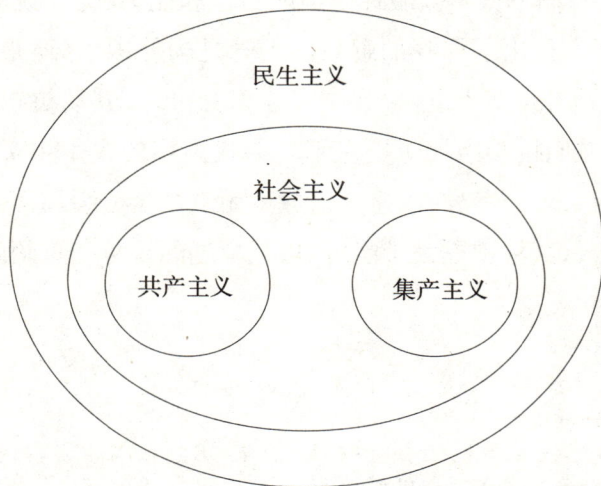

民生主义

社会主义

共产主义　　集产主义

这个图示一共有四个圆圈,最里面的两个是并列的,圆圈里面分别标明是共产主义和集产主义;这两个圆圈的外面被一个大一些的圆圈包围着,这个圆圈标明是社会主义;最外面是一个更大的圆圈,把里面的三个圆圈全部包围了,标明的是民生主义。这就是我们上面所指出的孙中山认为他的民生主义理论范围更广,内涵更丰富,认为民生主义包含着社会主义,而社会主义又包含着共产主义和集体主义。照此看法,民生主义真是包罗万象,是解决社会问题、经济问题乃至几乎所有问题的"灵丹妙药"了。事实上孙中山也的确这样认为:"由此可见本总理所创民生主义之名词,至今已有学者赞同矣。……'民生'二字,实已包括一切经济主义"[①]。

至于共产主义问题,孙中山的看法更是出人意料:"共产主义之实行,并非创自俄国,我国数十年前,洪秀全在太平天国已经实行,且其功效较俄国尤大",他认为,"俄国今日所行之政策,实非纯粹共产主义,不过为解决民生问题之政策而已",所以他劝导告诉他的同志们"共产主义与民生主义毫无冲突,不过范围有大小耳",并希望"诸君既能明白民生主义生之真义,则新旧同志(因)误会、怀疑而生之暗潮,从此便可打消"[②]。我们不得不佩服孙中山的胆识和能力,为了说服他的同志们,孙中山可谓使出了浑身的解数。不管是国外国内,还是历史现实,都据为己用。引经据典也好,甚至牵强附会也好,其动机很清楚,就是要使他的同志们接受增加了更多平均地权内容的民生主义思想,表决通过大会宣言,求同存异,以避免造成不团结甚至分裂局面的出现。真可谓用心良苦,其精神更是难能可贵,其卓越的智慧和宽阔的胸襟由此也可见一斑。

---

①　孙中山:《关于民生主义之说明·一九二四年一月二十一日》,见《孙中山全集》第九卷,中华书局 1986 年版,第 111 页。

②　孙中山:《关于民生主义之说明·一九二四年一月二十一日》,见《孙中山全集》第九卷,中华书局 1986 年版,第 111—112 页。

对于民生主义和共产主义的关系,孙中山的观点并不一致,有时也不尽相同。中国国民党"一大"还没闭幕,孙中山就开始在广州国立高等师范学校的礼堂演讲三民主义。"每星期演讲一次"①。在进行民生主义的演讲时,他对这一问题多次涉及。在 1924 年 8 月 3 日第一次演讲这个问题时,他刚开始就明确地指出"民生主义就是社会主义,又名共产主义,即是大同主义"②。在 8 月 10 日开讲的第二讲里,他又反复提到过。他先再次概括地给出了民生主义的内涵及意义:"国民党对民生主义定了两个办法:第一个是平均地权,第二个是节制资本。只要照这二个办法,便可以解决中国的民生问题"③。

在强调了民生主义的主旨后,孙中山就开始展开论述他的民生主义思想。他以提问的语气指出:"民生主义到底是什么东西呢? 我在前一次讲演有一点发明,是说社会的文明发达,经济组织的改良和道德进步,都是以什么为重心呢? 就是以民生为重心。民生就是社会一切回答中的原动力。……社会中的各种变态都是果,民生问题才是因"。显然,孙中山还是想再次重申和强调他的民生主义是"万能的",是"放之四海而皆准"的。接着他以提问的口气展开:"民生主义究竟是什么东西呢? 民生主义就是共产主义,就是社会主义。所以我们对于共产主义,不但不能说是和民生主义相冲突,并且是一个好朋友"。那么,为什么还有国民党反对共产党员呢? 孙中山先是把责任推给了一部分共产党。他推断说:"这个原因,或者是由于共产党员也有不明白共产主义为何物,而尝有反对三民主义之言论,所以激成国民党之反感"。既然是这样,那么可以认定"这种无知妄作的党员,不得归咎于全党及其党中之主义,之可说是他们个人的行为。所以我们决不能够

---

① 孙中山:《三民主义》,见《孙中山全集》第九卷,中华书局 1986 年版,第 183 页。
② 孙中山:《三民主义》,见《孙中山全集》第九卷,中华书局 1986 年版,第 355 页。
③ 孙中山:《三民主义》,见《孙中山全集》第九卷,中华书局 1986 年版,第 377 页。

以共产党员个人不好的行为,便拿他们来做标准去反对共产党"①。

　　这个原因在他看来是解释清楚了,也是划清楚界限了,即这是由于一部分"无知妄作"的共产党员的缘故,而不能将原因和责任推给共产党"全党及其党中之主义"。那么为什么还会发生国民党内同志的误会呢? 他认为这种责任则是在这部分"误会"的国民党员身上了:"那么,我们的同志中何以发生这种问题呢? 原因就是由于不明白民生主义是什么东西。殊不知民生主义就是共产主义。这种共产主义的制度,就是先才讲过并不是由马克思发明出来的"②。"民生主义就是社会主义,也就是共产主义,不过办法各有不同"③。

　　值得引起我们注意的是,这个地方孙中山又再次谈及了他的另一个重要思想,就是孙中山理解的社会主义并不是马克思的科学社会主义理论,而是包含在他的民生主义之中的社会主义。

　　对于三民主义、民生主义、社会主义、马克思主义、列宁主义等诸问题及其关系,孙中山曾多次提及过。他最终的结论就是三民主义及民生主义将后三者都包含了。在讲到民生主义和马克思学说的关系时,他曾坦言:"中国不能和外国比,单行节制资本是不行。……所以我们讲到民生主义,虽然是很崇拜马克思的学问,但是不能用马克思的办法到中国来实行。这个理由很容易明白,就是俄国实行马克思的办法,革命以后行到今日,对于经济问题还是要改用新经济政策。俄国之所以要改用新经济政策,就是由于他们的社会经济程度还比不上英国、美国那样的发达,还是不够实行马克思的办法,俄国的社会经济程度尚且比不上英国、美国,我们中国的社会经济程度怎么能够比得上呢? 又怎么能够行马克思的办法呢? 所以照马克思的党徒,用马克思的办法来解

---

① 孙中山:《三民主义》,见《孙中山全集》第九卷,中华书局1986年版,第386—387页。
② 孙中山:《三民主义》,见《孙中山全集》第九卷,中华书局1986年版,第387页。
③ 孙中山:《三民主义》,见《孙中山全集》第九卷,中华书局1986年版,第388页。

决中国的社会问题,是不可能的"①。

显然,他是根据中国的国情完全不同于别国的实际出发来考虑的。当时中国的经济社会发展与美国、英国相去甚远,甚至与俄国差距也很大。在孙中山看来,苏联实行了马克思的社会主义理论后也并不算取得了成功。那么更何况在经济社会还很落后、政治经济发展极为不平衡的中国这个人口大国呢?所以,他认为马克思的学说并不适合中国,并不能解决中国的实际问题。那么,答案就出来了,只有三民主义、民生主义才能救中国。

为了说明三民主义、民生主义思想的重要和地位,孙中山不但把社会主义、马克思主义等仅仅理解成是民生主义理论的一部分,是民生主义思想的一个来源,更重要的是还从中国传统文化思想里去寻找根源,认为民生主义思想最主要的是对中国古代文化思想的传承。

早在1920年1月,孙中山就曾经对张国焘说过他"参酌了社会主义各派的理论,汲取它们的精华,并顾及中国的实际情形,才创立三民主义"②。1924年2月,在广州大元帅府,孙中山和日本朋友也谈过类似的观点。日本友人问道:"阁下所主倡之三民主义,闻有人评之为再制列宁及其他近世社会主义者之糟粕。阁下十年前未尝提倡三民、五权主义,得乎诚踏袭列宁等之所说乎"? 孙中山明确地予以否认:"绝非如此。我辈之提倡民族、民权、民生三大主义,业已三十年于兹矣! 不过其说明系归纳的未尝判然明白三民主义为何物。我辈之三民主义首渊源于孟子,更基于程伊川之说。孟子实为我等民生主义之鼻祖。社会改革本导于程伊川,乃民生主义之先觉。前说民主、尊民生之言论,见之于二程之语丝。仅民族主义,我辈于孟子得一暗示,复鉴于近世之世界情势而提倡之也"。他总结说:"三民主义非列宁之糟粕,不

---

① 孙中山:《三民主义》,见《孙中山全集》第九卷,中华书局1986年版,第391—392页。
② 孙中山:《与张国焘的谈话》,见《孙中山集外集补编》,上海人民出版社1994年版,第245页。

过演绎中华三千年来汉民族所保有之治国平天下之理想而成之者也。文虽不肖,岂肯尝列宁等人之糟粕。况如共产主义,不过中国古代所留之小理想者哉"①。

这里有两点尤其应引起我们的注意。

第一点是,孙中山认为三民主义几乎全部来源于中国古代传统文化及思想,只有很少一部分是受他国的理论影响,特别是民生主义更是如此。而怀疑论者和指责者对三民主义的主要攻击点其实就是民生主义,孙中山等于对此予以了否认和批驳。

第二点是,孙中山认为即便他所参照的外国的社会主义理论,在中国古代就已经产生了,所谓共产主义也只是中国古代所保留下来的"小理想"而已。换句话说,国外的共产主义思想也是来源于或者说参酌我们中国的古代文化。读到这里,我们不得不对孙中山的想象力和辩解力钦佩不已和赞叹不止。当然,这其中的确也有孙中山对社会主义理论的认识正确与否的问题,有对中国古代文化思想认识的偏颇、"放大"和笼统使然,但我们也不能否认其中显然也有"爱国主义精神"在里面。在承认和佩服孙中山的天才创造力的同时,说得再直白一点,甚至也可以说有他多少存在着的"唯我独尊"的"自尊心"在"作祟",有在进行强词夺理的自我狡辩!

从上面这些分析不难看出,不断丰富发展的民生主义思想在当时所遭到的质疑和反对程度是多么大。虽然孙中山在不断地解释和说明。不断地做着各种努力,结果还是没有能够顶得住"压力",被迫把中国国民党第一次全国代表大会宣言草案中"大土地所有者的土地收归国有"的条款删除了②。

即便如此,这些"反动派"们还不甘心,妄图得寸进尺,竟然要求取

---

① 孙中山:《与日人某君的谈话》,见《孙中山全集》第九卷,中华书局 1986 年版,第592 页。

② 转引自金德群:《中国国民党土地制度研究》,海洋出版社 1991 年版,第 119 页。

消大会宣言,不要对外公开发布了。孙中山几乎快"承受"不住了,几乎要"妥协"了。他似乎忘记了在大会开幕式当天自己所作的演讲中对宣言是"大会之精神生命"的定位,为了能够取得更多同志对改组的支持、承认、认可和接受,在 1923 年 1 月 23 日中国国民党第一次全国代表大会宣言表决通过前,孙中山特意单独约见苏联派来的顾问鲍罗廷,主要目的就是征询鲍罗廷的意见,大会宣言是否需要发表,孙中山的意思是可以考虑不予发表,而代之以另外拟定的政府纲领即《国民政府建国大纲》。

对此,鲍罗廷表示坚决反对。他一针见血地指出:"取消宣言草案,就意味着召集全国代表大会是毫无益处的"。鲍罗廷特别强调:"乌托邦的政府纲领是没有实际意义的,而宣言回答了与中国命运攸关的问题,因此他必将成为运动指导性和决定性的文件"[1]。在鲍罗廷的坚持和鼓励下,孙中山终于下定了决心,没有放弃这个大会宣言,并亲自主持了宣言表决通过大会。而且,在宣言获得表决通过的同时,《国民政府建国大纲》也于当日获得大会表决通过。孙中山可谓取得了"双丰收"。

在大会宣言通过后,孙中山又作了一个简单的发言,指出"大会宣言已经表决,这是本党成立以来破天荒的事情",要求"大家必须依宣言而进行,担负此项实行责任"。他特别重申:"此次我们通过宣言,就是从新担负革命的责任,就是计划彻底的革命。终要把军阀来推倒,把受压的人民完全来解放。这是关于对内的责任。至对外的责任,有要反抗帝国侵略主义,将世界受帝国主义所压迫的人民来联络一致,共同动作,互相扶助,将全世界受压迫的人民都来解放",他最后满怀信心地勉励他的同志们:"今天通过宣言之后,必须大家努力前进,有始有

---

[1] 鲍罗廷:《关于中国国民党"一大"的笔记》,1923 年 1 月 23 日,见彭明主编:《中国现代史资料选辑》第二册,本册编者金德群,中国人民大学出版社 1988 年版,第 7—11 页。

终,来做彻底成功的革命"①。

国民党"一大"宣言之所以如此引人注目,的确是由于它实现了前所未有的突破,相比较于此前,有一个"质"的飞跃。所以孙中山很自信地认为:"发表此项宣言,就是表示以后革命与从前不同"②。

那么,中国国民党"一大"宣言及以后在民生主义特别是平均地权思想方面有哪些明显的不同呢? 大致说来,有以下两个显著特点:

第一,"平均地权"作为一种单独的理论已经成熟,并且成为用来指导中国国民党土地工作的指导思想,成为国民政府的土地纲领。正如大会宣言所指出的:"国民党在民生主义,其最要之原则不外二者:一曰平均地权;二曰节制资本。盖酿成经济组织之不平均者,莫大于土地权之为少数人所操纵。故当由国家规定土地法、土地使用法、土地征收法及地价税法。私人所有土地,由地主估价呈报政府,国家就价征税,并于必要时依报价收买之,此则平均地权之要旨也"③。

第二,"平均地权"的重心和重点是农民和农村。这和"扶助农工"的政策是一致的,是"扶助农工"政策的具体体现。提到土地,当然就要提及农民,就要考虑到这一最穷苦的阶级。宣言特别强调:"于此尤有当为农民告者:中国以农立国,而全国各阶级所受痛苦,以农民为尤甚。国民党之主张,则以为农民之缺乏田地沦为佃户者,国家当给以土地,资其耕作,并为之整顿水利,移殖荒徼,以均地力"④。

正像上面已经列举的,在"国民党之政纲"部分的共十六条的"对

① 孙中山:《对于中国国民党宣言旨趣的说明》,见《孙中山全集》第九卷,中华书局1986 年版,第 125—126 页。

② 孙中山:《对于中国国民党宣言旨趣的说明》,见《孙中山全集》第九卷,中华书局1986 年版,第 126 页。

③ 《中国国民党第一次全国代表大会宣言》,见《孙中山全集》第九卷,中华书局1986 年版,第 120 页。

④ 《中国国民党第一次全国代表大会宣言》,见《孙中山全集》第九卷,中华书局1986 年版,第 120 页。

内政策"里,有四条是关于土地问题的,也就是说,土地问题占了四分之一之多。仔细研读这四条就会发现,其实哪一条都与农民有关,都与农村有关。比如,对于土地的税收和地价的增加收益部分等都属于地方政府所拥有的规定,并不是由地方政府来垄断或滥用,而是用来经营"地方人民之事业"和"各种公共之需要"。所谓"地方人民",当然主要是农民了,"公共之需要",当然主要也是农民和农村的公共利益和需要了。

除了严格规定的"田赋地税"外禁止其他一切额外征收的政策显然也是为了充分保护农民的权益。对户口、耕地和粮食的整理和管理其目的都是为了维护农民的利益,维持农村的经济社会秩序。至于制定有关土地、土地使用、土地征收及地价税等方面的法律法规,其目的亦无不都是从此处着眼的。

很显然,这里所列的四条土地问题的"对内政策",顺理成章地最终都归结到了单列的第十一条政策上:"改良农村组织,增进农人生活"①。由此我们也可以看出,"平均地权"思想的确是越来越清晰,越来越丰富,越来越完善,越来越贴近实际和"民生"了。也可以想见为什么阻力会那么大,反对会那么多。正像前面说到的,虽然宣言最后是获得顺利通过了,但孙中山还是做出了让步的,即把宣言草案中"大土地所有者的土地收归国有"的条款去掉了,这也是为了争取和团结"大多数"的一种无奈之举。

中国国民党"一大"闭幕后,孙中山即想方设法在实践上深入贯彻落实他的民生主义思想特别是平均地权纲领,在理论上继续深入地探讨,并继而明确提出了"耕者有其田"的主张。

我们先看看实践上所做的努力。上面我们在分析"平均地权"思

---

① 《中国国民党第一次全国代表大会宣言》,见《孙中山全集》第九卷,中华书局 1986 年版,第 124 页。

想发展的第三阶段的最后曾提到,孙中山在广州重建大元帅府大本营后就开始着手实施"平均地权"纲领。在1923年底,他指令广东省长廖仲恺主持制定并颁布了《广东都市土地税条例》、广东省财政厅长邹鲁主持制定并颁布了《广东田土业佃保证章程》和《广东全省田土业佃保障局组织简章》、大本营建设部部长杨森拟定并颁布了《国有荒地承垦条例》,等等。在进行这些基础性工作的同时,他还在1924年成功地邀请到了德国土地问题专家单威廉博士到广州担任顾问,协助开展土地方面的工作。

本来,孙中山的这个愿望由来已久。单威廉是1897年12月1日被派到青岛协助海军部进行土地工作的。在他的主持下,《胶州土地法规》于次年9月2日颁布实行,五年后即1903年3月30日和12月31日分别进行过二次修订。单威廉主持下的青岛土地政策取得了很大的成功,也使青岛很快从一个名不见经传的"小渔村"发展成为甚至可以和德国相当规模的城市相媲美的城市,在国际社会的知名度也快速提高。"青岛市内的人口,1902年仅有1.5万人,到1913年增加到了5.75万人,其中中国人5.3万人,市内人口增加了三四倍,当时城市的规模已经相当于一个大中型的德国城市,青岛也越发成为世人瞩目的地方"①。

孙中山认为单威廉的土地思想很"合"他的胃口,与他的平均地权思想有相通之处,对单威廉很关注,还曾命人翻译了单威廉的《胶州行政》。1912年9月28日,孙中山在青岛的一次演讲中对青岛十余年来的变化曾做过这样的感慨:"两天来,我亲眼目睹过去我们中国人几千年荒置的青岛已在短短十二年之内,经由德国人建设得如此繁荣美丽,无论道路、房屋、港埠码头以及上下水道,无处不显示出他们的努力和勤劳……",后来胡汉民在南京立法院的一次讲话中曾说:"孙先生是

---

① 陈霄、张松:《单威廉的土地政策评述》,《德国研究》2009年第3期。

乔治·亨利的信徒,但在实施其土地政策时,则采用单威廉在青岛实施之办法"①。遗憾的是,单威廉已于 1909 年回国,孙中山的此次青岛之行与之失之交臂。后来孙中山担任非常大总统期间曾计划邀请单威廉到广州,后也因陈炯明的叛变而"搁浅"。

单威廉于 1924 年初得到孙中山意欲聘其担任广州市顾问的电讯时已经 64 岁了,且身体状况也不好,但他还是欣然接受了这个邀请。临行前,他与《柏林日报》约定了将其此行的见闻行动撰写成稿件在该报发表。正是遵循着这一约定,在 1924 年和 1925 年间的《柏林日报》上时时可见单威廉的相关文章。单威廉在 1924 年 5 月乘西伯利亚火车先是经莫斯科、哈尔滨、沈阳等地达到北京。拜访故地后又乘火车经济南到达青岛,再次拜访故地,然后从青岛乘船赴上海,最后辗转到达了广州。孙中山在 1924 年 10 月间曾多次约见单威廉探讨土地方面的问题②。

经过一番努力后,单威廉终于拟定出《土地登记测量及征税条例草案》。该条例共九章 95 条,主要内容有:"(一)土地测量收费。乡落者,每亩收费 1 元,11—20 亩,每亩收费 4 元;21—50 亩,每亩收费 5 元;651—100 亩,每亩收费 7 元;100—200 亩,每亩收费 15 元,都市者,每亩收费 5 元;(二)凡土地登记表上所应填各款,有不尽数填报者,每次处以 50 元之罚金;凡有意妄报者,处以 50 元以上 1000 元及下之罚金;各业主有不将契据文件交验,或有怀疑案件,而该业主不将法定之证人或证据交出者,一经察觉,得没收其产业。(三)土地税率须与流行银行之税率相等。广州市现行之银行利率为周息一分,因是地税之

①　[德]威廉·马察特:《单威廉与青岛土地法》,江鸿译,台北"中国地政研究所"1986 年版,第 48、46 页;转引自陈雳、张松:《单威廉的土地政策评述》,《德国研究》2009 年第 3 期,第 57 页。

②　参见王桂云:《曾被孙中山先生聘用的德人单威廉》,《辛亥革命网·辛亥写真·人物·曾被孙中山先生聘用的德人单威廉》,2011 年 11 月 3 日。

率亦须如此数。（四）土地增价税当为百分之百，即土地所有之增价，当征其全数，归诸公家。（五）倘纳税人延迟完税者，处以 5 倍税额之罚金。如延迟期间逾 3 年者，该土地由市政府拍卖之。所得之价，扣除罚款及关于此事之各项费用暨周息一分外，所余之数统归原所有人。（六）土地局对于应行没收之产业，一经决定，在 6 个月后，将该项产业拍卖，所得之款，全部拨入市库"①。

上面已经说过单威廉曾经在德占青岛期间主持土地方面的工作并取得了巨大的成功。单威廉能取得这样的成就与他的深厚的理论功底不无关系。他年轻时先后就读于波恩大学和海德堡大学，22 岁就获得了博士学位。在青岛期间，他主持制定的《胶州土地法规》主要是他深入调查研究中国的实际特别是青岛的实际基础上独立完成的。"他草拟青岛土地法规的所有观点，完全出自于他对中国近代开埠城市香港、广州、上海等地土地政策的深入研究，是对社会上的土地投机现象深刻剖析所获得的成果"②。

这个法规最主要的是规定了政府有对土地的优先购买权。当然这是为了维护市场秩序，保证国家利益，并且还有预防、抑制和惩治个人少报地价和市场囤积土地、抬高地价、获取高额利润等现象。为了更有效地实现这些目的，该法规还规定了一些详细的措施，如所有土地均以1902 年前的价值来确定价格征收 6% 的土地税；购买土地的人必须制定土地的具体使用计划，按照该计划获得批准准予购买后就不能改变土地的用途，否则就要受到处罚；还有非常重要的一点就是政府征收土地增值税，征收的标准是将购买土地后用于该土地建设的相关费用和投资的利息、年息等都扣除掉，按照土地售价和土地购买价格之间的差额的三分之一征收。

---

① 参见金德群：《中国国民党土地制度研究》，海洋出版社 1991 年版，第 114—115 页。

② 陈雳、张松：《单威廉的土地政策评述》，《德国研究》2009 年第 3 期。

特别需要我们注意的是,单威廉在青岛确定的征收土地增值税的
举措是一个独到的"亮点",是重大的发明和创新,是前所未有的,是卓
有成效的。这些行之有效的规定也较好地体现在了他在广州主持制定
的《土地登记测量及征税条例草案》里。总的说来,这个条例"有以下
几个特点:其一,有一定的理论阐述;其二,有周详的土地管理样本;其
三,有强有力的严厉的经济制裁措施;其四,设立土地裁判所,有较强的
土地管理机构"①。

历史老人有时总会在历史的紧要关头或者说关键时刻"不给面
子",或者说是"恶作剧",给世人留下几多的惆怅,几多的遗憾,几多的
感叹和几多的无奈! 正当单威廉和孙中山踌躇满志准备在土地问题上
一试身手之时,各种"厄运"纷纷而至,先是孙中山先生于1925年3月
12日不幸去世,接着同年底单威廉也不幸遭遇车祸,于1926年1月5
日辞世。孙中山去世后中国国民党内部展开了错综复杂、惊心动魄的
权力整合及斗争,国内的形势也既而变得更加扑朔迷离和万象丛生,
《土地登记测量及征税条例草案》的实施也就更加无从谈起了,结局只
能是半途而废。

虽然中国国民党统一中国后于1930年制定并颁布了一部《土地
法》,而且其内容和精神也深受单威廉的土地思想和他手定的《土地登
记测量及征税条例草案》的影响,在这部《土地法》里可以清晰地看到
《土地登记测量及征税条例草案》的"影子",但两者已经是不可同日而
语的了,而且中国国民党在大陆统治期间也没有真正认真地贯彻实施
过"平均地权",这部所谓的"土地法"及以后的相关土地方面的法令也
没有贯彻成功。

除了邀请单威廉到广州担任顾问外,孙中山还在组织上为平均地
权的实施做了相应的准备工作。1924年1月31日,也就是中国国民党

---

① 金德群:《中国国民党土地制度研究》,海洋出版社1991年版,第115页。

"一大"闭幕的第二天,在孙中山的授意和关心下,中国国民党中央执行委员会决定成立农民部,孙中山并提名由原中国同盟会会员、中国共产党党员、中国国民党第一届中央执行委员会候补委员林祖涵(林伯渠)担任部长,该部秘书由共产党员彭湃充任。农民部主要负责调查农民的状况、各省的田地面积及其分配办法,制定中国国民党的土地政纲,领导全国的农民运动,等等。

为了加强这方面的工作,同年5月,中国国民党又决定成立农民运动委员会,农民部的全体组成人员都充任该会的委员,另外又明显加强了阵容和力量,委员中增加了"重量级"的人物,刚开始曾增设戴季陶、谭平山二位中国国民党中央执行委员为该会的委员,后来又有所增减,中央执行委员廖仲恺、候补中央执行委员毛泽东及其他知名人士如陈公博、宋子文、萧楚女等都曾担任过该会的委员。

这年6月,《农民协会章程》经孙中山审定后公布。章程明确指出:"农民协会为本三民主义解放劳动阶级之志意,合全国受压迫之贫苦农民而组织之。其目的在谋农民之自卫,并实行改良农村组织,增进农人生活"①。

这是中国近代第一个全国性的关于农民组织的规范性章程,对农民协会的宗旨、性质、目的和任务都有明确的阐释,对农民的权利和义务也有明确的规范。对于南方地区特别是广东省农民运动的开展起到了积极的推动作用,也为以后北伐战争的进行和胜利打下了一定的基础。

1924年6月30日,中国国民党执行委员会召开第39次会议,通过了《农民运动第一步实施方案》,决定:"组织农民运动讲习所,以一个月为讲习期间。讲习完毕后,选充为农民运动特派员"②。组织讲习所

---

① 《农民协会章程》1924年6月24日,《广州大本营公告》1924年第18号,转引自金德群:《中国国民党土地制度研究》,海洋出版社1991年版,第123页。

② 《中华民国大事记》第2册,中国文史出版社1997年版,第182页。

的目的是"为养成农民运动之指导人才,以实现本党救济农民政策"①。
会议希望中国国民党内志愿从事农民运动工作的同志们踊跃报名参加
该项工作。讲习所的讲习内容和重点是中国国民党的三民主义理论、
中国国民党的革命基础知识的传授和掌握、农民运动的理论和实践、集
会结社方面的知识的宣传、运用和训练,其中,对于军事能力方面的培
养尤为重视,更加重要,等等。

　　7月3日,由农民部举办的第一届农民运动讲习所在广州开幕。7
月28日,中国国民党农民党员联欢会在广东大学大礼堂举行,到会的
广州近郊农民党员有千余人之多。孙中山参加了这次大会,并发表了
热情洋溢的演说,涉及中国农民的地位、三民主义的内容、国民党和农
民的关系等等,最后,他满怀信心地指出:"今日这个农民联欢会,在中
国是破天荒的第一件大事。我们做这个第一件事,便要得一个很好的
结果;要得一个很好的结果,就要大家去奋斗。大家能够奋斗,就可以
成大功"②! 看到这么多衣衫褴褛的农民充满了激情地前来参加这个
大会,孙中山十分振奋和激动,他感慨地对宋庆龄说:"这是革命成功
的起点"③。

　　这是在实践上孙中山一直在踏踏实实地去做着努力。在理论上他
也同样没有停止探索。从1924年8月3日起,孙中山开始演讲民生主
义理论。在17日开讲的第三讲里,孙中山明确地提出了"耕者有其
田"的思想。这是平均地权理论的一个重大创新,一个重要的组成
部分。

　　在前面的演讲中,孙中山对土地问题就高度重视,认为平均地权是

---

　　① 《广州民国日报》1924年7月24日,转引自金德群:《中国国民党土地制度研究》,海
洋出版社1991年版,第123页。
　　② 孙中山:《在广州农民联欢会的演说》,见《孙中山全集》第十卷,中华书局1986年版,
第466—467页。
　　③ 《宋庆龄选集》上卷,人民出版社1992年版,第47页。

中国国民党实现民生主义的二个办法之中的第一个办法。这种办法
"国民党在党纲里头老早是确定了"。并拿欧美各国进行了对照,认为
欧美并没有解决好社会问题,造成了社会的贫富不均和严重的两极分
化,告诫同志们"殊不知欧美社会党解决社会问题的办法,至今还是纷
纷其说,莫衷一是"①。他强调指出:"由于土地问题所生的弊病,欧美
还没有完善办法来解决。……我们的头一个办法,是解决土地问
题"②。

那么怎么解决呢? 在孙中山看来,目前的办法显然是不行的。因
为我们"讲到了这个问题,地主固然要生一种害怕的心理,但是照我们
国民党的办法,现在的地主还是很可以安心的"③。那么该怎么办呢?
那就是确定好地价!"从定价那年以后,那块地皮的价格再行涨高,各
国都是要另外加税,但是我们的办法,就要以后所加之价完全归为公
有。……这种把以后涨高的地价收归众人公有的办法,才是国民党所
主张的平均地权,才是民生主义。这种民生主义就是共产主义。所以
国民党员既是赞成了三民主义,便不应该反对共产主义。因为三民主
义之中的民生主义,大目的就是要众人能够共产。不过我们所主张的
共产,是共将来,不是共现在。……土地问题能够解决,民生问题便可
以解决一半了"④。

很显然,孙中山认为,要实施好平均地权政策,至关重要的是定好
地价后地皮涨价后增加的部分"完全归为公有"。这一点在国外并没
有做到,而是代之以"另外加税",而中国国民党则是要采取全部收为
公有的办法,的确很新颖,很独到。我们觉得,这只是孙中山他们的想
当然和一厢情愿。不要说从法理上到底能有多么大的理论依据,就是

① 孙中山:《三民主义》,见《孙中山全集》第九卷,中华书局1986年版,第377页。
② 孙中山:《三民主义》,见《孙中山全集》第九卷,中华书局1986年版,第387—388页。
③ 孙中山:《三民主义》,见《孙中山全集》第九卷,中华书局1986年版,第388页。
④ 孙中山:《三民主义》,见《孙中山全集》第九卷,中华书局1986年版,第389—390页。

从实践上也很难实行。相对说来,其实欧美再行加税的做法才是切实可行的,具有可操作性。孙中山的设想只是停留在理论层面上。事实上后来中国国民党也根本就没有将其付诸实践。在今天依然还是如此,也没有发现当今世界有哪个国家是这么做的。

关于"耕者有其田"的思想,其实孙中山在此前也曾提及过,虽然很肤浅,甚至可能还只是一个"名词"。比如孙中山 1912 年在北京时就曾和袁世凯、梁士诒说到过"欲求解决农民自身问题,非耕者有其田不可"①。孙中山本来就出身于穷苦农家,对农民的疾苦有所了解,后来一直都很关注农民的贫困问题,并不止一次地表示过农民最穷苦的观点,并试图想方设法努力解决这个问题。

他在表述"耕者有其田"思想的前几天还在说:"中国把社会上的人分成为士农工商四种。这四种人比较起来,最辛苦的是农民,享利益最少的是农民,担负国家义务最重的还是农民"②。中国国民党一大后农民运动的蓬勃开展使孙中山对这一问题的认识有了一个质的飞跃,认识到了农民的力量,认识到了农民的伟大,认识到了农村的重要性!正像我们前面已经提及的,在 1924 年 7 月 28 日参加广州农民联欢会演讲的最后他曾兴奋不已地展望:"大家能够奋斗,就可以成大功"③!

"耕者有其田"的思想在民生主义第三讲里多次提及,在当月 21 日广州农民运动讲习所第一届学员毕业典礼暨第二届新学员开学典礼上,孙中山又给予了较多的阐发。他说:"中国自古以来都是以农立国……中国的农民又是很辛苦勤劳,……要在政治、法律上制出种种规定来保护农民。中国的人口,农民是占大多数,至少有八九成,但是他

① 参见金德群:《中国国民党土地制度研究》,海洋出版社 1991 年 8 月版第 124 页。

② 孙中山:《在广州农民运动讲习所第一届毕业礼的演说》,见《孙中山全集》第十卷,中华书局 1986 年版,第 555 页。

③ 孙中山:《在广州农民联欢会的演说》,见《孙中山全集》第十卷,中华书局 1986 年版,第 467 页。

们由很辛苦勤劳得来的粮食,被地主夺去大半,自己得到手的几乎不能够自养,这是很不公平的"。那么怎么样才能解决这一问题呢? 孙中山特别提到了前几天召开的那次广州农民联欢会,指出召开这次会议"做农民的运动,不过是想解决这个问题的起点"。接着他话锋一转,引出了他的"正论":"至于将来民生主义真是达到目的,农民问题真是完全解决,是要'耕者有其田',那才算是我们对于农民问题的最终结果"①。

孙中山在这里一连用了两个"真是",可见他对"耕者有其田"的重视,对于采取这一政策给予的深切期望和厚望。孙中山还用了"最终结果"来表达实行"耕者有其田"这个最终目的的态度和决心,表明实现"耕者有其田"是检验真假解决好农民问题的"标准"和"试金石"。

为什么要实行"耕者有其田"呢? 孙中山接着给予了解释:"一般农民有九成都是没有田的。他们所耕的田,大都是属于地主的。有田的人自己多不去耕。照道理来讲,农民应该是为自己耕田,耕出来的农品要归自己所有。现在的农民都不是耕自己的田,都是替地主来耕田,所生产的农品大半是被地主夺去了"。这是很不合理的,很不正常的。

孙中山用他们从农村所获得的第一手材料来进一步说明:"农民耕田所得的粮食,据最近我们在乡下的调查,十分之六是归地主,农民自己所得到的不过十分之四,这是很不公平的"。正因为如此,"我们应该马上用政治和法律来解决"。如果实现了"耕者有其田",这种局面就会得到根本的解决,就会"大家都高兴去耕田",就不至于"许多田地便渐成荒芜,不能生产了"②。所以孙中山坚持"我们现在革命,要仿效俄国这种公平办法,也要耕者有其田,才算是彻底的革命"。所谓俄国的办法,就是"推翻一般大地主,把全国的田土都分到一般农民,让

① 孙中山:《三民主义》,见《孙中山全集》第九卷,中华书局1986年版,第399页。
② 孙中山:《三民主义》,见《孙中山全集》第九卷,中华书局1986年版,第399—400页。

耕者有其田,耕者有了田,只对于国家纳税,另外便没有地主来收租钱,
这是一种最公平的办法"①。

孙中山之所以能在此时提出"耕者有其田"的思想,最主要的原因
还是他对农民的地位的认识进一步深化,对农民在革命进程中的作用
认识得更加深刻,对农民的悲惨现状了解得更准确真切,对解决农民问
题的重要性和急迫性认识得越来越清晰。就像上文指出的,中国国民
党一大宣言十六条对内政策中有一半是民生主义问题,有四条关于土
地问题,有一条即第十一条仅这几个字"改良农村组织,增进农人生
活"。此后农民组织和农民运动等工作相继开展起来,农村和农民问
题的重视真是提到了前所未有的高度。

当然,客观地讲,孙中山对农民的认识是有偏见的,是不公允的,是
不正确的。他认为,农民"知识程度太低,不知道有国家大事,所以对
于国家很冷淡,不来管国事"②。

基于这一判断,所以他希望广州农民运动讲习所的学员们"到各
乡村去宣传,便要把三民主义传到一般农民都觉悟"。怎么样才能做
到这一点呢? 孙中山要求"先要讲农民本体的利益。……如果开口就
讲国家大事,无知识的农民怎么能够起感觉呢"? 虽然如此"麻烦",但
是孙中山还是谆谆告诫这些学员农民的重要性:"农民是我们中国人
民之中的最大多数,如果农民不参加革命,就是我们革命没有基础。国
民党这次改组,要加入农民运动,就是要用农民来做基础,要农民来做
本党革命的基础,……联络一般农民都是同政府一致行动,不顾成败利
钝来做国家的大事业,这便是我们的基础可以巩固,我们的革命便可以
成功。……农民就是中国的一个极大阶级。要这个极大的阶级都能觉

---

① 孙中山:《在广州农民运动讲习所第一届毕业礼的演说》,见《孙中山全集》第十卷,
中华书局1986年版,第556页。
② 孙中山:《在广州农民运动讲习所第一届毕业礼的演说》,见《孙中山全集》第十卷,
中华书局1986年版,第554页。

悟,都能明白三民主义,实行三民主义,我们的革命才是彻底"①。

孙中山强调,既然农民问题这么重要,那么就要关心和解决农民的贫疾,做到"耕者有其田"。"我们解决农民的痛苦,归结是要耕者有其田。……就是要农民得到自己劳苦的结果,要这种劳苦的结果不令别人夺去了"。这是实行耕者有其田的目的。至于办法,孙中山是这样设想的:"对于地主,要解决农民问题,便可以照地价去抽重税;如果地主不纳税,便可以把他的田地拿来充公,令耕者有其田,不至纳租到私人,要纳税到公家。像这样的办法,马上就拿来实行,一定要生出大反动力"②。

孙中山接着表现出了他的顾虑,当然也是一种周密性的考虑,是一种策略:"大家此时去宣传,一定要很谨慎,……你们更要联络全体的农民来同政府合作,慢慢商量来解决农民同地主的办法。让农民可以得利益,让地主不受损失,这种方法可以说是和平解决。我们要能够这样和平解决,根本上还是要全体的农民同政府合作"③。

显然,孙中山是想用和平的手段,用农民和地主都能接受的办法来解决土地问题,使农民和地主皆大欢喜。我们姑且不从理论上考究当时这种主张的依据正确与否,单从实践上看也是断难行得通的。既然要耕者有其田,那么肯定就要触动"大土地所有者"和各类土地拥有超过自身"耕种"能力者的利益,在这种情况下,用和平手段是很难平衡双方的权益的。当然,我们也应体谅孙中山的良苦用心和无可奈何,毕竟仅从客观上看当时孙中山他们的"管辖范围"还很小,并且还很不稳固,仅就这一点我们就已十分理解并想象中国国民党的处境的艰难及

---

① 孙中山:《在广州农民运动讲习所第一届毕业礼的演说》,见《孙中山全集》第十卷,中华书局 1986 年版,第 555 页。

② 孙中山:《在广州农民运动讲习所第一届毕业礼的演说》,见《孙中山全集》第十卷,中华书局 1986 年版,第 558 页。

③ 孙中山:《在广州农民运动讲习所第一届毕业礼的演说》,见《孙中山全集》第十卷,中华书局 1986 年版,第 558 页。

抉择的无奈。

正是基于种种正确和不正确的认识,孙中山虽然提出了耕者有其
田的思想,但认为现在还不能实施。就像上文所说的,他认为俄国把全
国的田地都拿来分到一般农民使耕者有其田并只对国家纳税的办法最
公平,但是,他又强调"如果我们没有准备,就仿效俄国的急进办法,把
所有的田地马上拿来充公,分给农民,那些小地主一定要起来反抗",
他认为这是必然的,是不希望这种局面出现的,因为这样"就是我们革
命一时成功,将来那些小地主还(免)不了再来革命。我们此时实行三
民主义,如果马上就要耕者有其田,把地主的田地都拿来交到农民,受
地的农民固然是可以得利益,失地的田主便要受损失"。而孙中山认
为这种情况一旦发生,地主和农民的反应是不一样的。"受损失的地
主……都很有觉悟,而一般农民都全无觉悟,如果地主和农民发生冲
突,农民便不抵抗"①。显然,孙中山的这种观点是不正确的,但的确是
现实的,其中也是中国国民党阶级性使然。在此就不详述了。

从上面可以清晰地看出,孙中山这一阶段平均地权思想的确有很
大的提高,可以说是一个升华。不仅特别强调了农民和农村的重要性,
而且还明确提出了"耕者有其田"的主张。当然,由于孙中山不久就
去世了,再加上这一思想本身就有缺陷和缺乏实施的基础和环境等,
平均地权和"耕者有其田"的思想此时也是基本限于理论和政策层面
上的提出而已。也可以说更多的是一种"策略",对此我们应该给予
理解。

总之,孙中山对三民主义特别是民生主义理论的探究是不断地向
前发展的。在这里我们想就孙中山对民生主义与社会主义关系的认识
再多说几句。虽然孙中山多次强调民生主义就是社会主义,但是这里

---

① 孙中山:《在广州农民运动讲习所第一届毕业礼的演说》,见《孙中山全集》第十卷,
中华书局 1986 年版,第 556—557 页。

的"社会主义"与马克思的科学社会主义理论相去甚远,有着本质的区别。而且,孙中山也认为马克思的理论并不适合中国。究其原因,从根本上讲,应该是以孙中山为代表的资产阶级革命党人的阶级属性使然,表面看来,是他们对马克思主义的理解把握和对中国社会现实的认识造成的。

在孙中山看来,经济社会的发展及问题的解决有革命和政治两种手段。对于前者,孙中山认为只适用于民族民主革命阶段。这两大任务完成后,就应采取和平的政治手段来解决社会问题。他指出,"照马克思派的办法,主张解决社会问题要平民和生产家即农工专制用革命手段来解决一切政治经济问题,这种是激进派。还有一派社会党主张和平办法,用政治运动和妥协的手段去解决。这两派在欧美常常大冲突,各行其是"①。

他认为"马克思的方法,所谓是'快刀斩乱麻'的手段;反对马克思的方法,是和平手段"。究竟该选择何种手段,是要根据不同国家的情况而定的,"无论是采用和平的办法或者是激烈的办法,现在还是看不出,还是料不到"②。

但是,在孙中山看来,在已经用革命手段"快刀斩乱麻"了的俄国事实证明马克思的办法也不成功。"俄国当初革命的时候,本来想要解决社会问题的,……但是革命的结果,……和所希望的恰恰相反"③,"英国、美国那样的发达,还是不够实行马克思的办法。俄国的社会经济程度尚且比不上英国、美国,我们中国……又怎么能够行马克思的办法呢?所以照马克思的党徒,用马克思的办法来解决中国的社会问题,是不可能的"④。所以他认为马克思主义就更不适合中国了。

---

① 孙中山:《三民主义》,见《孙中山全集》第九卷,中华书局 1986 年版,第 378 页。
② 孙中山:《三民主义》,见《孙中山全集》第九卷,中华书局 1986 年版,第 379 页。
③ 孙中山:《三民主义》,见《孙中山全集》第九卷,中华书局 1986 年版,第 378 页。
④ 孙中山:《三民主义》,见《孙中山全集》第九卷,中华书局 1986 年版,第 392 页。

孙中山对中国社会现实的认识也是导致这一结果的重要原因。在
孙中山他们看来"现在中国没有大地主，只有小地主和一般农民，这般
小地主和农民的财产同俄国地主和农奴的情形比较起来，还是很平均
的"，但是，孙中山特别强调："就我个人心理上的比较，从前俄国农奴
所受的痛苦要少，现在中国农民所受的痛苦要厉害得多"①。也就是
说，孙中山认为中国虽然没有大地主，但农民的苦难和贫困则要严重
得多。

正是基于上述种种认识，孙中山得出结论："中国今日是患贫，不
是患不均。在不均的社会，当然可用马克思的办法，提倡阶级战争去打
平他；但在中国实业尚未发达的时候，马克思的阶级战争、无产专制便
用不着。所以我们今日师马克思之意则可，用马克思之法则不可。我
们主张解决民生问题的方法，不是先提出一种毫不合时用的剧烈办法，
再等到实业发达以求适用；是要用一种思患预防的办法来阻止私人的
大资本，防备将来社会贫富不均的大毛病。这种办法才是正当解决今
日中国社会问题的方法，不是先穿起大毛皮衣，再来希望翻北风的方
法"②。

总之，在孙中山先生去世前，他的民生主义理论特别是平均地权和
耕者有其田的宏伟蓝图并没有得以真正地实现，大多只是理论上和政
策上的设想而已。这是当时种种社会历史条件下的必然结果，给我们
留下了太多的无奈，太多的思考。即使中国国民党取得全国政权后，也
没有认真地去实现平均地权，没有做到耕者有其田，直至其在大陆统治
的崩溃……

---

①　孙中山：《在广州农民运动讲习所第一届毕业礼的演说》，见《孙中山全集》第十卷，
中华书局 1986 年版，第 556 页。
②　孙中山：《三民主义》，见《孙中山全集》第九卷，中华书局 1986 年版，第 392 页。

第三章　南京国民政府时期的土地问题

第一节　北洋政府时期的土地问题

1924 年 4 月 1 日,孙中山正式解除了中华民国临时政府临时大总统的职位,将权力让给了袁世凯,中华民国进入了北洋政府统治时期。1928 年 7 月北伐军攻入北京,12 月 29 日,张学良在东北通电"改旗易帜",将北洋政府的五色旗改换成南京国民政府的青天白日旗,北洋政府的统治正式画上了句号。

纵观这一时期,虽然期间政权叠更,政局混乱,"城头变幻大王旗",但就其社会性质来说仍然属于半殖民地半封建社会,就其政权性质来说除了袁世凯短暂的"洪宪帝制"外还是没有摆脱资产阶级共和国的"窠臼"。

一、重视农业,清丈田亩

袁世凯统治的几年时间里,在土地问题上虽然没有孙中山在广州政权期间那样重视,但也还是采取了一些措施解决土地问题和农业问题的。袁世凯的继任者们有的也曾多多少少有过"动作",但总的说来收效甚微。究其原因,最根本的是这是一个"有枪便是草头王"的时代,没有一个统一的强有力的中央政权,"大小诸侯"各自为政,由此产生的巨额"财政负担"必然要转嫁到老百姓的头上。执政者最主要的精力是忙于铲除异己、巩固"地盘"、增加"收入",就是涉及土地和农业方面的改革举措,更多的目的也是为了增加"财政收入",所以由此引申出的是附加在田地上的各种多如牛毛的附加税和其他名目更加繁多的苛捐杂税。

1912 年 9 月 30 日,经袁世凯批准,北洋政府颁布了《农政纲要》。这是这一时期第一个关于鼓励垦殖荒地的法令。其内容并不多,只有31 条。该法令的气势还是相当恢弘的,理想和目标是相当远大诱人的,确实令人鼓舞。法令表示要让中国"北部无旷土,南部无饥民",要"仿古代井田制度及美洲田舍授与规则……民人领垦荒地,即以此项田方授与之"①。

井田制是古代所谓没有"贫富不均"的"土地公有"制度,令多少仁人志士所向往并试图恢复。"改汉代新"的王莽曾努力过;孙中山也曾宣称他的民生主义与井田制一脉相承。美国的"西进运动"极大地促进了美国的发展和进步,并诞生了一个令人神往的"西部牛仔"的美丽形象。该法令以此作为目标和期望,的确还是很有号召力和吸引力的。

《农政纲要》涉及荒地开垦的条款也还算可观,共四条,占十分之一强,但内容过于简单、笼统,除了上面提及的"民人领垦荒地,即以此项田方授与之"外,还有国家鼓励"移民东北、西北,开屏官荒"、"提倡国民移垦"等,都是相当粗略,显然就是一些原则甚至是"官话"、"套话"②。

孙中山南京临时政府曾设实业部,农、林、工、商各业皆受其管辖。袁世凯北京政权建立后,把实业部的职能拆开了,分设农林部和工商部。这一拆分有两个目的,一是为了方便安排错综复杂的人事,二是为了重视这几个重要的国民经济部门。用袁世凯在参议院第一次宣布政见时所说的话说,就是中华民国成立应"以实业为先务……尽协助、提

---

① 《中国年鉴》第一回,上海商务印书馆 1924 年版,第 1103 页。
② 张丕介:《垦殖政策》,商务印书馆 1942 年版,第 109—110 页;转引自虞和平:《民国时期的资源勘查和开发》,《近代史研究》1998 年第 3 期。

倡之义"①。

近代著名实业家张謇 1913 年 9 月开始担任农林部和工商部两个部的部长。这位"状元实业家"准备一试身手，在 12 月提出了将两部合并为农商部的构想，得到了袁世凯的同意。袁世凯在当月就公布了《农商部官制》，次年 7 月，北洋政府又公布了《修正农商部官制》。这些政府部门的拆分合并是有利于发展农业和其他各业的，由此也可看出袁世凯在上任伊始在发展实业方面还是比较积极认真的。

中国近代可谓多灾多难。生活在最下层的黎民百姓更是痛苦不堪，表现在作为那个时代最重要的生产资料的土地上面更是混乱不堪，特别是经过清末鼓励开垦荒地和部分旗地放垦后，土地问题更是乱象丛生。本来，官府对各地的土地状况就很难准确地掌握，到了这时就更困难了。与此同时，农民无地和少地的状况也没有得到解决，在这种情况下，袁世凯决定设立经界局。他要求内务部会同财政部商定清丈田亩的办法，由经界局负责丈量土地的相关事宜，包括制定土地丈量的大政方针、实施准则等。

对于土地的清丈，袁世凯刚开始是很认真的，1914 年，他颁布了《清丈地亩令文》。因为考虑到这项工作的难度和阻力，决定先行试点，待取得经验后再行推广，所以当时规定"先由京兆区域筹办清丈，依次推行"。为了迅速开展这项工作，还立刻在京兆地区"派丈员设局编制"②。但是，由于清丈田亩触动了利益集团的利益，实行起来困难重重，很难向前推进，京兆地区及各地都有"变乱相寻"，当时的局势本来就风雨飘零，再加上"清丈田亩"，势必更加动荡不安，结果是"国家

① 荣孟源、章伯锋主编：《近代稗海》第三辑，第 38 页；转引自张静如、刘志强：《北洋军阀统治时期中国社会之变迁》，中国人民大学出版社 1992 年版，第 16 页。
② 《中国年鉴》第一回，上海商务印书馆 1924 年版，第 504 页；转引自王萍：《北洋政府时期的农业政策》，第 19 页，山东大学中国近现代史专业 2005 届硕士学位论文。

恐田地丈量,徒增骚扰",于是决定"未行丈量者,暂缓办理"①。这一工作半途而废。

不过,这项工作在地方上还是取得了相当的成效的。其实,清丈田亩的同时也在继续对清王朝的禁垦区实行"放田",也可以说开放禁垦区是清丈田亩的一项重要内容。东北三省是清王朝的发祥地,存在着大量的禁垦地。吉林省和黑龙江省在 1914 年就开始对官庄进行整理,允许原官庄的庄丁离开官庄,摆脱农奴的"窠臼",成为自由人。

奉天省动作稍慢一些,但比较有力量有实效。1915 年 4 月,奉天省颁布了《奉天全省官地清丈局章程》,规定全省所有的官庄地都要"丈放给一般人民,做为纯粹私有地"②。绥远省也颁布了《绥远清理地亩章程》。北洋政府内务部亦于 1925 年 11 月 10 日公布过《京兆旗产地亩清理章程》,规定"京兆各项旗产地亩,凡租权、佃权分主,而无完全所有权者,无论租主已未投报升科,应依本简章之规定,一律由佃户留置"③。很显然,该规定是充分考虑和保护了土地的实际耕种者的利益的,应该给予充分的肯定。

采取了这些措施后,土地的私有化速度和程度当时是相当高的,时人对此已经予以关注。据中东铁道经济调查局的统计,在 1917—1920 年间"私有地也急剧增加。吉、黑两省官有地自 43%减为 27.9%,公有地自 7%增为 8.6%,私有地则自 50%增加到 63.5%。日人铃木氏认为这些数字虽不尽可靠,但私有地增加的倾向,是不可否认的"④。当时边远省份和地区如黑龙江、辽宁、吉林、热河、察哈尔、绥远等土地的私

① 《中国年鉴》第一回,上海商务印书馆 1924 年版,第 504 页。转引自王萍:《北洋政府时期的农业政策》,第 19 页,山东大学中国近现代史专业 2005 届硕士学位论文。

② 张静如、刘志强:《北洋军阀统治时期中国社会之变迁》,中国人民大学出版社 1992年版,第 40—41 页。

③ 彭明主编:《中国现代史资料选辑》第二册(本册编者,金德群),中国人民大学出版社 1988 年版,第 67 页。

④ 《东方杂志》第 32 卷 19 号。

有化程度最高,随着这一工作的快速向前推进,大量的官田、公田和屯田不断变成了私人的"囊中物"。"1905—1929 年,黑龙江 95%的土地均归私人所有。……在 1887 年,各种官田和屯田占全国耕地面积的18.8%,1929—1933 年间,已减至 3.3%。国有土地迅速私有化"①。

二、荒地放领,奖励垦殖

与此同时,北洋政府还开展了大规模的垦荒行动。为了规范有序地做好这些工作,在袁世凯的支持下,在张謇的直接领导下,1914 年 3 月 3 日,北洋政府颁布了《国有荒地承垦条例》。该条例分为六部分,分别为总纲、承垦、保证金及竣垦年限、评价及所有权、罚则和附则等,共 29 条。"总纲"明确规定了所谓"国有荒地"的范畴,即"江海、山林新涨及旧废无主未经开垦者"都是该条例所指的国有荒地。对于这些荒地,"除政府认为有特别使用之目的外,均准人民按照本条例承垦"②。条例的第三条则明确规定和限定了成为承垦人的"条件",说来其实很简单,那就是"凡承领国有荒地开垦者,无论其为个人或法人,均认为承垦权者"。这种规定即简单明了又切实可行,具有可操作性,可以说是大庭广众之下的"阳光运作"。一般平民百姓都能看得很清楚,只要是通过政府认领了荒地,并且没有闲置在那里,而是进行了开垦,这是唯一的两个条件,如果同时具备了这二者,那么不管其为自然人还是法人,自然都被承认为合法的国有荒地承垦人,他们也就都被视为拥有该荒地的"承垦权"③。

---

① 张静如、刘志强:《北洋军阀统治时期中国社会之变迁》,中国人民大学出版社 1992 年版,第 40—41 页。

② 《时事汇报》1914 年 5 期,第 14 页;转引自王婷婷:《北洋政府时期的土地政策探析》,《大观周刊》2012 年第 29 期。

③ 章有义:《中国近代农业史资料》第二辑,三联书店 1957 年版,第 652 页;转引自王丹:《试论北洋军阀政府的垦殖政策——以民国三年颁布的〈国有荒地承垦条例〉为例》,《兰台世界》2009 年 6 月上半月。

当然,该条例也对承垦人给予了严格的限制。第四条明确规定："前条之个人或法人之团体权,非有中华民国国籍者,不得享有承垦权"①。也就是说,要想取得国有荒地的承垦权,依法拥有中华民国的国籍是必须具备的法定条件。这就充分保证了国家的土地不会流入外国人的手中,有效地避免了中国的主权受到侵犯的可能性。

对于这条规定我们认为在当时的特定历史条件下是可以充分理解的,是正确的。我们不能用今天的眼光来分析看待这一限定。今天全球经济越来越一体化了,越来越密不可分了。一损俱损,一荣俱荣。国家之间的"侵略"也越来越隐蔽,在某种程度上不是那么"赤裸裸",表明看来好像是越来越趋向于缓和,双方所获得的利益差距在逐步地减小。侵略的方式也改变了过去的动辄明目张胆地斥诸武力的做法,不到万不得已不会战争相见;"经济侵略"更多地取代了"军事侵略"。反观中国近代史和世界近代史我们就会发现,其侵略方式和今天正好相反。地球上那时也正是"有枪便是草头王"的时代,到处硝烟弥漫,炮声隆隆,弱小国家的主权备受侵犯。北洋政府正是基于这种特定的时代背景下才制定了这一限制条件。

条例"承垦"部分要求承垦人必须向政府呈递书面承领土地申请书,其内容应当包括呈请人的基本状况,例如姓名、年龄、籍贯和住所等,还要包括意欲承垦的土地的地形、垦荒之地的界限、种类、地势、水利建设和开垦的经费等。呈请书经有管辖权的官署核准后还应当报农商部。

"保证金及竣垦年限"明确规定了保证金的数额。条例第七条规定:"承垦人提出呈请书,经该管官署核准后,须按照承垦地亩每亩纳银一角,作为保证金"。承垦人缴纳了保证金后官署应当制作承垦证

---

① 章有义:《中国近代农业史资料》第二辑,三联书店 1957 年版,第 652 页;转引自王丹:《试论北洋军阀政府的垦殖政策——以民国三年颁布的〈国有荒地承垦条例〉为例》,《兰台世界》2009 年 6 月上半月。

书发给承垦人,其内容除了应当包括呈请书中的全部内容外,还有承垦荒地的核准日期和缴纳的保证金数据等。对于竣垦年限的规定则是根据承垦人承垦田亩的数量区别对待的。条例将国有荒地分为三大类,即草原地、树林地和斥卤地,承垦数额未满一千亩的竣垦年限最少,为一年;一万亩以上的则为十一年。条例第十一条规定:"承垦人受领承垦证书后,一月须设立界标或开界沟",接着,比较详细地规范了承垦人的权利义务。"承垦人受领承垦证书后,每年度之初,一月内须报告其成绩于该管官署,如满一年尚未从事堤渠疆里工程或开垦者,即撤销其承垦权",当然,接着又作了排除性的规定:"但因天灾地变及其他不可抗力,曾经申明而得该管官署之许可者,不在此例"。很显然,这一规定即有严格的法律界限,又充满了人性化。孰是孰非,一目了然,具有可操作性①。

　　该部分内容对承垦权特别重视,这是必然的。承垦权也就意味着未来土地的所有权,是来不得半点马虎的。条例第十三条规定:"已满竣垦年限尚未权垦者,除以垦地外,即撤销其承垦权;但因天灾地变及其他不可抗力而致此者,得酌量展期"②。这条规定又一次既显示了法律的严肃性,又体现了法律的灵活性。到了承垦人自己确定并经核准的竣垦期限届满后,当然应该按照约定如期完成任务。如果没有按时完成,不管是什么原因,除非天灾地变等不可抗力,说明承垦人已没有能力在约定的期限内完成所领荒地的开垦,自然应该丧失继续开垦的权利。这是法律的尊严之所在,任何人都不能侵犯。然而,确实有种种我们无法预知的不可抗力存在着,所以条例又排除了特殊情况,充满了人性化。这种人性化表现在两方面,一是对于已经完成了的垦殖荒地的所有权的认定,这部分的权利仍然属于承垦者,但是剩余荒地的承垦

---

① 章有义:《中国近代农业史资料》第二辑,三联书店1957年版,第652—653页。
② 章有义:《中国近代农业史资料》第二辑,三联书店1957年版,第653页。

权则必须交回;二是对于不可抗力的"理解",凡因天灾地变和其他不可抗力造成未能按时完成任务者,则必须给他们适当的宽限时间继续开垦。条例还对承垦权的继承和转移进行了明确的规范:"承垦权得继承或转移之,但须呈请该管官署核准"①。

在"评价及所有权"部分里,条例按照肥瘦贫瘠等的不同对承垦地进行了分类,共划分为五个等级的"地价"。第一等是产草丰盛的垦地,地价为每亩一元五角,最后一等是指卤赤砂矿不产草的垦地,地价为每亩三角。条例的第十九条规定:"地价按每年竣垦亩数缴纳",但是,缴纳的地价款实际上并不需要承垦人用现金支付,而是"以所缴纳之保证金抵算"。北洋政府对地价的设置是一把"双刃剑"。一方面收取地价能够体现了国家的土地所有权,增加政府的财政收入,但是另一方面也多多少少会影响承垦人的经济收入和开垦的积极性,对此条例是给予了一定的补救或者说是变通的措施的,那就是对于提前完成竣垦任务的承垦人根据提前完成的年数的多少对地价予以减免。这一规定有利于提高承垦人的积极性,加快承垦荒地的开垦速度,于国于民都是一件大好事。承垦人缴纳地价后,该管官署应当按照承垦人实际缴纳的地价亩数颁发垦地所有权证书。

"罚则"部分明确规定了处罚办法。第二十四条规定"本条例施行后,凡未经该管官署之核准私垦荒地者,除将所垦地收回外,每一亩地处以三元之罚金。"接下来是对违反条例条款的处罚规定,如违背了第十六条"承垦权得继承或转移之,但须呈请该管官署核准"规定后,除了要撤销承垦权外,还要处以一百元以上二百元以下之罚金②。这些惩罚措施的明确规范有利于条例严肃认真地得以贯彻执行。

"附则"对条例的适应范围、条例的实施时间以及擅自开垦国有荒

---

① 章有义:《中国近代农业史资料》第二辑,三联书店 1957 年版,第 653 页。
② 章有义:《中国近代农业史资料》第二辑,三联书店 1957 年版,第 654 页。

地者补交地价的时间等给予了明确的规定。

《国有荒地承垦条例》颁布四个多月后,农商部制定并颁布了《国有荒地承垦条例实行细则》。该细则共 18 条,明确规定了一些难以掌握和把握的问题和事项,规范了荒地承垦的具体事宜,例如规定由各县知事具体负责其辖区内国有荒地的勘察,还要负责承垦人的编列号数工作。细则对承垦权取得先后顺序、竣垦年限的起算、承垦地价登记册及呈报、承垦证书的领取、承垦权的继承和转移等都给予了明确的规范。意识到在罚金等方面存在着一些问题,袁世凯对《国有荒地承垦条例》进行了修订,并于 1914 年 11 月 11 日颁布了《修正国有荒地承垦条例》,其内容主要就是关于罚金的修正和补充。

《国有荒地承垦条例》的颁布和实施是北洋政府时期开垦荒地、整理土地和增加政府财政收入的一个重要举措。这不仅是一项关系到国计民生的大事,而且也有利于促进社会的安定和谐,改善人民的生活,其积极意义是很明显的。当时除中央层面上的重视和“身体力行”外,地方上有的也相当重视,例如吉林就出台了《吉林全省放荒规则》,奉天颁布了《奉天试办垦(山)荒章程》。这其中,黑龙江的情况尤为引人注目。《黑龙江放荒规则》、《黑龙江招垦规则》、《黑龙江清丈规则》等“集体”密集问世①,将土地的放荒、招垦和清丈结合起来开展工作。这种几乎同时展开的“立体化”、“集约化”的运作模式是罕见的,也足以表现其决心和勇气,大有不收到实效决不罢休的姿态。

为了大力推进这项工作,袁世凯在 1915 年 7 月颁布了《农商部奖章规则》。这个规则条款并不多,其中有这样的规定:“承垦大宗荒地,依限或提前竣垦者,其竣垦亩数在 3000 亩以上”者可以给予奖励②。

---

① 参见杨俊海:《清末民初东北移民政策的法制化进程——基于招垦章程的分析》,《黑龙江史志》2008 年第 22 期。

② 《东方杂志》第 12 卷第 9 号,法令;转引自王萍:《北洋政府时期的农业政策》,山东大学 2005 届中国近现代史专业硕士论文,编号 20050510。

对开垦荒地的奖励不仅体现在某些特定的法规中,而且还专门颁布过纯粹奖励性质的法律,这就是 1915 年 11 月颁布的《垦辟蒙荒奖励办法七条》。该办法对奖励的对象给予了限制:"凡蒙旗院奖各该旗地亩报垦,或照章划留领照之地自行垦种成熟者,及本国领垦蒙荒者,得酌以奖励。"也就是说,奖励的对象共分三类,分别是原来蒙旗地区曾经向官署呈报过垦殖荒地的,或者开垦按照规定可以开垦的荒地并已经垦殖成熟了的,或者是具有中华民国国籍并在蒙地呈请垦殖荒地者都应当酌情给予奖励。不同的垦殖者具体的奖励办法也不同,分别是:"凡将本旗地亩报由国家放垦地在 1000 方以上者,给予勋章;5000 方以上者,给予栅卫处各职衔;10000 方以上者,晋给爵衔";第二种情况的奖励办法则是"垦竣五千方以上者,给予勋章;10000 方以上者,给予栅卫处各职衔"。奖励办法也充分考虑到了荒地的垦殖者大多都是很有地位的,有足够的实力和势力的,所以特别规定:"爵位过崇,无衔可加或及业经给过最高勋章者,给予匾额或别项荣典"[①]。从这个规定可以清楚看出北洋政府鼓励开垦蒙荒的急迫心情和支持力度。

北洋政府对土地问题的重视表现较多。除了上面提到的外,还有一些。1915 年 10 月,北洋政府曾经颁布过《土地收用法》。该法明确了国家是土地收用的主体。当国家在军备、建设、教育、水利、卫生、防灾以及官署的建造等方面需要使用土地时,依据该法律征用土地。这种征用不是无偿的。国家应当给予土地的合法拥有者合理的补偿。具体补偿办法规定应该将补偿分成两部分:一是土地本身的市场价值,二是土地上的附属物或者是土地的收益,这一部分的补偿标准按照市场的价格来确定。这二者都需要给予补偿。值得注意的是,土地收用的对象并不仅仅限于普通的平民百姓的私有土地。国家只要出于上述所列的种种使用土地目的的需要,即便是公有的土地甚至是国有的土地

---

① 章有义:《中国近代农业史资料》第二辑,三联书店 1957 年版,第 654—655 页。

亦毫不例外地在收用之列。纵观这部《土地收用法》，我们发现了一个有趣的现象。晚清政府在预备立宪期间曾经颁布过《钦定宪法大纲》，其内容有很多是参照了明治维新时期的《日本帝国宪法》，甚至有相当条款是照搬的。这部《土地收用法》也有这一显著的特点。

除了有明确的法律规范外，还设置了土地垦殖的管理机构。垦务局是当时各地特别是东北、西北地区成立的管理机关的普遍名称。黑龙江1914年就设置了垦殖局。到1915年，设置这一机构的省份还有江苏、绥远、察哈尔等地共8所。以后又陆续设置了吉林清查土地局、湖南清理湖田局、热河东西扎特鲁垦务总局等。张作霖随着统治地盘的不断扩大也在不断地垦殖土地、进行移民。张作霖"在东蒙设立垦务局，对凡愿移往开垦的农民，发给旅费、种籽和农具，还规定新垦土地免租三年"①。

由于上述种种措施的实施，北洋政府时期的耕地面积有了明显的增加，特别是东北地区。据统计，1920年"关东区的耕地有1559809华亩，其中7063亩为稻田。与1911年的1249718亩（其中稻田占2231亩）相比，耕地面积增加了将近25%"②。从这个数据我们就能"窥豹一斑"。

三、官僚豪强，中饱私囊

开垦荒地的措施以及其他类似的相关举措使国家增加了大量的耕地面积，也在一定程度上促进了农业生产的发展，对社会的稳定和人民的安居乐业也有一定范围内的改善，但总的说来效果还是不明显。特别值得引起我们注意的是，对于当时土地方面面临的最严重问题，上面所做出的这些努力不但没有得到解决，反而有加重的趋势，其状况可以说进一步地恶化。这些最严重的问题就是土地占有的严重不均。土地越来越集中到少数人的手中，且集中程度越来越高；无地和少地的人数

①　张静如、刘志强：《北洋军阀统治时期中国社会之变迁》，中国人民大学出版社1992年版，第41页。

②　章有义：《中国近代农业史资料》第二辑，三联书店1957年版，第658页。

越来越多,程度也越来越严重。

　　本来,土地占有的严重不均在中国封建社会里就一直存在着。到了清末,这种状况依然十分严重,大大小小的军阀官僚都拥有大量的土地。国民政府农村复兴委员会1934年在《河南省农村调查》中就说:"袁项城(即袁世凯)从前在彰德、汲县、辉县等地有田产四百顷左右,……徐世昌在辉县有五十多顷地,……罗山大地主刘楷堂,曾任云南总督,拥有土地二千七百多石,约合二万五千亩,他从前买地,买心不买边,都是拣的好地"①。值得引起我们注意的是,这里的数字并不是这几个人所拥有的全部土地数量,而只是其中的一部分,仅仅限于河南一省而已。日本人田中忠夫在其所著的《中国农业经济研究》中说"河南袁世凯家,占有着彰德所有地底约三分之一"②。

　　当时这种军阀官僚地主大量占有土地的情况在各地是相当普遍的。1930年3月《东方杂志》27卷6号的一篇文章对此予以了深刻的揭露:"在[江苏]徐海一带,每县可以找到一家、二家或几家有一百顷(一万亩)、二百顷或更多的田地。……在江北,军阀官僚仍然以宦囊来吸收土地。比如李厚基[一九一三——二二年间历任福建镇守使、护军使、巡按使、督军、省长等职]就有二百多顷地。至今江北各县闹着没收逆产的案件,很大都是像李厚基那么情形"③。

　　我们知道,清末民初政府大力提倡垦殖荒地,对开垦成绩突出者并给予奖励。在这一大规模的垦荒过程中,还曾产生了一大批中国近代新式农垦企业。对此前面有过专门论述。而这里提及的"徐海"、"江北"地区正是这种新式农垦企业创设比较多的区域。这也正是这些地

---

①　彭明主编:《中国现代史资料选辑》第一册,本册编者,金德群,中国人民大学出版社1987年版,第1页。

②　彭明主编:《中国现代史资料选辑》第一册,本册编者,金德群,中国人民大学出版社1987年版,第2页。

③　彭明主编:《中国现代史资料选辑》第一册,本册编者,金德群,中国人民大学出版社1987年版,第1页。

方土地集中程度较高的一个原因,恰恰说明了北洋政府的垦荒举措进一步促使了土地更大范围的集中。

北洋政府对荒地的大量放垦使大批人意识到这是一个"大发横财"的绝好机遇,纷纷"赤膊上阵"准备捞个"盆满钵满",连作为北洋军阀政府统治者中的重要一员、后期成为这一政府"首脑"的张作霖也不顾"身份","奋不顾身向前冲"。他对土地的占有和大肆掠夺是十分惊人的,其他奉系军阀当然也都毫不示弱。满铁经济调查会在 1934 年的《满洲经济年报》里对此有比较详细的记载:"伴随着新垦地的大放,军阀官僚及与其相勾结的商业资本家这种原始蓄积——强力掠夺的事例,我们知道许多件"。接着,该年报详细列举了具体年代和比较具体的数字对此予以一一说明:"民国五年,张作霖强迫开放达尔汉亲王旗辽河南北沃土四千余方(每方 45 垧),张作霖及其岳母王老太太、鲍贵卿、冯麟阁等分割了千余方的事;民国十一年(1922 年),张作霖占有了通辽以西沃土二千八百余方的事";张作霖的亲信、担任过"东三省保安总司令"并与张作霖在皇姑屯事件中一起殒命的吴俊生也如法炮制,在民国十一年"强迫博多勒格台旗将斯卜海的土地两千垧租借九十九年,十四年,按每垧奉票五十元强迫租借博旗阿林塔拉最上耕地五千垧的事"。不仅如此,他还和另一位奉系军阀、位居"总参议"之职的杨宇霆合伙共同"为非作歹":"是年吴俊生和杨宇霆同时蚀占博旗松林哈塔耕地二千二三百垧的事(见蒙古自治筹备委员会'国联调查委员会陈情书')等,几乎不胜枚举"①。应该说,这段史料有具体的时间、地点、数字、当事人和见证人等,还是比较切实可信的。

在军阀官僚地主的疯狂掠夺吞并下,土地的集中程度是相当惊人的。曾经在中国特别是在广州地区进行过实际调查研究的马扎亚尔在

---

①　彭明主编:《中国现代史资料选辑》第一册,本册编者,金德群,中国人民大学出版社 1987 年版,第 1—2 页。

其《中国农村经济研究》一书中指出:"一八八一年……江苏之江北区域百分之七十至八十的耕地为出租,而江南(因太平天国之乱消灭了该地的地主)则百分之九十的土地是在土地私有者的农民手中。现在江苏之南部也只有百分之三三点一的耕场是为土地私有者所耕种,百分之三九点七为佃农所经营,百分之二七点二为半佃农所经营。……地主、官僚、商人与高利贷者在六十年的过程中将江苏南部全耕场之百分之三十五,从农民的私有变为地主的私有了"①。

在"天子脚下"的直隶省附近土地的集中程度也很明显。日本人长野郎在其所著的《中国土地制度的研究》一书中指出,根据直隶北部二十省的实际调查,"地主之最大的,由六七千亩至一万亩,这种大地主数十个村庄中有一户……普通中地主,为千亩以内,这种地主一村有一二户……三四百亩的小地主,其数目也不少"②。

总之,虽然北洋政府采取了放荒垦地、发展农业生产的一系列举措,但由于当时政局不稳,社会动荡,既没有一个强有力的统一国家政权,又不能保证这些举措得以真正认真地贯彻执行,最根本的是当时的统治者不管怎么变换都不能代表最广大的普通民众的切身利益,虽然也取得了一些实效,但最终还是不能解决人民的疾苦,"耕者有其田"的理想更不可能实现。

第二节　《土地法》的制定及实施的"流产"

南京国民政府在大陆统治期间制定了一些土地方面的法律法规,

---

① 彭明主编:《中国现代史资料选辑》第一册,本册编者,金德群,中国人民大学出版社1987年版,第16—17页。

② 彭明主编:《中国现代史资料选辑》第一册,本册编者,金德群,中国人民大学出版社1987年版,第67页。

各省市也制定了许多地方性的法规,加起来数量还是很可观的。据统计,仅在土地革命战争期间(1927 年—1937 年)"地政法规及各省市地政单行章则不下 240 余种"①。在这些法律法规中,《土地法》是很有分量的,是一部大法典,在诸多土地问题的法律规范中起到了"土地法规中的宪法"的作用。该法以后经过多次修订,至今在台湾地区仍然继续实施。

一、《土地法》的制定

(一)制定的原则和依据

我们知道,北伐军是在 1928 年 7 月攻进北京的。是月全国除东北外都站在了南京国民政府的大旗下。在张学良宣布"东北易帜"的前一个月即 1928 年 11 月,立法院院长胡汉民和立法院副院长林森就着手进行《土地法》制定的准备工作。他们具体拟定了九条《土地法原则草案》。他们确定《土地法》立法的指导思想是孙中山的民生主义理论,特别是其中的"平均地权"和"地尽其利"思想,总的原则是"以总理主张为依据,参以单威廉顾问在广州时讨论之结果"②。这里所谓单威廉在广州时讨论的结果是指他主持拟定的《土地登记测量及征税条例》。除此以外,也要参照世界各地的相关法规。

这九条原则分别是:(一)征收土地税以地值为根据;(二)土地税率采渐进办法;(三)对于不劳而获的土地增益行累进税;(四)土地改良物之轻税:(五)政府收用私有土地办法;(六)免税土地;(七)以增加地税或估高地值方法促进土地之改良;(八)土地掌管机关;(九)土

---

①　朱子爽:《中国国民党土地研究》,国民图书出版社 1943 年版;转引自金德群:《中国国民党土地政策研究》,海洋出版社 1991 年版,第 183 页。

②　朱子爽:《中国国民党土地研究》,国民图书出版社 1943 年版;转引自金德群:《中国国民党土地政策研究》,海洋出版社 1991 年版,第 200 页。

地权移转须经政府许可等①。国民党中央执行委员会对此高度重视,于 1929 年 1 月 16 日专门召开了中央政治会议第 171 次会议,对这些原则进行了审查讨论并予以通过,批准将其作为《土地法》制定的原则和依据。立法院据此开始了该法的起草制定工作。

《土地法原则草案》说得很清楚:"国家整理土地之目的在使地尽其用并使人民有平均享受使用土地之权利,总理之主张平均地权其精意尽在乎此。欲求此主张之实现防止私人垄断土地以谋不当之利;对土地本身非因施以资本和劳力所得的增益应归公有。为达到此目的之唯一最有效的手段为按照地值征税及征收土地增益税之办法"②。显然,该法是紧紧以孙中山先生的"平均地权"思想为中心的,其目的是为了实现"平均地权"和"耕者有其田"的最终目标,是要使全体国民在享有和享用土地的使用权上具有平等性。要避免不劳而获局面的出现,不能让拥有土地的人获得没有资本和劳动的加入而产生的"土地收益"。杜绝这种问题出现的最有效最明显也是唯一的办法就是按照土地的价值征税并征收土地增益税。

(二)《土地法》的内容

本来,南京国民政府的初衷是制定关于土地问题方面的单行法规的,但立法院起草委员会经过多次讨论最后决定还是制定一个类似于《拿破仑法典》式的"大法律"比较合适,也与数十年来四分五裂混乱不堪的局面终于得以"大一统"的"太平盛世"相适应,不管这种统一是实际也好,还是表面也好。于是,将原拟各单行法规的总则、总纲意义上的部分合并在一起作为该法典的第一编"总纲",其余各拟单行法规分

---

① 参见杨士泰:《清末民国地权制度变迁研究》,中国社会科学出版社 2010 年版,第 222 页。

② 吴尚鹰:《土地问题与土地法》,中国国民党广东省执行委员会党务工作人员训练所编译部,1931 年,第 159 页;转引自罗旭南、陈彦旭:《民国十九年土地法研究——以民生主义为视角》,《广东社会科学》2012 年 5 期。

别作为一编,在整合起草的过程中又增加了土地登记方面的规范。这样,草案形成后共有五编,分别是:总则;土地登记;土地使用;土地税和土地征收。一共 397 条。其中"绝大多数的条款是关于土地行政法规和土地税征收的财政法规,其中 346 条规定了这两方面的内容,只有 51 条是土地关系的法规"①。草案历时一年半后终于在 1930 年 6 月 14 日制定完成,在立法院三读获得通过后由国民政府于当月 30 日予以公布。

《土地法》第一编"总则"部分共五章 35 条,涉及"法例"、"地权"、"地权限制"、"公有土地"和"地权调整"等,涵盖了法律意义上的土地概念、土地所有权的取得和转让、法律的实施、土地的重划和测量以及地政机关与土地裁判所等方面。其中特别值得一提的是关于土地所有权的规定。

我们知道,土地所有权问题是整个土地问题中的最主要内容,是核心之所在,是重中之重。该法对此给予了充分的重视。在第一编第二章第 7 条中是这样规定的:"中华民国领域内之土地,属于中华民国国民全体,其经人民依法取得所有权者,为私有土地",也就是说,该法承认此前人民用合法手段取得的土地所有权并给予法律保护,然而,接着对此又给予了限制和补充:"但附着于土地之矿,不因取得土地所有权而受影响。前项所称之矿,以矿业法所规定之种类为限"②。南京国民政府是奉行土地的全民共有的,依法取得土地私有权的人不能因此影响国家的土地所有权,所以附着在土地之下的矿产资源不能归土地私有者所有。

除此以外,该法还对土地私有的范围和面积进行了相当严格的限

---

① 罗旭南、陈彦旭:《民国十九年土地法研究—以民生主义为视角》,《广东社会科学》2012 年 5 期,第 138 页。

② 彭明主编:《中国现代史资料选辑》第三册,本册编者,郭超伦,中国人民大学出版社 1988 年版,第 52 页。

制。第 8 条规定："下列土地不得为私有：一、可通运之水道；二、天然形成之湖泽而为公共需要者；三、公共交通道路；四、矿泉地；五、瀑布地；六、公共需要之天然水源地；七、名胜古迹；八、其他法令禁止私有之土地。市镇区域之水道、湖泽，其沿岸相当限度内之公有土地，不得变为私有"①。也就是说，对于关系到国计民生的广义上的所谓"土地"任何人都是不能据为所有的。

对于其他一些特殊性质的土地，该法给予了明确的面积限制，对于超出部分制定了严格的处理办法。其第 14 条规定："地方政府对于私有土地，得斟酌下列情形，分别限制个人或团体所有土地面积之最高额，但应经中央地政机构之裁定：一、地方需要；二、土地种类；三、土地性质"。第 15 条规定："私有土地受前条规定限制时，由主管地政机关规定办法，限令于一定期间内，将额外土地分割出卖。不依前项规定分割出卖者，该主管地方政府得依本法征收之"②。

不仅土地的私有和私有面积受到限制，土地的转让也受到严格的限制。第十六条规定：

"国民政府对于私有土地所有权之转让，设定负担和租赁，认为有妨害国家政策者，得制止之"。条例对转让与外国人的土地给予了更严格的限制③。

这些规定在看到其消极一面的同时也应该注意到他的积极意义。一方面，该法是坚持土地的全民公有的；另一方面又是承认土地合法取得的私有权的，同时又对私有权进行了严格的限制。其积极意义是，强调土地的国有是孙中山先生的一贯思想，将为实行"平均地权"和实现

---

① 彭明主编：《中国现代史资料选辑》第三册，本册编者，郭超伦，中国人民大学出版社 1988 年版，第 52 页。

② 彭明主编：《中国现代史资料选辑》第三册，本册编者，郭超伦，中国人民大学出版社 1988 年版，第 52 页。

③ 彭明主编：《中国现代史资料选辑》第三册，本册编者，郭超伦，中国人民大学出版社 1988 年版，第 52 页。

"耕者有其田"提供了法律依据并创造条件,对私有权的限制也是有此种意义,当然更能避免土地的高度集中;其消极的意义则是承认土地已有的私人所有权也就意味着维持土地当时的占有现状。而我们知道当时土地面临的严重问题就是土地私人占有的不均并由此导致了社会的贫富分化。用马克思主义理论对此分析我们就会一目了然。南京国民政府毕竟是代表大地主大资产阶级利益的政权,大大小小的地主充斥在各级政府里,其当权者要么是地主,要么与地主有着千丝万缕的联系,当然要维护地主阶级的利益。

对于这种规定,时人多是予以理解和首肯的。"吾党揭示之平均地权之政策,虽不否认土地私有之继续存在,但为达到人民有平等享用土地权利之目的起见,及为求民生问题之解决办法,对于土地私有权利,其与社会公共利益互相冲突者,不能不加以限制,则势所必至之事,无可避免者也"①。

对于没能立即实行平均地权和耕者有其田问题,当时也有人认为这是一种无可奈何的变通方法,认为也能最终实现这一理想。虽然没有"强制没收私有土地,平均划分了,再行分配给全国人民;只是按照地价和土地增值税,来实现耕者有其田的目的",但是"对于土地私有权的取得和运用,加以种种严密的限制,也可使其逐渐达到平均地权的阶段"②。

土地登记部分按照法律所调整的内容种类标准看属于程序法范畴。对土地登记的相关事项进行了规范。通过这些规范建立了一套土地测量和登记制度。

在土地使用部分里,先将土地划分为市用地和农用地两类,并对土

---

① 吴尚鹰:《土地问题与土地法》,中国国民党广东省执行委员会党务工作人员训练所编译部,1931年,第11页。

② 陈顾远:《土地法》,商务印书馆1936年版,第11页;转引自曹明:南京国民政府初期《土地法》研究(1928年—1936年),东北师范大学中国近现代史专业2004届硕士论文,第18页。

地的重划在程序上进行了规范。特别值得一提的是,该法对土地"承租人"的权利给予了充分的考虑和法律保障。第一百七十三条规定:"出租人出卖耕地时,承租人依同样条件,有优先承买之权";第一百七十七条则规定:"地租,不得超过耕地正产物收获总额375‰,约定地租超过375‰者,应减为375‰;不及375‰者,依其约定。出租人不得预收地租,并不得收取押租"①。对承租人有优先购买承租土地权利的确认既能保证承租人的权益又能保证土地的合理开发利用,于国于民都是有益的。对地租的最高限制最能体现对承租人切身利益的保护。我们知道当时佃农的数量是很庞大的,虽然在不同地区比例有差异,但无地和少地需要租种田地的农民越来越多。这一规定保护了佃农的利益和生产劳动的积极性,增加了粮食产量,于国于民也都是大有裨益的。

当然,在保护佃农权利的同时,也对他们的义务进行了规范。第一百七十四条规定:"承租人纵经出租人承诺,仍不得将耕地全部或一部转租于他人";第一百七十五条规定:"本法施行后,同一承租人继续耕作十年以上之耕地,其出租人为不在地主时,承租人得依法请求征收其耕地"②。前一条规定主要是为了维护土地租赁的市场秩序,避免有人通过种种途径垄断市场,压价抬价,扰乱市场,从中渔利。后一条规定是维护国家的土地所有权。对于超过十年以上的"无主"地而言,原"主人"一般说来都是不能行使该土地的私有权了,国家理应给予征收。

第四编土地税是土地法核心之所在,共有十章之多,分别是通则、地价之申报及估计、改良物价值之估计、地价册、税地区别、土地税征收、改良物征税、欠税、土地税之减免和不在地主税等,共108条,涉及

---

① 彭明主编:《中国现代史资料选辑》第三册,本册编者,郭超伦,中国人民大学出版社1988年版,第52、54—55页。

② 彭明主编:《中国现代史资料选辑》第三册,本册编者,郭超伦,中国人民大学出版社1988年版,第54—55页。

土地税种类的划分、征收的对象、征收的减免、地价的确定、税率的确定、不在地主税的认定和征收等等。《土地法施行法》又补充了 17 条，主要是关于特别征费和地税减免问题的。

该编第六章土地税征收又是核心之核心，共有 28 条之多。这一章先确定土地税分地价税和土地增值税两种。第 284、285 条规定对地价税的征收"照估定地价按年征收之。……分期缴纳"。土地分为市地和乡地两大类，每类又区分为改良地、未改良地和荒地三类。与此相适应具体征收税率也不尽相同。该法从第 291 条至 297 条共用了 7 条之多对此给予规范。税率的范围在 10‰—100‰之间。其中第 297 条规定"市地、乡地，所有权人之自住地及自耕地，于自住或自耕期内，其地价税，按应纳税额八成征收之"①。

上述规定有四点值得注意。一是地价的确定。孙中山先生确定的原则是由地主申报，而这里是"估定"。本来，《土地法》第 238 条规定"本法所称地价，分申报地价与估定地价二种。依本法申请登记所申报之土地价值，为申报地价，依本法估计所得之土地价值，为估定地价"②。然而这里在征收地价税时却只规定依土地估价征收。上面我们曾分析过"申报地价"问题，能有效预防地主过高或过低申报地价，使国家的地价税不会受到损失；而"估价"制度则很难做到这一点。二是税率的规定没有区分土地的大小，没有实行累进税率，这是有利于大土地所有者的；三是税率过低，也是有利于地主阶级利益的；四是对"自住地及自耕地"减征的规定，也是考虑到了地主阶级利益的。因为土地法规定"'所有权人之自住自耕包括其家属在内'；'自耕地地价税

---

① 彭明主编：《中国现代史资料选辑》第三册，本册编者，郭超伦，中国人民大学出版社 1988 年版，第 56—58 页。

② 曹明：南京国民政府初期《土地法》研究（1928—1936 年），东北师范大学中国近现代史专业硕士 2004 届论文，第 23 页。

之八成征收,不因自耕人雇佣助理工人致受影响'"①。

关于土地增值税的征收,先规定了减免的情况,这就是第 286 条:"照土地增值之实数额计算,……于十五年届满土地所有权无转移时征收之。乡地所有权人之自住地及自耕地,于十五年届满无转移时,不征收土地增值税"②。这里规定了两种情况,一是乡地所有权人的自住地及自耕地,如果超过了十五年且不转移的,就免征土地增值税;二是所有的土地在十五年内都不征收土地增值税。具体征收办法是先确定土地增值总数额的计算标准和原地价数额,第 305 条和 306 条对此分别给予了规定。第 308 条则规定了土地增值税的免征和征收的"实数额":"土地增值税之总数额,市地在其原地价数额 15% 以内,乡地在其原地价数额 20% 以内者,不征收土地增值税。其超出者,只就其超过之数额,征收土地增值税。依前项规定计算所得之超过数额,为土地增值之实数额"。接着第 309 条按照"实数额"超过原地价的不同比例分五个档次确定了土地增值税的税率,总的原则是随着超过数额的加大而加大,是累进税率。

对土地增值税的征收也体现了孙中山先生的民生主义思想特别是"涨价归公"思想,然而在这里是很不严肃的,甚至是对这一思想的"亵渎"。孙中山先生是主张土地涨价全部归公的,而这里虽然采取了累进税制征收,但距离"全部归公"还相去甚远,且税率低、征收时还有减免。特别是减免征收的规定更是旨在维护地主阶级的利益。

第五部分对土地的征收给予了规范,包括征收的主体、客体、情形、步骤、补偿等等。

从上面可以看出,《土地法》在坚持孙中山先生"平均地权"思想的同时更多的是考虑了地主阶级的利益,对于最能体现平均地权思想的

① 金德群:《中国国民党土地政策研究》,海洋出版社 1991 年版,第 203 页。
② 彭明主编:《中国现代史资料选辑》第三册,本册编者,郭超伦,中国人民大学出版社 1988 年版,第 57 页。

"耕者有其田"更是只字未提,对占大多数人的土地实际耕种者农民阶级的权益重视相当不够。不能与孙中山先生的土地思想同日而语,甚至可以说是对这一思想的"杜鹃借巢孵幼"行为,是对孙中山先生土地思想的"亵渎"。这是南京国民政府的政权性质决定的。

二、艰难的"流产施行"

《土地法》公布后并没有立即施行。其实在大陆期间也没有真正施行过,可以说是"流产"了。1948 年 3 月,时任地政部次长的汤惠荪曾说过:"现在地政部的工作,还只是做开征土地税的准备工作。中国的面积太大了,土地测量实在是一个巨大的工作,估计全国农地约有 20 亿亩,而进行了 20 年的土地测量现在尚只测量到 1 亿余亩"①。

著名的地政专家萧铮在五十多年后的 1984 年出版的《中华地政史》一书更是对此甚为惋惜,认为《土地法》"存二五减租之意义。惜此法迄未真正实行耳"②。至于原因,萧铮认为是位居高位的部分同志丧失了革命精神,这些人在首都和大城市购置了大量的土地建筑高楼大厦甚至从事房地产经营,因之更牵扯到本身利害关系③。

该法第 5 条规定:"本法之施行法另定之",第 6 条规定:"本法各编之施行日期及区域,分别以命令定之"④。也就是说,《土地法》的制定公布只是"画饼充饥"。没有"施行法"就没法施行;各编的具体施行日期和区域也须"以命令定之"。可以说当时让那些对该法翘首以盼的人们空欢喜一场。

---

① 《中央周刊》第 10 卷第 11 期,1948 年 3 月;转引自左用章:《评国民党政府 1930 年颁布的〈土地法〉》,《教学与研究》1984 年第 4 期。

② 《中央周刊》第 10 卷第 11 期,1948 年 3 月;转引自左用章:《评国民党政府 1930 年颁布的〈土地法〉》,《教学与研究》1984 年第 4 期。

③ 萧铮:《土地改革五十年》,中国地政研究所 1980 年版,第 72 页。

④ 彭明主编:《中国现代史资料选辑》第三册,本册编者,郭超伦,中国人民大学出版社 1988 年版,第 52 页。

在各方面人士的不断督促和努力下，国民党中央也认为其施行不宜拖延太久。1934 年 2 月，国民党中央政治会议决定："由全国经济委员会、内政部、财政部合组一土地委员会。先将各省市土地实况，于 6 个月内，为比较系统之调查，再行拟具体办法，提请中央政治会议核定"①。

当时，在土地法的施行上存在着两个派别两种观点，一种以国民党中央地政筹备处和立法院土地委员会的部分委员为代表，他们属于"官员"性质，是负责起草土地法施行法的，也认为应该先制定施行法；另一种是以 1933 年 1 月成立的中国地政学会为代表，他们是学者，认为土地法有缺陷，应该修正后再制定施行法。两派紧锣密鼓地同时开展着工作。

在经过 5 年的艰苦努力和两届立法院 58 次的审查后，1935 年 3 月《土地法施行法》终于获得通过，并于 5 月公布。但是该法仍然难以施行，因为在第 2 条里赫然规定着："本法之施行日期及区域与土地法同"②，而土地法第 6 条是规定"施行日期及区域，分别以命令定之"。很显然，施行法也等同于一纸空文，他的施行依然由"命令"决定，随意性很强，哪里像严肃的法律！

中国地政学会土地法修正的工作也在快马加鞭地进行着。该会集中了当时国内一流的土地问题专家学者，出版《地政月刊》，虽然是学术性质的组织，但其实"官方"背景很深，从蒋介石到何应钦、张继、居正、宋子文、孙科、陈果夫、陈立夫等都大力支持，立法院土地委员会、国民党南京市党部和各地省市的土地局等都是该会的会员单位。

1934 年 1 月，该会在江苏镇江召开了以"确定中国土地之重心"为中心议题的第一届年会，掀起了修正土地法的"小高潮"。在他们的艰苦努力下，是年冬形成了《拟请修改土地法意见书》。对于修正的原因

---

① 萧铮：《土地改革五十年》，中国地政研究所 1980 年版，第 74 页。

② 参见金德群：《中国国民党土地政策研究》，海洋出版社 1991 年版，第 211 页。

和急迫性,正如萧铮在《拟请修正土地法导言》中说的,土地法在"立法精神上仍不免缺陷,而所采办法,方诸实际国情,又多扞格",而如果不尽快解决,则"吾国今日处于危难之中,势必危机国民政府的统治"①。《中国地政学会拟请修改土地法意见书》中也认为"土地法不仅在理论上未称稳固,即在实际上亦诸多困难"②。

《拟请修改土地法意见书》呈送国民党中央土地专门委员会后,历时一年,形成了《土地法修正原则二十四项》,主要内容有:"(一)国家得设立土地银行发行土地债券,以实施土地政策及调整土地分配。(二)扶植自耕农。(三)应明定地租最高额,为地价8%。(四)承垦人于荒地垦熟后,应无偿取得土地所有权,并予以相当长期之免税。(五)以申报地价为法定地价,删去原《土地法》中关于估定地价之条款。(六)地价税率拟采用累进制,不分税地区别,起税点为地价10—20%,惟荒地及不在地主之土地税,得酌量加重"③。这里对我们上面分析该法的缺陷给予了一些"补救",还增加了一些"合理"的内容,进步性和积极意义很明显。

又经过了一年,1936年底,国民党中央政治委员会对《土地法修正原则二十四项》进行了审议,除第19条外予以全部通过,对第19条先交立法院商讨。该条是这样表述的:"地价税率依照第五届全国代表大会之决议,采用累进制,不分税地区别,起税点为地价千分之十至二十,惟荒地及不在地主之土地税,得酌量加重"④。立法院对该条仍然

<hr />

① 萧铮:《拟请修正土地法导言》,《地政月刊》第三卷第一期,1935年1月;转引自金德群:《中国国民党土地政策研究》,海洋出版社1991年版,第239页。

② 萧铮:《拟请修正土地法导言》,《地政月刊》第三卷第一期,1935年1月;转引自金德群:《中国国民党土地政策研究》,海洋出版社1991年版,第239页。

③ 萧铮:《拟请修正土地法导言》,《地政月刊》第三卷第一期,1935年1月;转引自金德群:《中国国民党土地政策研究》,海洋出版社1991年版,第240页。

④ 萧铮:《拟请修正土地法导言》,《地政月刊》第三卷第一期,1935年1月;转引自金德群:《中国国民党土地政策研究》,海洋出版社1991年版,第240—241页。

给予否决,认为无变更的必要,理由有三条:"(一)地价税率应从轻,以达施行便利之目的。(二)《土地法》条文极多,应作整个的研究,而公布后迄未有整个施行计划与实验;无事实与经验之根据,不可遽作重大之变更与修改。(三)财政部从行政经验上反对累进税制,实有相当理由"①。这些理由表面看冠冕堂皇,其实质还是与其维护地主阶级的利益的出发点如出一辙。

依据上述23项修正原则,立法院起草了修正后的《土地法》,从条款的数目看比原来"瘦身"许多,虽然仍是五编,但只有275条,减少了三分之一。然而还未公布,卢沟桥事变的隆隆炮声骤然响起,修正后的《土地法》的施行又半途而废。

三、一些"补救"、"替代"措施

(一)从地籍整理到《办理土地陈报纲要》

在土地诸多问题里,地籍整理相当重要复杂,是基础性前提性的工作。在《土地法》公布以前,此项工作就已展开。《土地法》规定地籍整理包括清丈土地、办理土地登记和规定地价等,目的是实行"照价抽税"和"涨价归公",蒋介石说:"常闻土地专家谈论,我国土地如果实行清丈以后,田赋收入,比较现在可望加多20倍,即每年可望收入20亿元,岂不是于国家财政大有裨益"②。仔细分析就会发现蒋介石的理解的重心与孙中山先生的本意不一致。孙中山的重心是要"平均地权"和"耕者有其田",客观上也确能增加国库收入,但这是第二位的;而蒋介石是把财政收入放在了第一位,对"国父"的"本意"不知是有意还是无意"疏忽"和"丢弃"了,实与《土地法》精神这方面的缺陷如出一辙,

① 萧铮:《拟请修正土地法导言》,《地政月刊》第三卷第一期,1935年1月;转引自金德群:《中国国民党土地政策研究》,海洋出版社1991年版,第241页。

② 《先总统蒋公全集》第一册,第654页;转引自金德群:《中国国民党土地政策研究》,海洋出版社1991年版,第212页。

也难怪《土地法》及其施行的一再推后和"难产"、"流产"了。

没有法律的规范,各地在地籍整理上五花八门、乱象丛生。在《土地法》颁布前"有先办陈报调查而后着手测量者,有不办土地陈报调查即着手测量者"①。颁布后"因未有施行命令,各省市虽先后举办土地行政,而多不能遵照《土地法》进行,甚至不事土地整理利用,而专以财政为目的者"②。

由于地籍整理困难重重,工作难以开展,国民政府实际上干脆停止了土地的清丈,而代之以于 1934 年 6 月 30 日公布的《办理土地陈报纲要》,包括"(一)册书编查;(二)业户陈报;(三)乡镇长陈报;(四)审核复查或抽丈;(五)县府公告;(六)编造征册发给土地营业执照;(七)改定科则等项内容"③。萧铮几十年后深为惋惜:"民国 22 年后,中国地政学会正积极推动地籍整理,⋯⋯但财政当局却严令办土地陈报,因此,各省政府不能不遵办,至少可以说不能不敷衍,于是地籍整理就无法推行了"④。

(二)地价税的征收

抗日战争前开征地价税的城市只有广州、杭州、上海和青岛四地。广州早在 1928 年就已征收,宅地、农地和旷地的税率分别是地价的 1‰、5‰和 2‰。杭州从 1933 年起开始征收,税率不区分土地均为地价的 8‰。上海从 1934 年起征收,也是不区分土地征收 6‰。青岛的情况比较特殊,在德占时期就已征收地价税。税率为 6%,主权收回后未变。考虑到与《土地法》的规定差别太大,1932 年减为 2%,但须重估地价。地价重估后实际缴纳的地价税低于 2%。本来,《土地法》规定的

---

① 陶履谦等编:《内政年鉴》(三),1935 年版,第 177 页;转引自金德群:《中国国民党土地政策研究》,海洋出版社 1991 年版,第 212 页。

② 王祺:《一年来我国土地政策之推行》,《地政月刊》第 4 卷第 4、5 期合刊,1936 年 5 月;转引自金德群:《中国国民党土地政策研究》,海洋出版社 1991 年版,第 212 页。

③ 转引自金德群:《中国国民党土地政策研究》,海洋出版社 1991 年版,第 214 页。

④ 萧铮:《土地改革五十年》,中国地政研究所 1980 年版,第 96 页。

地价税税率就较低,而这几个城市规定的税率总的说来是低于《土地法》的。在具体执行时也是大打折扣的。例如按照规定测算上海能够征收到115.6万元的地价税,但实际只征收到50万元①。可以说,就全国而言,地价税的征收工作亦同《土地法》的施行一样形同虚设,收效甚微。

第三节　抗日战争时期的土地问题

发生在20世纪三四十年代的中日战争是你死我活的殊死决战,而且我弱敌强,日本欲变中国为殖民地而后快,中日民族矛盾变成了主要矛盾,这就决定了思考处理问题都不能以"常规"对待。在土地问题上亦然。南京国民政府在这种情况下在坚持抗战的同时对土地问题采取了一系列的非常措施以应对时局。

一、《战时土地政策案》

抗战初期,虽然国民政府坚持抗战、顽强抗战,但基本上还是节节败退的。面对当时凶险的境遇,1938年3月29日至4月1日,国民党在武昌召开了临时全国代表大会,以集中整个中华民族的全部力量进行抗战并取得胜利。

这次会议的一大"亮点"就是高度重视农民、农村问题,重视民生主义的实现。大会宣言说得很清楚:"中国为农业国家,大多数人民皆为农民。故中国之经济基础,在于农村。抗战期间,首宜谋农村经济之维持,更进而加以奖进,以谋其生产力之发展"②。认为"三民主义之实行,当于抗战期间求之,且当于此求得抗战之胜利,决非俟抗战胜利之

---

① 转引自金德群:《中国国民党土地政策研究》,海洋出版社1991年版,第216页。
② 《国民党临时代表大会宣言》,中国档案汇编,见荣孟源主编:《中国国民党历次代表大会及中央全会资料》(下),光明日报出版社1985年版,第470页。

后始从事于民生主义之开始"①。显然,宣言把实行三民主义特别是民生主义看作是取得抗战胜利的必要条件。

大会通过的《中国国民党抗战建国纲领》(一九三八年四月三日)也有类似的表述。在"戊,经济"部分里表示"注意改善人民生活。……全力发展农村经济,奖励合作,调节粮食,并开垦荒地,疏通水利。……推行战时税制"②。

这次会议对上述问题的重视是理所当然的。农民占人口的绝大多数,战时更离不开农业特别是粮食生产和供给。这一时期改善和重视人民特别是农民的生活尤为重要。要想打败强大的日本帝国主义,取得抗日战争的胜利,离开农民和农业根本无从谈起。搞不好民生主义也是空谈。

要想做到上面这些,土地问题就必须如实面对和重视。而当时《土地法》事实上并未施行。

针对这种情况,大会认为值此生死存亡之时不能按照"常规"行事,亦不能循序渐进地逐步向前推进土地法的施行。大会最后讨论通过了《战时土地政策案》,形成了9条"战时土地政策大纲",分别是:中央及地方应设土地利用指导管理机关,改善农业生产技术,严格统制生产种类,以提高土地利用的精度;应特设垦务机关,制订开垦计划,统筹办理全国垦务;扶导和组织农业合作;工业原料和出口品等由特设之国际贸易机关所统制;地籍整理实行地价税,增价税,遗产税,一律采累进制;设土地银行,发行土地债券;奖励人民以土地呈献政府,并应没收汉奸土地,征收利用不良之土地,依法分配于伤兵难民等;公私荒地之承垦,首为受伤之阵亡将士家属,次为战区难民以及各地无土地之贫农;

_____

① 《国民党临时代表大会宣言》,中国档案汇编,见荣孟源主编:《中国国民党历次代表大会及中央全会资料》(下),光明日报出版社1985年版,第471页。

② 彭明主编:《中国现代史资料选辑》第五册(上),本册编者,武月星、杨若荷,中国人民大学出版社1989年版,第180页。

规定地租额不得超过地价7%,并严禁任意撤佃抗租①。

为了保证这个大纲的切实贯彻执行,大会还通过了一个决议案,包括三方面的内容:土地税采用累进制,原则通过;贷款农民,以裕农民生活,应由中央继续扩大贷款范围,交由行政院办理;其余交中政会详细讨论,分别采择施行②。

从大纲内容和决议案可以看出,这时政府确实开始认真对待土地方面存在的种种弊端了,所推行的措施也比较合理和切实可行。为了合理利用土地,决定成立专门的指导管理机关统筹此项工作;为了增加耕地,促进粮食和农业生产,成立垦务机关统筹制定管理全国的荒地开垦事宜;对于土地税的征收,不管是地价税还是土地增值税都采用累进税制度;土地银行的设置和土地债券的发行也是为了帮助和改善农民的生活,发展农业生产,对地租的最高限额规定也有这个作用;对汉奸土地的没收和对不良土地的征收及其分配于伤兵难民的规定有利于打击各种不法分子,促进抗战势力的加强,对荒地承垦对象的规定也有此用意。这些措施有利于发展抗战力量,具有进步性,对于抗日战争胜利的取得起到了一定的作用。

值得一提的是,在9条战时土地政策里,竟然有2条是关于荒地开垦的,足见政府对垦荒事务的重视,也说明垦务的重要性和急迫性。为了加强这项工作,国民政府在这年10月颁布了《非常时期难民移垦规则》,次年5月还颁布过《非常时期难民移垦条例》。

然而这个土地政策也没有认真执行下去,其执行的力度越来越小。在一年后中国地政学会召开的第五届年会上,蒋介石竟然认为民生主义的实现也好,土地政策的推行也好当时条件并不成熟,强调"彻底推

---

① 彭明主编:《中国现代史资料选辑》第五册(上),本册编者,武月星、杨若荷,中国人民大学出版社1989年版,第508页。

② 彭明主编:《中国现代史资料选辑》第五册(上),本册编者,武月星、杨若荷,中国人民大学出版社1989年版,第508页。

行民生主义的土地政策的良好时机"是"抗战胜利之日"。遵照蒋介石的这一思想,中国地政学会这届年会的主题确定为"战后"土地政策的实施。经过讨论,最后推出了一个《中国战后土地政策》。当时一位中国地政学会的理事给出了制定该政策的原因和目的:"抗战胜利已可预测,而国家经此大的剧变,将来社会状况及制度,必然杂乱,所以讨论战后土地政策,以备政府在将来的采择"①。

随着抗战的推进,国民政府又推出了《土地政策战时实施纲要》。

二、《土地政策战时实施纲要》

抗日战争进入相持阶段后,中国的抗战出现了更加严重的困难局面。汪精卫投降日本在南京建立了伪政权后,蒋介石政府更加被动,困难重重。当时面临的最大问题之一是粮食缺乏。这一问题的形成当然与土地占有不均和土地问题的种种弊端密切相关。为了有效地解决这些棘手的问题,1941 年 12 月 15 日至 23 日,国民党中央在重庆召开了为时 8 天的五届九中全会。

在这次会议上,蒋介石拿出了《土地政策战时实施纲要》交由全会审议表决。纲要只有 10 条,附有前言说明,申明了实施该纲要的权威性、必要性和急迫性:"查平均地权为总理民生主义实行之要道,原应积极推进。抗战以还,土地问题更见重要。如何调整分配,促进使用,以应战时需要,尤为当务之急"②。似乎到了这时国民党才猛然意识到了"平均地权"是孙中山民生主义思想的"精髓",是"要道",应该全力推行,并且是当务之急。

纲要 10 条具体内容是:

(一)为适应抗战需要,推行本党土地政策起见,制定本纲要。

---

① 《新华日报》1939 年 4 月 25 日;转引自金德群:《中国国民党土地政策研究》,海洋出版社 1991 年版,第 247—248 页。

② 朱子爽:《中国国民党土地政策》,国民图书出版社 1943 年版,第 66 页。

（二）主管地政机关，应加强整理地籍工作，限期完成。（三）私有土地应由所有人申报地价，照价纳税，税率起税点为百分之一至百分之二，累进至百分之五。其土地之自然增价、应即征收土地增值税，暂依累进制征收之。（四）国家为调剂战时军粮民食起见，对于农民地价税折征实物，其实物全归中央。在折征实物期间，由中央按各该县（市）地价税实收金额，以百分之五十之现款，拨归各该县（市）作为补助。（五）为实施战时经济政策或公共建设之需要，得随时依照报定之地价征收私有土地，其地价之一部并得由国家发行土地价券偿付之。（六）私有土地之出租者，其地租一律不得超过报定价百分之十（七）土地之使用应受国家之限制，政府并得依国计民生之需要，限定私有农民之耕作种类。（八）农地以归农民自耕为原则，嗣后农地所有权之移转，其承受人均以能自为耕作之人民为限。不依照前项规定移转之农地，或非自耕农所有之农地，政府得收买之，而转售于佃农，予以较长之年限，分年摊（偿）还地价。（九）荒地之可为大规模经营者，由国家垦务机关划设垦区，移殖战地难民或后方有耕作能力之人民，并供给生产工具，以资耕作。私有荒地，由政府征收高额地价税，并限期使用；逾期不使用者，得由政府估定地价，以土地债券征收之。（十）立法机关应根据此纲要迅速制定实施办法，由中央专设地政机关，克期实施①。

上面我们说过，地籍整理工作十分重要，但是事实上实际处于停止状态，或者说十分缓慢状态。政府对于土地的数量和归属并没有真正充分掌握，这就必然影响到方方面面，特别是粮食和税赋的合理征收。所以严令地政机关加强地籍整理工作的开展指导管理，要限期完成整理地籍。

---

① 参见朱子爽：《中国国民党土地政策》，国民图书出版社1943年版，第66—68页。

地价税和土地增值税的征收及其累进税率的实行再次得以重申。地租的最高限额也再一次确认。但是有一点明显不同。《战时土地政策案》没有规定具体的税率，只是泛泛地强调"地籍整理实行地价税，增价税，遗产税，一律采累进制"。地租的限额是7%；而《土地政策战时实施纲要》则明确规定了具体税率："起税点为百分之一至百分之二，累进至百分之五"。地租的限额则升至10%。虽然，土地税的税率比较低，而且充分考虑到了地主的收益，照此做法很难"税去地主"，平均地权的实现更是遥遥无期和不可能，与纲要前言的"冠冕堂皇"大相径庭，但这毕竟也能增加政府的收入，其实是对地主和佃农双方利益和积极性都给予了充分考虑和兼顾，在非常时期其积极性还是应予首肯的。

保证战时物资供给和需要是这个纲要的中心和重心。纲要的所有内容其实基本上都是围绕这一"主题"的。纲要关于"地价税折征实物"及"实物全归中央"的规定正是这一思想的集中体现。其中，实物中最主要和最重要的又是粮食。纲要毫不掩饰地陈述"国家为调剂战时军粮民食起见，对于农民地价税折征实物，其实物全归中央"已经暴露无遗。当然，国家不是无偿占有全部实物，而是按照地价税实收金额的50%用现金形式返归各地的县（市）作为补助。

关于土地使用的限制、土地耕作种类的限定、土地特殊情况下的征收、农地以自耕为原则以及荒地生产经营方面的诸多规定等也基本上都是为了保障抗战时期的各种物资特别是战略物资的供应。

这些土地政策紧紧围绕着"物资供应"旨在规范解决当时土地方面存在和面临的种种急迫、复杂困难和严重问题。它的实施确实也解决了部分问题，对于集中全部人力、物力、财力等国力保证抗日战争胜利的取得确实起到了不可低估的作用，是功不可没的，是应该给予充分肯定的。

三、各地的减租

上一节我们提到过，1930 年《土地法》对地租有严格的限定："不得超过耕地正产物收获总额 375‰，约定地租超过 375‰者，应减为 375‰；不及 375‰者，依其约定。出租人不得预收地租，并不得收取押租"①。

这里的 375‰是一个很精确的数字，是怎么确定的呢？有何依据？这就要从孙中山的"二五减租"寻找"源头"。

1924 年 11 月 1 日，冯玉祥、段祺瑞、张作霖电邀孙中山早日北上共商国是。10 日孙中山发表了《北上宣言》，并着手离开广东辗转入京。在离粤前夕，孙中山签署了"二五减租"的命令。

这份命令签署后并没有得到立即执行，而是直到孙中山去世一年多后的 1926 年 10 月才施行。这年 10 月 15—28 日，国民党中央及各省市代表联席会议通过了《关于本党最近政纲决议案》，决定"减轻佃农田租百分之二十五"，这就是著名的"二五减租"②。

为什么会拖延这么长的时间才执行"二五减租"政策呢？时任广东国民政府顾问的鲍罗廷在联席会议前夕的两次重要演讲中对此都谈了他的看法。

1926 年 10 月 1 日，鲍罗廷分别到国民党中央军事政治学校和中央党部做过演讲。前者的演讲对象是该校第四期毕业学员。鲍罗廷说："二年前总理曾说自（己）签字一个命令，即减少农民现纳租税——从百分五十中减少百分之二十五。使此命令能执行，农民即可减少十二石半谷了（以百石为标准）。此命令为我在广州所亲见，现仍存在政府公文库中，使此命令早日实行，则农民将老早起来拥护国民党了，每家农民将以总理的像挂在他们家中，当神一样看待了。此命令我认为是

---

① 彭明主编：《中国现代史资料选辑》第三册，本册编者：郭超伦，中国人民大学出版社 1988 年版，第 55 页。

② 参见金德群：《中国国民党土地政策研究》，海洋出版社 1991 年版，第 156 页。

总理遗嘱中最重要的一项。为何此命令未执行"? 鲍罗廷认为是"因党员未明此命令的意义"①。

鲍罗廷同日在中央党部的演讲以《中国革命的根本问题—农民问题、土地问题》为题。他也说:"我曾记二年前孙总理亲自下过一道命令,将田租在百分之五十者减成(少)百分之二十五,但没有见诸实行,就是因为乡村、县、省的人民,很少是为党的,所以党就无此力量去实行。平时别人谈话,很少说起这道命令,我以为这个命令也是孙总理最重要的一个遗嘱。但因党无坚固的堡垒,恐难实行罢了"②。

在鲍罗廷看来,"二五减租"在孙中山遗嘱中最重要,之所以没有施行,主要是因为党内问题,党员不能深刻理解"二五减租"的意义和重要性,党内不能形成"铁板一块"团结。

时任国民党中央第二届执行委员会委员的恽代英对此也有类似的观点:"规定要减少田租百分之二十五。……总理在北上前,已经定下,但因总理北上之后,有种种关系省政府的人,把他放在箱子里锁起来,现在找了出来,依然规定下来了"③。恽代英认为是有人通过种种关系"通到了省政府"阻挠了实施。

联系到当时国民党和国民政府的实际情况来分析,鲍罗廷和恽代英的分析是很有道理的。

"二五减租"的具体内涵是什么呢? 按照鲍罗廷的说法,孙中山是命令"将田租在百分之五十者"的基础上再减少25%缴纳。我们以原有地租100%计算,减少一半是50%,50%的25%是12.5%,也就是1-50%-50%×25% = 37.5%,那么37.5%就是要缴纳的最高地租。这正是1930年《土地法》中地租最高不能超过375‰的依据和由来。

---

①　《鲍罗廷在中国的有关资料》,中国社会科学出版社1983年版,第103页。

②　《鲍罗廷在中国的有关资料》,中国社会科学出版社1983年版,第111页。

③　恽代英:《国民党中央及各省区代表联席会议之经过》,见《恽代英文集》(下),人民出版社1984年版,第893页。

　　然而,这项规定基本没有实行。而且,具体执行时确实也不容易"把握",不要说"耕地正产物"容易引争议,就是"收获总额"也会引争议,怎么样确定连"官方"都很难断定,更不用说真正执行时来自地主和豪强劣绅等方方面面有意无意也阻挠了。

　　主要由于这些原因,《战时土地政策案》和《土地政策战时实施纲要》均规定地租的最高限额以地价为参考基数,前者是7%,后者升至10%。但各地在执行时差别较大。

　　浙江地区是"二五减租"政策公布后实施最好的地区,但事实上渐渐地也基本处于停滞状态。

　　但是,抗战开始后,该地大规模有组织的减租行动再起。1928年3月,《浙江省战时政治纲领》发布,强调要"'设法减轻地租,改善农民的生活'。随后各地建立政治工作队,有许多中共党员参加,开展抗日救亡宣传,组织农民协会,积极推行'二五减租'。因此'二五减租'运动又在浙江各地活跃起来,遍及诸暨,余姚,慈溪、永嘉等几十个县,在刷新县制上较有成绩的云和县,减租地区约占全县的60%"①。

　　湖北的减租活动开展得比较好,这与时任第六战区司令长官兼湖北省政府主席陈诚比较重视有关。他曾说:"减租政策是目前本省势必贯彻的一项中心工作……现在省政方面已下了最大的决心,务必将土地问题予以根本的解决,而解决之方法,自减租始"②。

　　1939年陈诚就在鄂西实行"四六分摊"的地租率。1940年6月,全文12条的《湖北省减轻鄂西农地佃租暂行办法》颁布,规定佃租不能超过正产物总收获量的40%,超过的应减为限定量,不足者依其约定。翌年4月《湖北省租佃实施办法》公布。此办法只有五条:"(一)依据

---

　　①　金德群:《中国国民党土地政策研究》,海洋出版社1991年版,第254页。
　　②　《人与地》第2卷第7期,1942年7月;转引自金德群:《中国国民党土地政策研究》,海洋出版社1991年版,第255页。

土地法177之规定,确定租额制标准。(二)限期令地主佃户陈报登记,由省制发陈报登记单,登记后制发应纳租额证。(三)办理陈报登记前,认真督导宣传。(四)规定登记后之租约保障。(五)规定租佃纠纷之处理程序"。这些如果能认真实行,还是能体现土地法精神并收到实效的。当时在一些地方确实如此。"这个'办法'首先在宣恩县试行,后又扩大到鄂西的利川,来凤,宣恩、鹤峰、咸丰、建始、巴东等县;1942年又在鄂北的郧西、均县、房县、行山、竹豁等县推行。到1943年,上述各县减租已先后办竣"①。

　　1942年9月,地政署拟定了15条的《非常时期限定地租实施办法草案》,主要内容有:"(一)农地地租约定以农产物缴付时,每年所缴农产物之总数量之比例依土地法第177条之规定,于农产物收获后缴付,并不得以任何名义索取额外租费或令佃农负担力役;但地主供给耕畜、种籽、肥料或其他生产工具者则得给予相当之报酬。(二)地方发生灾难收获荒歉时,地租应依照该管地方政府勘定荒歉成数比例减免之。(三)租佃契约无论定期或不定期不得任意终止设立承租权之农地非有下列情形之一时,其所有人不得撤佃:承权人死亡即无继承人时;农地依法变更其使用时;承佃权人将承佃农地出租于他人时、永佃权人积欠佃租达二年之总额时。(四)地主典当或出卖土地,佃农有优先承典或承买权、土地所有权除移转于自耕农外,佃农有继续承租权。(五)佃农对于耕地有特别改良之实施、于解约时得向地主要求适当之赔偿等"②。这些规定较土地法显然详细具体得多,而且也更有利于保护佃农的权益。但遗憾的是也没有得到很好的贯彻实施。

　　总之,战时从中央到地方对减租政策的重视和实施是前进了一大步,但具体执行时是大打折扣的,各地的"步伐"和"力度"也很不一致。

---

①　参见金德群:《中国国民党土地政策研究》,海洋出版社1991年版,第255页。

②　参见金德群:《中国国民党土地政策研究》,海洋出版社1991年版,第256页。

大致说来抗战区域比较积极,大后方比较消极。执行力度是随着日本践踏我国土的强弱程度呈递减趋势。

四、土地陈报与地价申报

根据《战时土地政策案》特别是《土地政策战时实施纲要》的规定,国民政府加快了地籍整理和地价申报的工作。这些都是土地税征收的基础性前提性工作。根据土地法的规定,土地税征收须于地籍整理完成之后。当时国民政府重视这项工作的主要目的是为了解决财政困难问题,而清丈田亩又是基础之基础,但费时费力费财,当时根本不具备条件,时间上更不允许,所以当时国民政府主要采取直接土地陈报、地价申报的办法以解"燃眉之急"。地籍整理工作基本上处于停顿状态。

上一节我们就提到过,抗战前的 1934 年 6 月 30 日国民政府就公布过《办理土地陈报纲要》,严令各地办理土地陈报,实际上以此取代地籍整理特别是清丈土地,但进展仍然缓慢。1942 年 5 月,行政院严令"各省市加速举办,各省县土地陈报,限于本年(1942 年)内办理完竣"[①]。

当时的所谓土地陈报形势确实很糟糕。到 1942 年 1 月,全国只有大约 300 多个县完成任务。而且土地陈报中"疑惧派款收税,多方隐匿不报,加以保甲组织不完善,办理人员亦多徇情舞弊,仍难得精确数字"。其结果可想而知,"都不过是名义上拥有几亩薄田的农民遭殃而已"[②]。

在这种情况下土地陈报的收效是微乎其微的。下表是 1942—1946 年间土地陈报的汇总报告(《地政通讯》第 20 期,1947 年 9 月 1 日)。

---

① 朱子爽:《中国国民党土地政策》,国民图书出版社 1943 年版,第 48 页。
② 成全:《国民党土地政策战时实施纲要研究》,《解放日报》1942 年 5 月 27 日。

表 3-1　1942—1946 年土地陈报登记成果　　　（单位：号数）

年度	地区单位数				所有权登记			他项权利登记		转移变更登记	
	场区	场镇	全县	场农	申请登记	覆丈	发状	申请登记	发给证明书	申请登记	换发权状
1942 年	69	64	13	15	9379045	34748	284919	962	1230	3139	2053
1943 年	384	472	7	4	5760264	102920	1508071	45948	29470	93093	16650
1944 年	132	122	4	12	4786104	62589	5304286	15072	1596	95237	235970
1945 年	40	11	—	19	7537010	168458	331758	2678	3132	54278	10466
1946 年	48	6	—	12	6265623	298046	3335458	6835	3729	240440	36010
总　计	673	645	24	62	33728646	666761	13750315	71495	45157	892177	268740

从上表可以看出，虽然国民政府限令 1942 年完成土地陈报，但事实上抗战结束后也没有完成。这是国民党政权的性质最终决定的必然结果，是不以人的意志为转移的。

土地陈报的目的之一是确定地价，1938 年公布的《战时土地政策案》泛泛地提及"地籍整理实行地价税"，但是地价到底如何确定？根据 1930 年的《土地法》规定可申报可估价，但一直没有成效，土地税的征收也因此迟迟难以展开。

有鉴于此，1941 年 3 月 24 日至 4 月 2 日国民党召开了五届八中全会，蒋介石提出要"三分军事，七分经济"。通过了《为实现本党土地政策应从速举办地价申报案》，认为豪强劣绅等各种不法分子集聚掠夺了大量财富对土地"挟其多金盛行兼并……不仅妨碍当前之战时经济，且贻将来土地问题之患，尤与本党之民生主义大加背谬。故亟应举办地价申报，以实现本党之土地政策"①。这个决议案要求全国除沦陷

① 荣孟源主编：《中国国民党历次代表大会及中央全会资料》（下），光明日报出版社 1985 年版，第 691 页。

区外应在三年内完成地价申报。

在接下来于12月15日召开的国民党五届九中全会上,通过了《土地政策战时实施纲要》,规定"私有土地应由所有人申报地价,照价纳税"。就在这次全会即将召开前夕的12月11日,国民政府公布了《非常时期地价申报条例》,翌年10月7日又对条例进行了修正。条例的主要内容涉及地价申报的范围、管理机构、程序、标准、惩罚、变更及实施等等。条例规定所有土地都应申报地价;地价的申报管理指导中央由地政机关负责、省由省地政局负责、市县设市县地籍整理机关负责;申报地价的具体程序包括测量地角、查定标准地价、业主申报、编造地价册等;申报地价标准的确定以最近三年内土地收益之市价为依据评定标准地价,标准地价公告后业主在二个月内必须申报地价,并且要依照标准地价为20%以内增减;国家则按照业主申报地价作为征收地价税及土地增价税的依据;对于逾期不申报地价者将按照标准地价作为申报地价,对于逾期三个月没申报地价的土地由市县政府暂为管理;申报地价五年办理一次,发生重大变动时于申报满一年后重新申报;地价申报办理完竣并征收地价税和土地增值税后,将不再征收原有的田赋和各项附加税捐等;各省及院辖市举办地价申报应依条例规定拟定具体计划及实施细则报送中央地政机关核定;办理地价申报的区域期限由行政院以命令形式决定等①。

条例的规定比较详尽,然而有一点同一些土地法规的施行规定如出一辙,那就是实施"区域期间"依然由"命令定之",这就为条例的具体施行带来了极大的不确定性和随意性。效果可想而知。下面是申报地价的汇总②。

---

① 参见《地政通讯》第3期,1942年9月。
② 《地政通讯》第22期,1947年11月。

表3-2　1942—1946年各省市办理规定地价成果

年　别	地区单位			税地面积（亩）	价地总额（元）
	全县	城镇	场镇		
总　计	26	656	656	11458485	88219845950
1942 年	5	65	59	3111854	2392281438
1943 年	8	432	482	5065596	11973946669
1944 年	4	114	97	2046680	9394673314
1945 年	6	32	16	966058	3821509557
1946 年	3	13	2	268267	60637434972

从上表可以看出,条例限定除沦陷区外三年内完成地价申报,显然也是一句空话,除1943年稍多一点外,以后逐年减少。地价申报与土地陈报的"命运"基本上是一致的,效果殊途同归。究其原因,归根结底还是政权的性质使然。

五、"变味"的田赋

抗战时期,随着沦陷区的扩大,国家的财税收入越来越少,税种亦越来越少,结果"一夜间"田赋成为最重要的税源,仿佛又回到了古老的封建时代。

当时面临的一个重大问题是物资特别是粮食短缺,各地粮价物价飞涨。针对这种情况,国民党五届八中全会通过了《各省田赋暂归中央接管以便统筹而资整理案》。强调"为调剂各地军民粮食起见,得由中央统筹斟酌各地方供需情况,改征实物"[1]。五届九中全会则进一步通过了《土地政策战时实施纲要》,确定了农地地价税征收实物并全部交予中央。

---

[1]　中国档案汇编,荣孟源主编:《中国国民党历次代表大会及中央全会资料》(下),光明日报出版社1985年版,第689页。

其实,田赋的征实早在此之前就已经实行了。在抗战的特殊时期,这种做法是无可奈何的,也是必然的,早在抗日战争全面爆发不久这一政策就已经在地方出现了。最先采取这一办法的是山西省。

1937年底,时任第二战区司令长官兼山西省政府主席的阎锡山公布了田赋改征办法,规定将田赋应该缴纳的一两银改为缴纳小麦一石(市秤155斤)。阎锡山对采取这一措施有个解释,并大包大揽地承诺解决实际执行中的困难和问题:"田赋改征粮食,一方面是为解除人民评价购粮之痛苦,一方面是为解决军队吃饭问题的困难。……现在开始实行,当然不免有许多不合适之处,军政民各方应大家协力解决,如不能解决者,报我解决"①。

当时从中央层面来讲对此并没有统一要求和限制。1940年11月13日行政院第490次会议通过决议,表示"为救济军粮民食,平均民众负担起见,拟准各省田赋酌征实物"②。翌年3月行政院公布《田赋改征实物办法暂行通则》,要求"田赋征省份,应自即日起,尽量征收实物。各省征得的粮食,应尽先充作军粮"③。

是年6月,第三次全国财政会议召开,正式决定田赋征实,并确立了三原则:一是当年下半年起全国田赋一律改征实物,二是征收标准以1941年田赋正附税总额确定,每一元折收稻谷二市斗,产麦、杂粮区征收等价小麦和杂粮,三是"征"和"收"分开,采取经征经收制定,各司其职。经征机关负责经征事务,粮食机关负责经收事宜④。7月,《战时各省田赋征收实物暂行通则》发布,1942年7月,行政院颁布了《战时

---

① 《抗日战争时期国民政府财政经济战略措施研究》课题组:《抗日战争时期国民政府财政经济战略措施研究》,西南财经大学出版社1988年版,第36—37页。

② 朱子爽:《中国国民党土地政策》,国民图书出版社1943年版,第64页。

③ 《抗日战争时期国民政府财政经济战略措施研究》课题组:《抗日战争时期国民政府财政经济战略措施研究》,西南财经大学出版社1988年版,第37页。

④ 《抗日战争时期国民政府财政经济战略措施研究》课题组:《抗日战争时期国民政府财政经济战略措施研究》,西南财经大学出版社1988年版,第38—39页。

田赋征实通则》。这些法规成为田赋征实的规范,各地征实工作全面展开。

田赋征实并不能满足粮食需要,于是又采取了"征购"和"征借"的措施。前者是指政府向产粮大户定价购买余粮,但只支付三成平价现金,其余以所谓的"粮食库券"抵充;后者是指全部用"粮食库券"抵充。这二者其实都是田赋征实的"变通",在此就不详述了。

第四节　解放战争时期的土地问题

抗日战争胜利后,中国出现了历史上前所未有的新局面。抗战胜利是中国历史上取得的反侵略战争的第一次彻底的胜利,极大地鼓舞了中国人民的自信心、自强心和优越意识。国际社会也认识到了中国的力量和中华民族的伟大,承认了中国在国际事务中的大国地位。就国内而言,中国共产党及其领导的武装力量的壮大是影响中国未来发展和前进道理上的决定性因素。在土地问题上,中国共产党在其领导的区域内采取了比较有效的措施,收到了较好的效果,获得了人民特别是农民的拥护。从某种意义上讲,正是因为中国共产党重视和解决好了农民问题特别是土地问题才能取得如此辉煌的成就,才发展壮大起来。这是无可置疑的事实,是有目共睹的,国民党对此当然更不会熟视无睹。抗战胜利后,国民党必然要认真总结,对农民问题特别是土地问题当然也要充分重视。

一、国民党"六大"确立的土地政策

1945年5月5日至21日,在抗战即将胜利的前夕,国民党在重庆召开了第六次全国代表大会,主要内容是研究制定"党国大计",包括确立抗战胜利后的建国方针、国民党的新任务以及为国家的繁荣昌盛创造条件制造机遇等。会议决定在是年11月12日也就是孙中山先生

的生日这天召开国民大会实行"宪政",完成"国父"的革命建国大业。达到三民主义的完全实现。

大会对农民问题特别是土地问题高度重视。蒋介石对这个问题其实是有认识的。1941年6月全国第三次财政会议上他曾强调:"土地问题,实为一切问题中之根本问题。必须土地政策能够推行,土地问题获得真正的解决,然后我们三民主义革命的思想,才能全部贯彻,而目前建国的大业,才能得到最后的成功"①。

有一点需要特别强调的是,国民党六大再次重视土地问题和农民问题,原因固然很多,但与共产党在解放区实施的土地政策并取得了丰硕的成果不无关系。在这次会议前一个月,蒋介石曾经表示过:"我们如果不能针对土匪的土地政策在经济上做一番改革,则决不能从根本上肃清土匪"②。当然,蒋介石这是在一个军事会议上的讲话,说得赤裸裸,直呼共产党为"土匪"。其实这也是抗战胜利后国民党对共产党政策的"主基调"。一切都是围绕并服从"从根本上肃清土匪"这个中心任务的。

何应钦也承认"共产党施行此项政策(指平均地权)……争取占中国人口百分之八十五强农民"③。中国地政学会会员刘雨生早在1939年该会第五届年会上就曾毫不掩饰地强调:"共产党的土地革命,是一个重大的历史事件,是一件划时代的巨大的历史事件。它所遗留下来的可贵的经验,我们要虚心地去接受它"④。

这次大会通过了《土地政策纲领》、《农民政策纲领》以及"土地资金化方案"、"战士授田案"等。这些纲领法案都是为了规范调整农民问题特别是土地问题方面关系的。

---

① 转引自金德群:《中国国民党土地政策研究》,海洋出版社1991年版,第281页。
② 张其昀:《先总统蒋公全集》第2册,中国文化大学出版社1984年版,第1787页。
③ 李新:《中华民国史》第3编第6卷,中华书局2000年版,第146页。
④ 转引自金德群:《中国国民党土地政策研究》,海洋出版社1991年版,第310页。

《土地政策纲领》全文只有 11 条。纲要规定对于关系到国计民生的自然资源包括一切山、川、林、泽、矿产、水利等天然富源都必须立即宣布完全归公。收回后不能再归私人经营,而应由"官方经营"。

其中,规模较大的"富源"统归中央政府经营,规模较次者则归地方自治团体经营。规定凡是用于出租的耕地,不能任其继续出租,政府必须逐步开始发行土地债券,备价征收。征收后将进行统一整理重划,优先交由原耕农和抗战将士承领耕作。规定所有的土地租赁契约,必须经主管地政机关登记,并依法限制其租率。规定对所有的私有土地应急速规定地价,照价征收累进税,并实行涨价归公,等等①。

对于土地出租的限制、征收和分配是有积极意义的。其原因至少有这二点:一是为了和共产党在民心的取得上进行竞赛。我们知道共产党在抗战时期在解放区没有继续"斗地主分田地",而是实行了"减租减息"等照顾到各方利益有利于促进抗日民族统一战线巩固团结的方针政策;二是也有逐步实现"平均地权"和"耕者有其田"的思想和用意。能够用于出租的土地基本上都是地主的多余土地,任其状态存在下去是不利于农业生产和社会的稳定发展的。这里有二点值得肯定:一是对于继续出租的土地政府着手准备逐步通过发行土地债券的方式"备价征收",这是第一步,是基础性的工作,是为了限制土地私人占有量,改变当时严重的土地占有不均问题;二是土地征收后的处理方法。征收后政府要集中统一管理,要重新进行规划整理,要优先把土地授予原来已经在该田地上进行租佃的农民和抗战将士,由他们"承领耕种"。授予原耕种的租佃农民有利于土地的合理利用,提高土地的利用效率,调动原佃农的积极性;授予抗战将士既是对他们抗战贡献的奖励,也是对他们出路的合理安排,为他们解除后顾之忧,也有利于调动

① 参见中国档案汇编,荣孟源主编:《中国国民党历次代表大会及中央全会资料》(下),光明日报出版社 1985 年版,第 925—926 页。

他们的积极性,合情合理。

规定土地租赁合同必须到主管地政机关进行登记,对地主收取的土地出租租率进行限制,这也是为了保护佃农的利益,限制地主利用拥有土地资源优势漫天要价胡作非为。

对私人土地尽快急速地进行地价的确定,然后实行累进税制征收地价税,实现涨价归公的目标。这一举措既能增加政府的财政收入,又能限制地主大量占有和囤积土地,从某种程度上减少土地占有严重不均的现象。

总之,纵观《土地政策纲领》内容,其进步性还是很明显的,其主旨既是为了增加政府财税收入,也是为了限制地主的土地占有和对佃农的过度剥削,保护佃农的利益,发展自耕农,同共产党争夺人民的拥护,同时也向实行平均地权和耕者有其田的道路上前进了一步。

为了能使《土地政策纲领》和其他一系列法案得以真正贯彻落实,大会宣言里告诫要求全党同志"必当特别置重于民生主义的实施。举凡防止资本垄断,扫除生产障碍,抑制土地之兼并,实施耕者有其田之主张……已着手实施者,当力求其贯彻,其尚未致力者,必竭诚以推行"①。也就是说,国民党是把这个纲领放在了三民主义的高度来看待和认识的,是和民生主义的实现紧密联系在一起的。

二、继续扶植自耕农

所谓自耕农,是指拥有一定数量的自有耕地用以耕种以维持全家生活的农民。在封建社会里,这是一种"桃花源"般的理想生活模式。"采菊东篱下,悠然见南山",一家人在自己的田地上自由耕作,其乐融融。在"肩挑手耕"式的农业社会里,这是一种最合适的农业生产方

---

① 参见中国档案汇编,荣孟源主编:《中国国民党历次代表大会及中央全会资料》(下),光明日报出版社 1985 年版,第 913 页。

式。有识之士、黎民百姓甚至是一些封建帝王都在幻想追求着,以求实现"天伦之乐"、"天下太平"的理想状态。到了近代,洪秀全也好,孙中山也好,毛泽东也好,或者是其他的仁人志士,更是孜孜不倦梦寐以求地去追寻努力着。不管是国民党还是共产党,不管是平均地权、耕者有其田还是打土豪、斗地主、分田地,其目的都是一样的,目标都是一致的,是殊途同归,是为了天下都是"人人自耕"的彻底实现。

早在抗日战争时期,国民政府就开始重视自耕农的扶植。1936年底国民党中央政治会议通过的《土地法修正原则二十四项》中就确定了扶持自耕农的政策(参见本书第三章第二节),但当时和其后较长时间内并未实施。

大约五年后,也就是1941年4月,中国农民银行设置了土地金融处,此项工作逐渐展开。是年12月,国民党五届九中全会通过了《土地政策战时实施纲要》,再次确立了该项政策,其第8条规定得较详细(参见本书第三章第三节)。次年6月,地政署成立,当时的中心工作就是扶植自耕农。该署成立后仅三个月就制定出《非常时期自耕农实施办法草案》。但当时行政院考虑到种种因素只允许在少数地方"试办",于是地政署二个月后制定了《试办扶植自耕农实验区方案》。各地据此纷纷展开了此项工作。

扶植自耕农,作为一种"新鲜事物",引起了方方面面的关注。当时就有人指出,其含义至少有三点:"第一,如何保障现有的自耕农以及扶植的自耕农不会破产沦为佃农和雇农;第二,如何使无自有土地的耕者为有土地自耕,即使佃农或雇农变为自耕;第三,如何使有土地而不自耕者去耕种作自有土地"[1]。还有人认为,是要将无土地的佃农、雇农便成有土地的自耕农且对已有自耕农进行维护,使他们不失去

----

① 万国鼎:《扶植自耕农概论》,《地政月刊》1937年第5卷第2、3期合刊。

土地①。

当时扶植自耕农分二种类型:一是政府直接创设,将依法征收的非自耕农的土地发给农民耕种,称为甲种;二是贷款给农民购买或赎回土地自耕,称为乙种。为了有效推行该项工作,还在重庆郊区专设了北碚扶持自耕农示范区。

然而,这项工作取得的成效甚微,与其投入相比更有得不偿失之感。北碚扶植自耕农示范区天时地利与人和都占了,"投入的人力最大,经费最多","仅就征收土地的补偿金用去 200 万元,结果只扶植 70 户自耕农"②。其他地方可想而知。

抗战胜利后,该项工作并未放弃。1946 年 4 月公布修正《土地法》时在第一编专门增加"地权调整"一章。该章的主要内容和目的就是自耕农的创设和扶持。这一思想集中体现在第 28—34 条里,分别是这样规定的:所有私有土地不区分属性,对个人和团体所拥有的土地面积都要限定最高占有额。对于超出限额部分必须限令在一定期间内将其分划出卖。拒不执行者政府将依法对其予以征收;对于私有农地所有权的转移,必须转让给有能力自己耕种者;各地根据实际情况酌情规定自耕农拥有自耕地的最小面积,并不能再行分割;佃农承租的土地如果连续耕种超过八年以上,必须报告政府,由政府对该出租土地代为照价征收;对于私有荒地、不在地主的土地和私有土地超出最高限定额部分,政府征收时不支付现金,而是发行土地债券给付,征收的土地用于自耕农场的创设③。同年 10 月公布的《绥靖区土地处理办法》及 1948 年 3 月拟定的《修正绥靖区土地处理条例草案》也有自耕农土地发还限制地租额等扶植自耕农的规定。同年底所谓的国民大会制定的《中华民国宪法》第 143 条也宣称"国家对于土地之分配与整理,应以扶植

---

①　参见朱剑农:《扶植自耕农问题》,中华书局出版社 1944 年版,第 8 页。

②　金德群:《中国国民党土地政策研究》,海洋出版社 1991 年版,第 285、293 页。

③　参见金德群:《中国国民党土地政策研究》,海洋出版社 1991 年版,第 312—313 页。

自耕农及自行使用土地人为原则,并规定其适当经营之面积"①。

这些规定意图很明确,大力扶植自耕农! 据对 14 省的中国农民银行扶植自耕农统计,1946 年的数字同比确有提高。该年度共在 5 县 4 个甲种区域和 16 个乙种区域贷款 915,995,975 元,扶植 3,304 户自耕农,耕地面积 18,025.75 亩;1945 年只贷款了 4,000,000 元,扶植了 815 户自耕农,耕地面积是 12052.68 亩②。

然而,总的来说,扶植自耕农政策也是不成功的。"由于国民党缺乏在制度上对自耕农的保护,所以其政策推行的结果,难免发生自耕农'此扶起,彼又倒'的情形,而且,自耕农纷纷破产的数字,远远超过扶植起来的自耕农数"③。

三、修正《土地法》

上面我们分析过,1930 年《土地法》事实上并没有真正贯彻实施,其存在的问题确实很多,抗战前夕经修正后尚未公布抗日战争就全面爆发了,该项工作被迫中止。抗战胜利后,经济社会条件都发生了很大的变化,土地问题变得更复杂更敏感,任务更加繁重,也越来越更加需要改革规范。正是在这样的背景下,南京国民政府在一边出台临时举措的同时一边加紧修正《土地法》工作,终于在 1946 年 4 月 29 日公布了修正后的《土地法》。

修正后的《土地法》还是五编,共 25 章 247 条。第一编"总则"仍然是一些一般性的规范、准则,比如"土地"的法律含义及其分类,地权的取得、所有、限制、转让、调整等等,都是一些一般性的通用法则。第

---

① 《中华民国宪法》,见彭明主编:《中国现代史资料选辑》第 6 册,本册编者,金德群、杜建军,中国人民大学出版社 1989 年版,第 246 页。

② 转引自石攀峰:《从"扶植自耕农"看民国时期土地政策之实施》,《求索》2012 年第 11 期。

③ 金德群:《中国国民党土地政策研究》,海洋出版社 1991 年版,第 295 页。

2 编将"土地登记"的标题改为"地籍",内容包括地籍整理的程序、土地登记的诸多规范、地籍测量的次序、方法、委托、公告以及土地的总登记和土地权利变更的登记等。第 3 编是土地的使用,包括土地使用的内涵、各种使用地的编定、变更、房屋和耕地租用的规定、空地、荒地的概念和征收等。第 4 编规定了土地税的种类、地价及改良物价的价值、申报和估计、地价税、土地增值税征收的标准和方法、土地税的各种减免规范以及欠税的处罚办法、程序等。第五编是土地的征收,包括土地征收的目的、范围、条件、种类、限制、补偿等①。

和 1930 年的《土地法》相比,这次修正后的新法进步性还是很明显的。其根本宗旨同国民党六大制定的《土地政策纲领》是一致的,与国民党六大的精神是一脉相承的。上面我们说过,国民党六大的大会宣言强调"必当特别置重于民生主义的实施"。修正后的"土地法立法根本精神,在求民生主义的实现"②,显然如出一辙。

接受了 1930 年《土地法》及其实施法时间上严重拖拉分离的教训,此次在公布新的《土地法》的同时就公布了《土地法施行法》。"施行法"也是五编,共 61 条。这两个法规相互补充,相辅相成,相得益彰。

国民党对农民特别是土地工作的现状及存在的问题确实有比较正确的认识,也的确想缓和甚至是逐步解决。上面我们说过,修正后的《土地法》在第一编专门增加"地权调整"一章,这种意图昭然若揭。其主旨和重心就是注重自耕农的创设和扶持,其实这也是调整地权的主要内容和目的。第 28—34 条对此有比较详细具体的规范(参见本节前一部分)。

这些思想其实在这以前基本上已经以各种方式方法不同程度地规

---

① 关于该法的条款参见:《土地法》,1946 年 4 月 29 日国民政府修正公布,见《中国土地问题教程》,国防部政工局印 1948 年版,第 78—115 页。

② 关于该法的条款参见:《土地法》,1946 年 4 月 29 日国民政府修正公布,见《中国土地问题教程》,国防部政工局印 1948 年版,第 55 页。

定实行实施过。如果能够真的贯彻落实好,其积极意义不言而喻。对私有土地最高限额的规定有利于缓解和解决土地兼并和集中问题,禁止私有农地转让给无能力自耕者也是这一目的,其他几项规定莫不如此。总之新增加的地权调整内容就是为了逐步实行平均地权和耕者有其田,其目的性非常明确。

修正后的土地法将地租的收取标准进行了变更。原来的规定是不能超过正产物的375‰,参照物是土地一年正产物。修正后的参考标准则是地价。规定"地租不得超过地价百分之八,约定地租和习惯地租,超过百分之八者,应比照地价百分之八减定之,不及地价百分之八者,依其约定或习惯"①。

前面我们就分析过"一年正产物"很难认定和操作,易生纠纷。相比较而言,新的规定至少有三点优势,一是易于操作,切实可行。以地价为参考,简单明了。地价是通过一定的程序确定了的,便于掌握,虽然可靠性也值得怀疑,水分很大,但毕竟政府"登记在册",一目了然。二是以地价为参照物也比较合理,地价的多少总的说来也能反映土地的肥沃程度和收获物的高低。三是能够调动佃农的生产积极性,使土地得到更加合理的开发利用。因为地价是确定的,那么佃农交给地主的地租数额也就确定下来了,不管田地的收获多少,承租者缴纳的地租数量是不变的。对于佃农来讲,收获的越多自己得到的也就越多。

修正后的《土地法》存在的问题和不足也很多。最主要的表现还是体现在对地主和权贵势力权益的保护方面。例如,第54条关于"和平"继续占有土地取得所有权的规定就很明显。对于所谓的"和平"继续占有土地者,如果他们提出请求将该土地登记为所有权人,只要在规定的登记期限内,土地的四邻又能给予证明,就能够登记为该土地的所

---

① 《土地法》,1946年4月29日国民政府修正公布,见《中国土地问题教程》,国防部政工局印1948年版,第95页。

有者。这个规定可以说很荒唐。能够被"继续"和平占有的土地其所有者因种种原因往往不能行使土地所有权了,其"继续"和平占有者当然有一部分为其亲朋好友,但毋庸置疑也有相当的部分是为豪强劣绅地主权贵强取豪夺所取得的。对具体情况应做具体分析区别对待处理,对于后者应该由政府禁止并收回才是。如此规定无疑是在保护这部分人。1930 年的《土地法》并无此规定。这是不合理的,是一种倒退。

我们知道,不在地主的土地要课以重税。相对于 1930 年的《土地法》,修正后的《土地法》对于不在地主的认定排除了一种情况,即因"灾难变乱"离开土地所在地之县市者不属"不在地主"之列。当然,经过连年战争,人民流离失所,大批穷苦百姓离开了土地。但是也应区别情况对待才是。农民的土地毕竟有限,既是背井离乡也是四处逃荒要饭颠沛流离。而毋庸置疑也确有相当数量的地主逃离"故土",不管逃到哪里他们依然能丰衣足食。他们的土地数量比较可观,应该课以不在地主之税。这种规定也容易解读为保护地主的利益,事实是其立法用意也难辞其咎!

对于拥有土地最高限额的规定此种意图更为明显。修正后的《土地施行法》第 7 条明确规定:"土地面积最高额之标准,应分别宅地、农地、兴办事业等用地。宅地以十亩为限,农地以其纯收益足供一家 10 口之生活为限。兴办事业用地,视其事业规模之大小,定其限制"①。

中国地大物博,各地差异很大,所以规定由各地根据实际情况决定具体最高限额。这是很必要的。我们且看看广西、甘肃、云南和青岛的情况。

广西是这样规定的:首先从种类上将土地区分为耕地水田一类和旱地一类,从肥瘦上区分为上、中、下三等。具体限高为:私有耕地和水

---

① 《土地法》,1946 年 4 月 29 日国民政府修正公布,见《中国土地问题教程》,国防部政工局印 1948 年版,第 116 页。

田每户上、中下三等田分别不能超过 50、75、100 市亩。每户人口超过
10 人者,每超过 1 人,分别增加上、中、下三等田 5、7.5 和 10 市亩。对
于旱地,比照水田上中下等额均增加一倍。如是水旱地兼有者,应当按
照比例分别计算①。

甘肃省的规定是:将农地分为三等各则地。每户限额分别是 50、
100 和 200 市亩,此外还区分有"间歇地"和牧地,均不能超过 300 市
亩。云南是把土地区分为水田和耕地,也分为三等,限额分别是 60、
100、150 市亩;耕地则相应按照等级分别增加一倍。青岛相对比较简
单,与其区域的狭小和发展相对均衡有关,规定宅地每户不能超过 5
亩,农地不区分种类肥瘦为 50 市亩②。

然而当时中国实际土地人均占有情况要远远低于这些数字。国民
党土地委员会曾调查了 16 省 150 余万农户,结论是每户实际拥有耕地
面积不到 16 亩。金陵大学对 22 省 16000 所农户田场调查的结果是每
户平均耕地约 22 亩③。

还有一点需要说明的是,限高规定是以每户 10 口人计算的。不足
10 口者按照 10 口计算,超出者要增加土地。上述几地的限高规定显
然过于宽松,几乎达不到目的。客观上看倒是为地主过多占有土地提
供了合法的保护。

总的说来,修正后的《土地法》和《土地实施法》同其他法规措施一
样基本仍是"议而不决"、"决而不行"之命运。其内容在向前迈了一大
步的同时也存在着明显的缺陷。正向我们前面一再指出的那样,最根
本的原因还是国民党政权的性质使然。一方面,要维护地主阶级的利

---

① 参见李之屏:《限制私有土地面积办法之商榷》,见《地政通讯》第 2 卷第 23 期。转引
自金德群:《中国国民党土地政策研究》,海洋出版社 1991 年版,第 317 页。

② 参见:《滇桂黔青(岛)四省市限制私有土地》,《地政通讯》第 3 卷第 7 期,1948 年 8
月,转引自金德群:《中国国民党土地政策研究》,海洋出版社 1991 年版,第 317 页。

③ 参见李之屏:《限制私有土地面积办法之商榷》,《地政通讯》第 2 卷第 23 期,1947 年
12 月;转引自金德群:《中国国民党土地政策研究》,海洋出版社 1991 年版,第 318 页。

益。另一方面要和共产党争夺人民的支持拥护。国民党正是在这种矛盾纠结状态中犹豫不决蹒跚而行并最终狼狈地逃离大陆。

四、"绥靖区"土地政策

抗日战争胜利后,中国共产党领导的解放区发展壮大起来,并得到了这片土地上的人民的真心拥护。1946 年 6 月,国民党进攻中原解放区,解放战争全面爆发。刚开始国民党军队保持着凌厉的攻势。10 月,攻占了解放区重镇张家口,气焰十分嚣张,认为消灭共产党已"指日可待"。对于所谓"收复"的共产党领导的解放区,国民党称为"绥靖区"。就是在这种情况下,行政院 10 月 25 公布了《绥靖区土地处理办法》。

该办法共 21 条,主要内容有:农地所有权人是自耕农的,依据原有证件或保甲四邻证明文件收回自耕;农地所有权人不是自耕农者,在政府没有依法处理之前,允许依据原有证件或保甲四邻之证明文件,保持其原有所有权,但应该由现耕农民继续佃耕;对于佃租额,不得超过农产物三分之一,约定使用钱币交租的,不能超过农产正产物三分之一的折价;变乱期间农民欠缴的佃租全部免于追缴;农地经过非法分配的,一律由县政府依法征收,其地价由县政府依法估价折合农产物,用土地债券方式分年补偿;县政府依法征收土地后,按照下列优先次序分配给人民缴价承领自耕:变乱前原佃耕人、现耕种人、有耕种能力的退伍士兵和抗战军人家属;农民承领土地后,应依照估定地价折合农产物,在 15 年内向中国农民银行缴纳之;承领土地的农民不按照规定按期缴纳地价的,县政府将其所领土地收回再行放领;农民承领土地,县政府发给土地所有权状,并依法令管理之;承领土地之农民,应当从承领土地之日起依法缴纳土地赋税等①。

---

① 全文参见:《土地法》,1946 年 4 月 29 日国民政府修正公布,见《中国土地问题教程》,国防部政工局印 1948 年版,第 125—127 页。

这些规定涉及的内容较多,但其基本点是恢复这些地区原来的土地所有制度。

实事求是地讲,该土地处理办法既有正确的一面,也存在着严重的不足。前者表现在对于自耕农土地的发还、地租不能超过正产物的三分之一(通常被称为"三一还租")、征收土地的发放对象等等。不足之处就是尽力维持原有的土地秩序。对于不是自耕农的土地保持其所有权,显然这是在维护地主阶级的利益。

后来,随着国民党的节节败退,国民党意识到争取"绥靖区"人民的重要性和急迫性,于是 1948 年 3 月华中绥靖会议通过了《修正绥靖区土地处理条例草案》,全文共 18 条①。该草案有三点值得肯定。

第一,对于不是自耕农的土地采取了限制的办法。每人按照上等田 5 亩的限额保留,超出部分农地由县政府征收,发放给缴纳地价的承领人自耕。这里有二点值得注意,一是对于自耕农并没有每人上等田 5 亩的限定,二是此处规定比 1946 年 4 月《修正土地法施行法》规定的土地限额还要"苛刻",该法是规定"农地以其纯收益,足够一家十口之生活为限"。

第二,重新确定了"三一还租"的内涵。该草案规定"佃租额不得超过每年一次农产正产物三分之一"。前面我们说过,"农产正产物"容易起争议。司法院的解释也不一致,曾解释是指一年两季节可收益的主要产物,又曾解释为"全部农产物"②。此草案规定得很确切,是"每年一次农产正产物",和司法院的解释比,大大减轻了佃农的负担。

第三:规定"田赋由土地所有权人缴纳,其他按田亩分摊之地方捐款,主佃各半分担"。这一规定也大大减轻了佃农的负担。

然而,遗憾的是,该草案并没有予以颁布实施。它的制定本来就是

---

① 全文参见:《修正绥靖区土地处理条例草案》,见《中国土地问题教程》,国防部政工局印 1948 年版,第 128—130 页。

② 参见金德群:《中国国民党土地政策研究》,海洋出版社 1991 年版,第 323 页。

在桂系的左右下形成的。当时的华中地区在桂系"小诸葛"白崇禧的控制之下。蒋介石和桂系之间一直都是貌合神离的。对于这样一个触动地主阶级利益的草案,其命运更是可想而知了。

上述的所谓"绥靖区"土地政策也并没有得到认真的实施。人们所看到的似乎只是地主还乡团到处追索土地、残害百姓的场面。而且,这些"绥靖区"往往很快又回到了人们的怀抱。国民党的这些政策也就随着人民解放军的节节胜利画上了句号。

五、《农地改革法草案》的"议而不决"

该草案是由立法委员兼中国土地改革协会理事长萧铮提案并经张道藩等 84 人连署于 1948 年 9 月 21 日正式向立法院提交审议的[①]。草案是在中国土地改革协会拟定的《土地改革方案》的基础上形成的。

对于土地问题的严重性,中国土地改革协会有非常清醒的认识。正如在其 1947 年 4 月 6 日成立大会上通过的宣言中所说的:"目前的事实更告诉我们,中国的土地问题,比以往任何时代都严重,它已使我们的国家和民族走到一个前进或落后,兴隆或颓败的关头上;如果我们不能解决它,它便会解决我们! ……我们认识了它的严重性,我们断不应放纵它,再宽容它"[②]。1948 年 2 月 29 日,经过充分酝酿,该会公布了《土地改革方案》[③]。

方案在"序言"里说明了土地改革的急迫性和目标:"我国当前土地问题之严重,已成为一切祸乱的根源和民族生死的关键,而政府现行有关土地的法令,并不足根本解决这一问题,如果不急求彻底而普遍的

---

① 参见金德群:《中国国民党土地政策研究》,海洋出版社 1991 年版,第 335—336 页。

② 《中国土地改革协会宣言》,见彭明主编:《中国现代史资料选辑》第 6 册,本册编者,金德群、杜建军,第 459 页。

③ 全文参见《土地改革方案》,见彭明主编:《中国现代史资料选辑》第 6 册,本册编者,金德群、杜建军,中国人民大学出版社 1989 年版,第 465—467 页。

改革,实有非常可怖的后果。本会在成立宣言中,曾提出'农地农有'的原则;兹根据当前的需要,提出这个土地改革的初步方案,以期迅速而普遍的达到耕者有其田的目标,并实现宪法第一百四十三条的精神"①。

这里的宪法第一百四十三条是指1946年所谓的国民大会通过的《中华民国宪法》,第一百四十三条内容是这样的:

> 中华民国领土内之土地属于国民全体。人民依法取得之土地所有权,应受法律之保障与限制私有土地应照价纳税,政府并得照价收买。
>
> 附着于土地之矿,及经济上可供公众利用之天然力,属于国家所有,不因人民取得土地所有权而受影响。
>
> 土地价值非因施以劳力资本而增加者,应由国家征收土地增值税,归人民共享之。
>
> 国家对于土地之分配与整理,应以扶植自耕农及自行使用土地人为原则,并规定其适当经营之面积②。

方案共7章,主要内容有:全国所有农耕土地应从即日起一律归现耕农民所有;现在佃耕他人土地的农民分年清偿地价,取得土地所有权,从佃农变身为自耕农;佃农缴纳地价是现租额的七倍,分十四年交纳,且现租额以不超过正产物375‰计算;自缴纳地价、清偿地价之第一年起,原土地所有人的土地所有权即行终止,而移转于原耕佃农。取得土地的佃农,每年缴纳地价十四分之一,至第14年地价清偿完竣后即取得其土地所有权状;凡不是从事自耕的任何人民都不能购买耕地,以根绝土地兼并;为彻底实行土地改革,各地佃农应当组织佃农协会,

---

① 全文参见《土地改革方案》,见彭明主编:《中国现代史资料选辑》第6册,本册编者,金德群、杜建军,中国人民大学出版社1989年版,第465—466页。

② 《中华民国宪法》,见彭明主编:《中国现代史资料选辑》第6册,本册编者,金德群、杜建军,中国人民大学出版社1989年版,第246页。

代为办理土地登记收缴地价。

这个方案切中时弊,确实与宪法的精神相一致,进步性有目共睹,公布后各界反响剧烈,"京沪各大报均纷加赞扬。美国《基督教科学箴言报》亦揭载全文,并著论谓此项改革方案甚为重要,应视中国政府能否实行,以为美国对华继续援助的条件"①,如果能实现,则国民政府就能"逃出死亡的威胁"②。

然而,对于宪法也好,备受欢迎的《土地改革方案》也好,国民政府并没有认真实行。

一些立法委员实在看不下去了,在 1948 年 7 月 3 日纷纷提出质询。有的认为"……解决久悬不决的土地问题,……必须大刀阔斧地把握平均的严重,规定明确的改革方案,实现耕者有其田";有的要求"严格执行土地政策使耕者有其田";有的希望"土地方面实行彻底的改革,争取广大的农民拥护政府";有的疑惑"翁院长……未言及发行土地公债,收买地主土地,实行土地合理分配……不会不令人怀疑";有的感叹"平均地权的口号至少有四十多年的历史。政府无论说的如何响亮,目前人民是不会相信的";有的指责"我政府对国父所主张土地涨价归公办法从未施行"③。

有鉴于此,中国土地改革协会拟定了《农地改革法草案》,并由立法委员萧铮作为提案人,张道藩等 84 人连署,于 1948 年 9 月 21 日正式呈请立法院审议④。该草案"是依照《土地改革方案》的原则拟定的,细节虽有补充;精神仍是一贯。它的基本精神,在于迅即终止佃耕制度,普遍实现耕者有其田,而同时不使中小地主骤然失去生活的保障,

---

① 萧铮回忆录:《土地改革五十年》,中国地政研究所 1980 年版,第 288 页。
② 萧铮回忆录:《土地改革五十年》,中国地政研究所 1980 年版,第 295 页。
③ 《立法委员关于土地问题的质询和翁文瀬内阁的答复》,见彭明主编:《中国现代史资料选辑》第六册,本册编者,金德群、杜建军,中国人民大学出版社 1989 年版,第 468 — 471 页。
④ 参见金德群:《中国国民党土地政策研究》,海洋出版社 1991 年版,第 335—336 页。

可以在比较和平安定的过程中完成这一改革"①。

草案共 19 条②。较之《土地改革方案》内容修正和不同的地方有：自耕农家庭拥有的农地面积是以供养 8 口人生活必需的物质条件为限定标准；对于军人要特别优待，政府发放自耕田地时现役军人的家属有优先承领权，且不用支付地价，而是由政府分年代为偿付；对于现役军人、退役荣誉军人和阵亡军人遗族所拥有的农地，在限额内的土地既是不是自耕也应保留其土地所有权；如果土地所有权人收取的地价超过当地自耕农全年土地的收益过高应予以减免，具体为超过 1 倍的超出部分减少 25%，超过 2 倍的减少 50%，超过 3 倍的减少 75%，超过 4 倍以上的全部减免。但是这些减免的地价只是农地的承领人不用缴纳给原所有权人。还需足额给予政府，用作地方公共建设之基金和偿付现役军人直系家属承领的自耕农地的地价；乡镇农地改革委员会由 9 人组成，佃农代表 3 人，其余分别是雇农代表、自耕农代表、农地原所有人代表、政府代表、土地改革社团代表和农地技术专家各 1 人；农地原有的供佃农、雇农使用的房屋耕畜农具和农业设备由农地承领人照公平估计购买，所需资金给予酌量贷款。

新增加和修改的内容更加切合实际，主要有二个目的，一是奖励优待军人，二是大力扶持自耕农。前者能够激励军人安心"本职工作"，解除他们的后顾之忧，使他们得到应用的回报；后者是"国父"的遗愿，是民生主义特别是平均地权和耕者有其田的理想目标。

然而，草案递交到立法院后，虽然也经过了数次讨论，但始终没有结果。最后也是在人民解放战争的隆隆炮声中不了了之了。

总之，解放战争时期国民党确实也曾努力想解决土地方面存在的种种问题和弊端，特别是想继续大力扶植自耕农，逐步实现平均地权和

---

① 万国鼎：《农地改革法案要旨说明》，见《土地改革》第 1 卷第 8、9 合刊。
② 全文参见：《土地改革》第 1 卷第 8、9 合刊。

耕者有其田的理想,然而不管是有意也好还是无意也好,总是"雷声大雨点小",总是"光喊人不捉贼"。可以说是冠冕堂皇,似乎又力不从心,甚至是口是心非。其深层次原因还是我们在前面一再提到的,最根本的是由其政权的属性所决定的。

纵观中华民国成立后的土地状况,虽然国民党一直在标榜以三民主义思想为指导,要继承"国父"遗愿,要实现民生主义,要平均地权,要做到耕者有其田,并且也确实为此做过很多努力,然而直到他们在大陆垮台也没有做到。究其原因,最重要最根本最主要的就是他没有代表最广大人民群众的利益。他们在大陆统治期间土地越来越集中到少数人的手中,农民土地的占有率呈明显下降趋势。据 1944 年对位于四川、西康、云南、贵州、甘肃、陕西、宁夏、新疆等地的统计,地主人口不到 3%,却占有土地 60%。重庆 2% 的地主竟然占有 95.6% 的土地。真是触目惊心[①]!

再看下面的统计数据[②]!

1912—1947 年 22 个省农民无地化的趋势 （单位:%）

时　期	合　计	自耕农	半佃农	佃　农
1912	100	49	23	28
1931	100	46	23	31
1936	100	46	24	30
1946	100	42	25	33

综上所述,我们完全可以得出这样的结论,正是因为中国国民党口

---

① 参见《四川土地问题》,《新蜀报》1944 年 6 月 15 日;转引自金德群:《中国国民党土地政策研究》,海洋出版社 1991 年版,第 296 页。

② 严中平等编:《中国近代经济史统计资料选辑》,科学出版社 1955 年版,第 276 页;转引自彭明主编:《中国现代史资料选辑》第 6 册,本册编者,金德群、杜建军,中国人民大学出版社 1989 年版,第 462 页。

是心非,竭力维护地主阶级的利益,没有解决好土地问题,因而也就没有得到最广大的人民群众的爱戴和拥护。这是其在大陆失败的根本原因,也是必然结果!

第四章 中国共产党的土地 主张、政策和实践

中国共产党的成立是中国历史上开天辟地的大事。从此以后，中国革命掀开了崭新的篇章。在中国共产党人的领导下，中国人民经过艰苦不懈的奋斗，虽然也经历了无数的挫折和失败，付出了惨重的代价，但最终还是取得了一个又一个的胜利，建立了中华人民共和国。

在农民和土地问题上，中国共产党人虽然同样也走了不少弯路，但最终还是采取了正确的策略方针，赢得了最广大人民群众的支持和拥护，把没能处理好土地问题的中国国民党政权赶出了大陆。可以这么说，谁解决好了土地问题，谁就能赢得民心，就能稳固政权。土地问题是一定时期内检验政权是否执政为民的试金石。

第一节 土地革命战争时期的土地 主张、政策和实践

中国共产党对于土地问题和农民问题的认识是渐进的，有一个逐步发展和深化的过程。成立之初可以说很笼统甚至是模糊的、偏颇的，单从理论上、主张上、政策上就经历了不短的时间，至于将其落实到行动上真正"打土豪分田地"，那是要到被"四一二"政变和"七一五"政变的昔日"同志"的枪炮声警醒后。

　　昔日"盟友"的屠刀使中国共产党人幡然醒悟。他们真正意识到了政权是用枪杆子取得的。他们没有被吓到,没有屈服,而是毅然决然地从地上爬了起来,掩埋好了同志的尸首,擦干了眼泪,抹去了身上的血迹,拿起了武器,对国民党"以牙还牙",吹响了中国革命武装反抗的号角,在他们占领的区域内开展了轰轰烈烈的"斗地主分田地"的农民运动,将农民千百年来对土地的渴望和梦寐以求变成了现实。

一、土地革命前中国共产党土地问题主张的演变

　　中共一大已经涉及土地方面的问题。一大会议旗帜鲜明地宣布"共产主义者主张将生产工具——机器,工厂,原料,土地,交通机关等——收归社会共有,社会共用。要是生产工具收归共有共用了,私有财产和赁银制度就自然跟着消灭"①。据编者注解,"这个文件不是原件,是从苏共中央移交给中共驻共产国际代表团的档案中选出来的。是根据英文稿又译成的中文稿"。"据初步考证,这个译本可能是参见远东民族会议中国共产党代表团的主要成员翻译的,……写这个说明可能性比较大的是张太雷"②。不管是英译版还是俄译版,中共一大通过的《中国个共产党纲领》中都有类似的规定。也就是说,将土地没收归国有已经提到了,虽然是和其他重要生产工具相提并论。但是联系到中共一大召开的背景和状况,特别是最后一天的匆忙被迫转移,我们觉得已经难能可贵了。

　　还有一点能够印证提到土地的没收实属不易。要知道,整个的《中国共产党纲领》(中共驻共产国际代表团档案的俄译本)也就是那么简短的十几条而已,都很笼统简单。而该纲领的第二条又是"二、本

---

　　① 《中国共产党宣言》,见彭明主编:《中国现代史资料选辑》第一册,本册编者,金德群,中国人民大学出版社1987年版,第338页。

　　② 《中国共产党宣言》,见彭明主编:《中国现代史资料选辑》第一册,本册编者,金德群,中国人民大学出版社1987年版,第338页。

党纲领如下：……（3）消灭资产阶级私有制，没收机器、土地、厂房和半成品等生产资料，归社会公有"①。第二条一共只列了四款"党纲"。也就是说，在当时的那12位中共一大代表看来，真正的所谓"纲领"，也就列举了那么简短的四点；这其中，就有土地的没收归为公有。纲领的英译本也大同小异。

我们认为，在中共一大连民主革命和社会主义革命的性质和任务都没有确定甚至都没有认清的情况下，对于土地没收归公的提及还是应该予以充分肯定的，应当说还是相当重视的，而不能像有些论者的看法，认为没有重视土地问题或农民问题。例如，有的认为"对农民的土地问题没有给予重视"②，有的认为"中国共产党第一次全国代表大会忽视中国农民问题。1921年7月23日至31日，在上海召开了党的第一次全国代表大会。会上通过的当前实际工作的决议中，没有提到农民问题"③。

中共二大宣言对农民问题专列一节论及。在宣言第二部分《中国政治经济现状与受压迫的劳苦群众》的第二节里，明确指出："中国三万万的农民，乃是革命运动中的最大要素。农民因为土地缺乏、人口稠密、天灾流行、战争和土匪的扰乱、军阀的额外征税和剥削、外国商品的压迫、生活程度的增高等原因以致日趋穷困和痛苦。近来农民更可分为三种界限：（一）富足的农民地主；（二）独立耕种的小农；（三）佃户和农业雇工。第一种占最少数。第二、第三两种的贫困农民至少也占百分之九十五。如果贫困农民要除去穷困和痛苦的环境，那就非起来革命不可。而且那大量的贫困农民能和工人握手革命。那时可以保证

①　《中国共产党第一个纲领》，见彭明主编、金德群副主编：《中国现代史资料选辑第一、二册补编》，本册编者，金德群，中国人民大学出版社1991年版，第117—118页。
②　农业部农村经济研究中心当代农业史研究室编：《中国土地改革研究》，中国农业出版社2000年版，第18页。
③　陈荷夫：《土地与农民——中国土地革命的法律与政治》，辽宁人民出版社1988年版，第49页。

中国革命的成功"①。

　　显然,中国共产党人已经充分意识到了农民的重要性了,认为占人口绝大多数的农民是中国革命的"最大要素"。这里的含义至少应有四点:一是农民是中国革命成功的关键因素,二是农民是中国革命的主力军,三是农民是中国革命最大的动力,四是农民是中国革命最大的源泉。

　　但是,宣言对地主的认识是不准确的,将农民笼统地分为"三者界限",显然容易给人以地主也是农民中的一部分的感觉。宣言称为"富足的农民地主",有失公允。地主阶级虽然人数较少,按照宣言的估计在5%以下,但却是一个独立的阶级,且位居统治地位。他们是农民阶级的对立阶级。两个阶级是你死我活的关系,是封建社会里最主要的矛盾。对此要有清晰的认识。

　　宣言对农民的土地问题特别是对土地的渴望确实没有给予重视。党的一大纲领中还提及要没收土地变为公有。与此相比,二大显然是倒退了。二大宣言中虽然意识到农民"土地缺乏","独立耕种的小农"以及"佃户和农业雇工"这些"贫困农民至少也占百分之九十五",但对于如何解决该问题却表现出了退步性。宣言在第三部分"中国共产党的任务及其目前的奋斗"的第二节里指出了"中国共产党为工人和贫农的利益在这个联合战线里奋斗的目标",共7条,其中,第7条是"制定关于工人和农人以及妇女的法律",共六款,涉及土地方面的有第2款中的"规定全国——城市及乡村——土地税则"和第4款"规定限制田租率的法律"②。从这些规定可以看出,对于土地的占有情况中国共产党在这里是给予承认的,也就是允许和维护地主阶级的土地私人所有权的。在这个前提下,只是考虑从土地税的征收和地租率的限制方面维

---

　　① 《中国共产党第二次全国大会宣言》,见彭明主编、金德群副主编:《中国现代史资料选辑第一、二册补编》,本册编者,金德群,中国人民大学出版社1991年版,第152页。
　　② 《中国共产党第二次全国大会宣言》,见彭明主编、金德群副主编:《中国现代史资料选辑第一、二册补编》,本册编者,金德群,中国人民大学出版社1991年版,第145页。

护农民阶级的利益。其实这是与马克思主义关于无产阶级革命的基本原理相违背的,也与中国共产党的根本宗旨和最终奋斗目标背道而驰的,与中共二大制定的民主革命阶段的纲领也是不一致的。从这里也可看出这期间中国共产党人对土地问题的认识是幼稚的,是模糊不清的。

在 1923 年 6 月 12 日至 20 日在广州举行的中共三大上,农民问题和土地问题也没有得到应用的重视。根据共产国际的指示,这时的中国共产党中央已经被迫迁往广州,共产党员也被迫全体加入国民党内了。这时中国共产党的主要任务其实已经是"协助"孙中山和国民党,为他们"敲边鼓",虽然在政治上还保持着独立性。这次会议的主要内容就是研究国共合作问题。

本来,在三大召开前,共产国际专门就此次会议发出过指示,特别强调:

一、在中国进行民族革命和建立反帝战线之际,必须同时进行反对封建主义残余的农民土地革命。只有把中国人民的基本群众,即占有小块土地的农民吸引到运动中来,中国革命才能取得胜利。

二、因此,全部政策的中心问题乃是农民问题。无论处于任何考虑而回避这一基本点,都意味着不理解这个社会经济基础的重大意义,……

三、所以,共产党为工人阶级的政党,应当力求实现工农联盟。只有通过坚持不懈地宣传工作和真正实现下述土地革命的口号,才能达到此目的:没收地主土地,没收寺庙土地并将其无偿发给农民;歉收年不收地租;废除现行征税制度;……建立农民自治机构,并由此机构负责分配没收的土地;等等①。

---

① 《共产国际执行委员会给中国共产党第三次代表大会的指示》,彭明主编:《中国现代史资料选辑》第一册,本册编者,金德群,中国人民大学出版社 1987 年版,第 481—482 页。

　　虽然共产国际在强迫中国共产党人加入国民党这个问题上是否正确智者见智、仁者见仁，但这个指示中上述的主要思想的正确性应该是不容置疑的。为了引起足够的重视，该指示特别将其放在了前面四条里。其实这四条是专门论及这一问题的。而这个指示也只有区区十三条。可见共产国际对这一问题的重视。农民问题是中国革命的中心问题，是中国共产党全部政策的中心问题。要想真正体现和实现这些思想，必须没收地主的土地，将这些土地无偿分配给农民，而且由农民成立自己的组织机构负责相关事宜。这些思想显然非常正确、非常及时、非常急迫、非常重要！

　　然而，中共三大对这一指示并没有认真执行。三大的宣言虽然也强调"拥护工人农民的自身利益是我们不能一刻忽忘的；对于工人农民之宣传与组织是我们特殊的任务；引导工人农民参加国民革命更是我们的中心任务"[1]，但是并没有涉及没收土地问题。党纲草案也有这个问题。

　　瞿秋白是三大党纲草案的起草人。对当时的情况，他是这样解释的："我自己的严重的错误，正在于没有具体的认识农民问题之解决，所以党纲草案原文上虽有'不得农民参加，革命不能成功'一语，然而农民要求中，只有减租，而没有土地问题。当时谭平山同志与国民党谢英伯'耕地农有'之争，已经过去。我在争论时虽然很赞成'耕地农有'，或广东文法的'耕者有其田'的口号，然而起草党纲时，我屡经思索，始终不敢写上去，而平山同志也没有提起。这可见当时大家都在无意之中恐怕认清了农村中的阶级分化，会使农民的阶级斗争过于激烈，或是根本不承认中国有土地问题"[2]。

　　中共三大通过了《关于农民问题决议案》，这是中共对于农民问题

---

　　① 《中国共产党第三次全国大会宣言》，见《中共党史教学参考资料（一）》，人民出版社根据1957年7月第1版重排，1980年9月北京第3此印刷，第25页。
　　② 瞿秋白：《关于"三大"党纲》，见《瞿秋白选集》，人民出版社1984年版，第342页。

的第一个决议,虽然很简单,却也难能可贵。决议指出要结合小农佃户及雇工反抗牵制中国的帝国主义者,打倒军阀及贪官污吏,反抗地痞劣绅,保护农民利益,但依然也没有提及土地问题。要知道,这是农民问题的决议案,对于土地问题,竟然也同样没有提及。这是多么的不应该。

1925 年 1 月 11 日至 22 日中共四大在上海召开。这次会议对土地问题依然也没有给出解决方案。直到这年十月,中共中央在北京召开执委会扩大会议(四届二中扩大会议),才明确提出"应当没收大地主、军阀、官僚、庙宇的田地交给农民","如果农民不得着他们最主要的要求——耕地农有,他们还是不能成为革命的拥护者"[①]。

11 月中国共产党发布《中国共产党告农民书》,指出农民备受地主、外国资本家、军阀、贪官和劣绅的压迫,强调"解除农民的困苦,根本的是要实行'耕地农有'的办法,就是谁耕种的田地归谁自己所有,不向地主缴纳租谷"。这是中国共产党第一次公开提出用"耕地农有"的办法解决农民土地问题。但是,同时又认为"至于'耕地农有',更须革命的工农等平民得了政权,才能够没收军阀官僚寺院大地主的田地,归耕地的农民所有"[②]。实事求是地讲,这种思想是正确的。

之所以能在此时有这一改变,与农民运动在一些地区轰轰烈烈地展开有关系,更与五卅运动中显示出的无产阶级的力量有关。这一主张的"首先坚决赞成"者是瞿秋白。他对自己起草的三大纲领草案没有提及农民土地问题一直很自责,一直耿耿于怀,他说他"直到五卅之后的北京十月的扩大会议,才首先坚决赞成'耕地农有'的主张。是因为我受着实际的革命时势及群众的教训了"[③]。

---

① 《中国现时的时局与共产党的职任决议案》,1925 年 10 月;转引自金德群:《中国国民党土地政策研究》,海洋出版社 1991 年版,第 152 页。

② 中共中央党校党史教研室选编:《中国共产党告农民书(一九二五年十一月)》,《中共党史参考资料(二)》,人民出版社 1979 年版,第 174 页。

③ 瞿秋白:《关于"三大"党纲》,见《瞿秋白选集》,人民出版社 1984 年版,第 343—344 页。

1926 年 9 月,中国共产党第三次中央扩大执行委员会通过了《关于农民运动决议案》。认为"农民的政治觉悟及其在政治生活上的地位,必是一天一天地发展,将成为民族解放运动中之主要势力"①。然而,虽然重视农民运动,强调保护农民阶级的利益,但没有出现"耕地农有"的字样,甚至强调"农村中阶级关系极复杂,故不必提出'农民阶级'字样,……不可简单地提出打到地主的口号"②。

在蒋介石集团发动了"四一二"政变的关键时刻,中国共产党于 1927 年 4 月 27 日至 5 月 9 日在武汉召开了第五次全国代表大会。会议通过了《中国共产党第五次全国代表大会决议案》,其中第三部分是"土地问题决议案"。这是中国共产党第一个关于土地问题的决议案,共分土地问题意义、中国农民运动之趋势、国民革命中的农民政纲三部分。第三部分指出解决农民问题的策略,共 7 项,前三项是关于土地问题的,包括:

（一）没收一切所谓公有的田地以及祠堂、学校、寺庙、外国教堂及农业公司的土地,交诸耕种的农民,此等没收的土地之管理,应付诸土地委员会。此等土地的管理形式,是否采用公有制度或分配于耕种者的农民,皆由土地委员会决定之。

（二）（甲）无代价的没收地主租与农民的土地,经过土地委员会,将此等土地交诸耕种的农民。（乙）属于小地主的土地不没收。（丙）革命军人现时已有的土地可不没收,（丁）革命军兵士中没有土地者,于革命战役完终后,可领得土地耕种。

（三）耕种已没收的土地之农民,除缴纳累进的地税于政府

---

① 中共中央党校党史教研室选编:《中国共产党第三次中央扩大执行委员会关于农民运动决议案(一九二六年九月)》,见《中共党史参考资料(二)》,人民出版社 1979 年版,第 319—320 页。

② 中共中央党校党史教研室选编:《中国共产党第三次中央扩大执行委员会关于农民运动决议案(一九二六年九月)》,见《中共党史参考资料(二)》,人民出版社 1979 年版,第 321—322 页。

外,不纳任何杂税。未没收的土地之租率,应减至与累进的田税相当的程度。耕种未没收的土地之农民,只缴纳确定的佃租,不纳其他杂税,并永久享有租佃权①。

在中国共产党和中国革命发展的历史关键时刻,中国共产党人显然开始在国民党的血腥镇压中惊醒了。上述土地策略已经触及农民最为关切的问题,比较详细具体,一旦取得政权,还是切实可行的。

总之,从中国共产党成立到拿起武器以前,共产党人对农民问题和土地问题的认识经历了一个曲折的过程。总的说来是不断向前发展的。

二、土地革命战争时期的土地政策

1927年蒋介石、汪精卫相继背叛国民革命后,中国共产党于8月7日在汉口召开了紧急会议,确立了土地革命、武装反抗国民党的总方针。中国共产党人从此拿起了武器,走上了独立领导中国革命的道理。

(一)土地主张和政策

"八七"会议通过了《中共"八七"会议告全党党员书》(以下简称《告党员书》)。第四部分的内容是"中国共产党与土地革命",强调:"土地革命问题是中国的资产阶级民权革命中的中心问题",并引用了共产国际执行委员会第八次全体会议的决议内容"坚决取消富豪的田租,分配土地,没收地主、寺院、官僚等一切土地,取消贫农所欠重利盘剥者的债务,……这些要求应当实行之于全国"②。

《告党员书》检讨了对土地问题的"长期"忽视,"中央只是时时阻滞革命的农民运动,甚至于拉它向后转。党的指导机关,一直没有注意

①　中国人民解放军政治学院党史教研室编,《中国共产党第五次全国代表大会决议案》,《中共党史参考资料》第四册,内部资料,1979年编印,第408页。
②　《中共"八七"会议告全党党员书》,见《中共党史教学参考资料(一)》,人民出版社根据1957年7月第1版重排,1980年9月北京第三次印刷,第95页。

中国革命中农民土地问题的意义,只有绝少的注意。一九二六年十二月在汉口开的中央特别会议,提都没有提到本党对于土地问题的态度。……在第五次大会时,土地问题决议案虽然通过了,但是党的领袖陈独秀、谭平山同志,却说现在只要扩大而暂时不能深入革命,所以没收土地还要等一等。……这种败亡的失策,应当给我们以严重的教训,……共产党在国民政府中的代表谭平山的行为,亦是如此之可耻,农民部坚决地拒绝赞助土地革命,……农民部的行为,最足以表现本党当时对于应当问题之反革命的妥协的方针。如果全党都照着这种方针的精神去行动,那么,我们的党既不是共产主义的,也不是革命的了"①。当然,此处的自我检讨有夸张之嫌,事实也没有所说的那么严重。这与当时刚刚缺席批判并撤销了此前一直担任主要领导人的陈独秀的职务有关,也与对在国民党中担负领导农民运动的共产党员谭平山的工作失误不满有关,更与几乎整个党内都存在的愤激情绪和"左"的思想指导相一致。中国共产党人对国民党的背叛和屠杀所激怒,恨不得"食尔肉吮尔血"。全党上下几乎都被急躁情绪所左右,某种程度上也是矫枉必须过正的思想在作怪。

　　《告党员书》在第 9 部分"结论"中明确指出:"必须与工会农会建立密切关系,指导他们,使党的中心工作转移到这方面来",并充满信心地表示:"我们要整顿设备自己的队伍,纠正过去严重的错误,而找着新的道路。……我们深信我们的党必定有很充足的力量,以坚决的革命性改变这个变革的关键。"②

　　面对突如其来的"同志背叛"这个大变故,中国共产党人如此镇定自如,如此信心百倍,确实能担当民族历史之"大任"!

---

　　① 《中共"八七"会议告全党党员书》,见《中共党史教学参考资料(一)》,人民出版社根据 1957 年 7 月第 1 版重排,1980 年 9 月北京第三次印刷,第 96—99 页。
　　② 《中共"八七"会议告全党党员书》,见《中共党史教学参考资料(一)》,人民出版社根据 1957 年 7 月第 1 版重排,1980 年 9 月北京第三次印刷,第 113—114 页。

"八七"会议通过了"关于最近农民斗争的决议案",决定组织发动农民利用秋收时节举行暴动,甚至连农民进行暴动时的宣传口号都有详细的规定,包括:乡村政权属于农民协会;肃清土豪劣绅与一切反革命分子,没收他们的财产;没收重利盘剥者财产,用以改良农村中贫农的生活;没收大地主及中地主的土地,分配给佃农及无地的农民;没收一切所谓公产的祠族庙宇等土地,分给无地的农民;对于小田主则减租,租金率由农民协会定之;对于乡村一般失业贫农,革命政权当尽可能的筹措基金救济,等等①。这些口号切实可行,说到了农民的心坎上,表达了他们千百年来对土地的渴慕愿望,是能够起到宣传组织发动农民武装起来进行革命暴动的作用的。对于此后各地轰轰烈烈的暴动起义起到了积极的推动作用。

从这里可以看出,每当历史发展的紧要关头,中国共产党总是绝不气馁,保持清醒的头脑,找准问题的关键,找到前进的方向,探索出新的发展道路。总能力挽狂澜。这是中国共产党千锤百炼出来的一大优良传统。

1927年11月9日至10日,中共临时中央政治局召开扩大会议,制定了《中国共产党土地问题党纲草案》②。会议通过了《关于土地问题党纲草案的决议》,要求全党同志和各级党部就草案参加讨论、搜集当地的土地问题材料、提出书面的增改意见或一切关于土地问题的理论或分析的意见,并指出该草案及意见都交由第六次代表大会讨论决定③。

草案认为:"只有用最'民众式'的阶级斗争的方法,才能完成土地革命,才能真正实行革命的变革土地制度,……在这一斗争之中,苦力和雇农将要有很大的作用"。

草案分析了中国国情国史的特殊性,认为"中国的农业经济与土

① 参见《第一二次国内革命战争时期土地斗争史料选编》,人民出版社1981年版,第161页。

② 全文参见《布尔塞维克》第1卷第6期,1927年11月28日。

③ 参见《中央通信》第13期,1927年11月30日。

地关系,不但和现代资本主义的欧美不同,并且和欧洲中世纪时代(资本主义前期)的土地关系也不同。这种差异的最重要的前提,实在就是中国生产之自然界的环境与中国历史发展之特殊条件"。

因为这种特殊性,所以中国的发展就不平衡,各地的情况千差万别,在执行土地政策时就要结合当地的具体情况区别对待。草案因此特别强调指出:"中国各省的土地关系并非一致相同的。本党各地党部应当细心研究各该省的土地关系,必须估计到各地的特殊情形,要收集各地的经验,适应各该区域特别的情形,而实行党纲及政治命令"。

草案强调,要想彻底改变中国的土地制度,必须肃清一切崩溃浸乱的旧社会关系。基于此种总的认识,草案提出了解决农民土地问题的具体办法,包括"一切地主的土地无代价的没收,一切私有土地完全归组织成苏维埃国家的劳动平民所公有","一切没收的土地之实际使用权归之于农民。租佃制度与押田制度完全废除,耕者有其田"。等等。

这里确定了几个重要的土地原则:一是对地主的土地采取无代价的没收政策,是无偿的,苏维埃政府不需要支付任何费用;二是强调所有土地的所有权归苏维埃国家的劳动平民公有,即实行土地国有的土地制度;三是没收的土地分给农民耕种,农民拥有该土地的使用权;四是实行耕者有其田政策,彻底废除土地的租佃制度和押田制度。

中国共产党正式制定的第一个土地纲领是 1928 年 3 月 10 日公布的《中央通告第 37 号——关于没收土地和建立苏维埃》①。该通告首先分析了没收土地和建立苏维埃的急迫性和必要性。当时的情况确实不容乐观,在中共中央看来很糟糕,各地"执行地异常之迟缓,而且充分表现出来各级党领导机关没有决心。除开海陆丰以外,各地农村暴动,大都只做到杀豪绅,烧地主房屋,进一步做到烧田契债券,对于没收土地的工作,则一点没有做"。

---

① 全文参见《中央通讯》第 20 期,1928 年 3 月 10 日。

有鉴于此,通告规定"中央对于没收土地和建立苏维埃政权决定下面的纲领,为各地执行的根据"。对于土地具体规定了十条纲领,包括没收一切地主、寺庙等土地,所有土地均归苏维埃政权公有支配,并分给所有能耕种者;以县苏维埃的名义发给耕种农民土地使用证,旧有的田契佃约全部作废,不允许土地买卖;还规定了土地分配的标准、办法,并强调了对雇农的保护,等等,最后一条是关于土地使用人的纳税规定的。

这个土地纲领是对中共"五大"、"八七会议"和1927年11月临时中央政治局扩大会议制定的《中国共产党土地问题党纲草案》等关于土地问题的主张和政策的强调和深化。是一步一个脚印地向前扎实地迈开步伐前行的。

1928年6月18日至7月11日,中国共产党第六次代表大会在莫斯科召开。会议通过了《中国共产党第六次代表大会底决议案》。第三部分是"土地问题决议案"①。开卷明义,首先强调"农民的土地革命,仍旧是中国革命现时阶段底主要内容。……中国农民的斗争,……是在要求得着土地,因为土地对于农民,是最主要的生产资料及维持生活的来源"②。这一表述简单明了,都是大白话、大实话,一目了然。

土地问题决议案对中国的土地占有状况作了估计,指出"中国所有可以耕种的地亩,极大部分(至少半数以上),尤其是肥沃的田,是集中在地主阶级的手里。……中国农民之中至少有四分之三,是无地的农民和地少的农民。农民所有的土地一天天地减少"③。接着,又对中国的农业生产经营方式进行了判断,认为"中国差不多没有欧洲式的地主经济。中国所有可以耕种的地亩,都分割成了极小极小的经济单

　　①　《中国共产党第六次代表大会底决议案》,见《中共党史教学参考资料(一)》,人民出版社根据1957年7月第1版重排,1980年9月北京第三次印刷,第188—205页。
　　②　《中国共产党第六次代表大会底决议案》,见《中共党史教学参考资料(一)》,人民出版社根据1957年7月第1版重排,1980年9月北京第三次印刷,第188页。
　　③　《中国共产党第六次代表大会底决议案》,见《中共党史教学参考资料(一)》,人民出版社根据1957年7月第1版重排,1980年9月北京第三次印刷,第188—189页。

位,由成千百万户的农民生产者的群众用中国式的农具来耕种"①。在对这些农业基本要素的情况简单地分析后,对农民进行了区分,划分了种类,认为农民"分为几个集团(富农、中农、小农以及最小农)。……他们之中的极大部分,可以分为:(一)绝对无地的农民(佃农);(二)小农自己土地太少的,还要承租地主的田的(半佃农);(三)小农自己有土地的,但是仍须做些其他工作,以补耕田的不足的(自耕农)"。基于这种分析判断,决议案得出结论:"中国土地关系的根本问题,就是土地占有制度的问题。同时,土地使用关系上的剥削,亦就成为剥削农民之主要的根本的方式"②。

　　虽然,上述的分析判断有的并不符合实际,有的不准确甚至是错误的,比如对农民种类的划分特别是把富农也划分到农民集团就值得商榷,但总的说来还是基本正确的。特别是最后对土地关系根本问题的认识还是很深刻的。这是土地问题中的关键问题。土地占有制度决定制约了土地诸多问题。这个问题解决不好不仅会影响到农民的权益,而且甚至会危及到一个政权的稳固与否。

　　在对中国土地关系的特点、高利贷与商业资本、土地斗争、帝国主义与中国土地问题、土地关系发展之前途等诸多与中国土地问题有关的方方面面进行了深入细致地剖析后,土地问题决议案旗帜鲜明地提出"中国共产党的根本任务要用斗争来解决,是要领导中国革命向这条道理上发展"③,也就是"以求前途中的社会主义革命的胜利"④。并

　　①　《中国共产党第六次代表大会底决议案》,见《中共党史教学参考资料(一)》,人民出版社根据 1957 年 7 月第 1 版重排,1980 年 9 月北京第三次印刷,第 189 页。
　　②　《中国共产党第六次代表大会底决议案》,见《中共党史教学参考资料(一)》,人民出版社根据 1957 年 7 月第 1 版重排,1980 年 9 月北京第三次印刷,第 189 页。
　　③　《中国共产党第六次代表大会底决议案》,见《中共党史教学参考资料(一)》,人民出版社根据 1957 年 7 月第 1 版重排,1980 年 9 月北京第三次印刷,第 204 页。
　　④　《中国共产党第六次代表大会底决议案》,见《中共党史教学参考资料(一)》,人民出版社根据 1957 年 7 月第 1 版重排,1980 年 9 月北京第三次印刷,第 203 页。

详细地规定了"完全消灭中国农村中所有的封建遗迹"、"让农村中的阶级斗争尽量发展"的方针①。

这些方针包括:推翻地主资产阶级(另本作"豪劣地主官僚"——校者)的政权,解除反革命势力的武装去武装农民,建立农村中农民代表会议(苏维埃)政权;无代价的立即没收豪绅地主阶级的土地财产,没收的土地归农民代表会议(苏维埃)处理,分配给无地及少地的农民使用;祠堂、庙宇、教堂的地产及其他的公产官荒或无主的荒地沙田,都归农民代表会议(苏维埃)处理分配给农民使用;各省区中的国有土地的一部分,作为苏维埃政府移民垦殖之用,分配给工农红军的兵士供其经济上的使用;销毁豪绅政府的一切田契,及其他剥削农民的契约(书面的口头的完全在内)等②。

在明确了这些具体的方针后,土地问题决议案在最后又充满信心地宣布:"革命完全胜利之后,在全国或在重要省份中已经建立了坚固的苏维埃政权之后,中国共产党将进而帮助革命的农民去消灭土地私有权,把一切土地变为社会的公有财产,因为共产党认为土地国有,乃消灭国内最后的封建遗迹的最彻底的方法,……唯有彻底的社会主义的革命才能消灭一切的贫困,一切的剥削"③。

综合来看,这些方针政策是此前中国共产党关于土地问题的主张和政策的"集大成者",特别是与1927年11月中共临时中央政治局制定的《中国共产党土地问题党纲草案》精神基本一致,并有所发展。

显然,这是中国共产党人在经历了大革命惨痛失败痛定思楚之后的必然结果。特别是,他紧紧地围绕着"社会主义革命的胜利"这个中

---

①　《中国共产党第六次代表大会底决议案》,见《中共党史教学参考资料(一)》,人民出版社根据1957年7月第1版重排,1980年9月北京第三次印刷,第204页。

②　《中国共产党第六次代表大会底决议案》,见《中共党史教学参考资料(一)》,人民出版社根据1957年7月第1版重排,1980年9月北京第三次印刷,第204—205页。

③　《中国共产党第六次代表大会底决议案》,见《中共党史教学参考资料(一)》,人民出版社根据1957年7月第1版重排,1980年9月北京第三次印刷,第205页。

心和目标来规划设定土地政策,是把土地问题放在了要取得社会主义革命的完全胜利这样的终极理想的高度来通盘考虑的。这样必然就能越来越接近可行性和科学性。

《中国共产党第六次代表大会底决议案》的第四部分是"农民问题决议案"①。该决议案先分析了近期中国农民运动的高涨和发展的不平衡性、差异性,指出:"最近几个月来,许多省份里的农民暴动与游击战争,都证明农民运动的从来未有之高涨(如许多地方苏维埃政权的建立,夺取并分配地主土地,消灭乡村统治的地主豪绅等),其范围也愈加广阔"②。接着,对农村中的阶级分化与共产党的策略路线、平分土地问题、农村无产阶级、妇女在农民运动中之作用、青年在农民运动中之作用、宣传土地政纲与部分要求、农民协会及其他农民组织、游击战争、对民团土匪的策略、工人阶级对农民领导、农村中党的工作等方面分析制定了一系列的方法、方针、策略和路线。

值得一提的是,在"农民问题决议案"第三节"平分土地问题"里,又对"打土豪分田地"问题进行了一些限制性的规定。

决议强调在"打土豪分田地"时应该区别对待,不能一概都给予赞成支持,认为"应赞成平分土地的口号同时应加以批评……如果这一口号为多数的农民群众所拥护时,共产党应加以赞助,……这个口号有一种小资产阶级的社会主义的幻想,党必须加以批评,使农民完全了解,在现在资本主义制度之下,决没有真正平等之可能,只有在无产阶级革命胜利之后,才能够走上真社会主义的建设。……在中农占多数

---

① 全文参见《中国共产党第六次代表大会底决议案》,见《中共党史教学参考资料(一)》,人民出版社根据1957年7月第1版重排,1980年9月北京第三次印刷,第205—214页。

② 《中国共产党第六次代表大会底决议案》,见《中共党史教学参考资料(一)》,人民出版社根据1957年7月第1版重排,1980年9月北京第三次印刷,第205—206页。

的地方,尤不可强施'平分土地'"①。

实事求是地说,这一观点显然既有正确的一面,也有其不足之处。中国地大物博,发展极为不平衡,确实不能一概而论,但是,在当时特定的历史时期,作为党的最高政策纲领,是不能模棱两可的,更不应该下平分土地口号"有一种小资产阶级的社会主义的幻想"的结论。

虽然中共"六大"存在着这样那样的缺陷和不足之处,但总的说来在土地问题和农民问题上制定的方针政策还是基本正确的,是符合当时中国农村农民的实际情况的,是切实可行的。

1930 年,中国革命军事委员会颁布了《苏维埃土地法》②。该法分土地之没收及分配、废除债务、土地税和工资等四章共 31 条。规定"暴动推翻豪绅地主阶级政权后,须立即没收一切私人的团体的——豪绅、地主、祠堂、庙宇、会社、富农——田地、山林、池塘、房屋,归苏维埃政府公有,分配给无地、少地的农民及其他需要的贫民使用;只有农民协会,尚未建立起苏维埃的地方,农民协会亦可以执行没收及分配"。其基本思想与上述的决议案基本一致。

有一点需要说明的是,在没收土地分给农民后,在土地的所有权和使用权的关系上,上述几个决议案法案都是坚持土地公有、农民只有使用权,严禁土地进行买卖。这一思想并不符合当时的实际。

我们知道,土地是穷苦农民祖祖辈辈的渴望,只有满足了他们的这一愿望,才能获得他们的真心拥护,才能调动他们的积极性。对这一点,当时的一部分共产党人已经逐步意识到了,并将其落实到实践。

农民对分得的土地从拥有使用权到拥有所有权的转变有一个过程,在不同的苏维埃根据地时间上也是不同的。早在中央明确这一思

---

① 《中国共产党第六次代表大会底决议案》,见《中共党史教学参考资料(一)》,人民出版社根据 1957 年 7 月第 1 版重排,1980 年 9 月北京第三次印刷,第 208 页。

② 全文参见中国社会科学院经济研究所中国现代经济史组:《苏维埃土地法》,见《第一二次国内革命战争时期土地斗争史料选编》,人民出版社 1981 年版,第 479—483 页。

想之前,1928 年邓子恢等人就在闽西的永定县的溪南区进行了尝试,8 月召开了区工农兵代表大会,公布了土地法、劳动法、肃反条例和婚姻条例等,确立了分得土地的农民即拥有该土地的所有权①。

1929 年 6 月,《红四军司令部政治部布告》也明确田地归耕种的农民所有②。

从党的政策层面考虑,这种转变是从 1930 年 9 月的中共六届三中全会开始的。毛泽东在为《兴国土地法》所写的按语中曾说过是从 1930 年开始转变的,标志是党的六届三中全会③。

这一政策的正式转变是从毛泽东同志 1931 年 2 月 27 日给江西省苏维埃政府写的一封信开始的。

这封名为《民权革命中的土地私有制度》的信是毛泽东同志以中央革命军事委员会总政治部主任的名义写的,认为"过去分好的田即算分定,这田由他私有,别人不得侵犯,以后一家的田,一家定业,生的不补,死的不退,租借买卖,由他自由;田中出产。除交土地税于政府的以外均归农民所有",要求以后在发布命令和布告时都要明确给予规定。

接到这封信后,江西省苏维埃政府于是年 3 月 15 日发布了文告,明确宣布"土地一经分定,土地使用权所有权统统归农民"。在 4 月份闽西苏维埃政府通过的《土地委员会扩大会议决议》里也明确规定"农民领得田地,即为自己所有,有权转租或变卖、抵押,苏维埃不禁止"④。

---

① 参见本书编写组:《为什么说"〈井冈山土地法〉是中国共产党历史上第一个土地法"这个说法不正确?》,见《中国共产党历史上的 1000 个为什么》,中共党史出版社 2006 年版。

② 参见杜敬:《土地改革中没收和分配土地问题》,《中国社会科学》1982 年第 1 期;转引自曲曲霞:《毛泽东土地改革理论和政策研究综述》,《毛泽东思想研究》第 20 卷第 6 期。

③ 何东、清庆瑞、黄文真:《中国新民主主义革命中的土地所有权问题》,《教学与研究》1982 年第 6 期,转引自同上,第 129 页。

④ 参见农业部农村经济研究中心当代农业史研究室编:《中国土地改革研究》,中国农业出版社 2000 年版,第 19 页。

这一转变的积极意义十分明显。土地是农民最重要最主要的生产资料、生活来源和家庭财富,是千百年来梦寐以求的。他们拥有了土地所有权后,就会真心拥护分给他们土地的中国共产党,就会积极参加红军、支援红军、爱戴红军。共产党和红军才能找到根据地,开辟根据地,建设根据地,稳固根据地! 才能生根、发芽、开花、结果!

1931 年 11 月 7 日至 20 日,中国共产党在江西瑞金召开中华苏维埃第一次全国代表大会,成立了以毛泽东为主席的中华苏维埃共和国临时中央政府。大会通过的《中华苏维埃共和国土地法》①,共 14 条。满怀信心地宣布苏维埃政权"是能够彻底完成中国反帝国主义的革命及土地革命任务底政权"②。

这个土地法令的规定比以前任何类似的相关主张政策都要详细具体,也具有可操作性。且看第一条的规定:"所有封建地主、豪绅、军阀、官僚以及其他大私有主的土地,无论自己经营或出租,一概无任何代价的实行没收。被没收来的土地,经过苏维埃由贫农与中农实行分配。被没收土地的以前的所有者,没有分配任何土地的权利。雇农、苦力、劳动贫民,均不分男女,同样有分配土地的权利。乡村失业的独立劳动者,在农民群众的赞同之下,可以同样分配土地。老弱病残以及孤寡,不能自己劳动,而且没有家属可依靠的人应由苏维埃政府实行社会救济或分配土地另行处理"③。可以说,把农村中不同农民的情况都充分考虑到了并一一制定了对策。

当然,受中共六大精神的影响,该土地法令也有区别对待"平分土地"的规定:"平均分配一切土地,是消灭土地上一切奴役的封建关系

----

① 《中华苏维埃共和国土地法》,见彭明主编:《中共现代史资料选辑》第四册,本册编者,洪京陵,中国人民大学出版社 1989 年版,第 295—299 页。

② 《中华苏维埃共和国土地法》,见彭明主编:《中共现代史资料选辑》第四册,本册编者,洪京陵,中国人民大学出版社 1989 年版,第 296 页。

③ 《中华苏维埃共和国土地法》,见彭明主编:《中共现代史资料选辑》第四册,本册编者,洪京陵,中国人民大学出版社 1989 年版,第 296 页。

及脱离地主私有权的最彻底的办法;不过苏维埃地方政府无论如何不能以威力实行这个办法。……仅在基本农民群众愿意和直接拥护之下,才能实行。如多数中农不愿意时,他们可不参加平分"①。

这个土地法的制定的大环境是赣南闽西中央苏区已经取得了很大的胜利,已经建立了稳固的苏维埃政权和牢固的根据地,已经成立了中华苏维埃共和国临时中央政府,已经在土地革命的斗争实践中取得了相当的经验。所以总的说来显得理直气壮、信心百倍、简单易行。

鉴于该土地法颁布后执行中出现的种种情况和问题,1932 年 12 月 28 日,邓子恢以代部长的身份发布了《中央土地委员会部训令第一号》。首先强调"要彻底深入土地斗争,实现全部土地法,这不仅要没收地主阶级的一切土地,而且要没收地主阶级的全部财产,分发给贫苦群众"。接着"根据土地法令,将没收地主财产这工作中几个要点"给予了规定,强调"要分清阶级,将隐藏着的豪绅地主通通清查出来,除他们所有的田地,山林,房屋,池塘,通通没收外,其家中一切粮食,衣物,牲畜,农具,家私,银钱等一概没收"②。最后再次重申"要深入土地斗争,彻底消灭地主阶级势力"③。该训令的主要内容就是指令各地苏维埃政府在没收地主土地的同时还要没收他们的所有财产。显然,这一规定是不正确的,应该给地主家庭保留基本的生活来源,而不应该从"肉体上"消灭这一阶级。

总之。中国共产党从成立之后到抗日战争爆发,在这十几年的时间里,在土地问题上也同样经历了一个十分曲折的过程。从朦胧模糊到逐渐明晰,从规定土地公有到土地私有,从理论到实践,等等,都有一

① 《中华苏维埃共和国土地法》,见彭明主编:《中共现代史资料选辑》第四册,本册编者,洪京陵,中国人民大学出版社 1989 年版,第 296—297 页。

② 《中央土地委员会部训令第一号》,见彭明主编:《中共现代史资料选辑》第四册,本册编者,洪京陵,中国人民大学出版社 1989 年版,第 300 页。

③ 《中央土地委员会部训令第一号》,见彭明主编:《中共现代史资料选辑》第四册,本册编者,洪京陵,中国人民大学出版社 1989 年版,第 302 页。

个清晰的发展历程,反映了中国共产党人在不断地成长壮大,不断地成熟起来。

三、革命根据地土地斗争的实践

土地革命战争开始以前,中国共产党还没有建立政权,土地方面的思想只能是停留在主张和理论层面上。大革命失败后,共产党人在各地纷纷拿起了武器,建立了革命根据地和苏维埃政权,才能将土地思想变成现实。

早在蒋介石屠杀共产党人之时,广东东江地区党组织就在海陆丰地区领导了武装起义,接着在秋季又连续发动了两次起义,11 月 10 日建立了海陆丰苏维埃政府。这是中国第一个工农民主政权。他们召开了工农兵代表大会,通过了《没收土地案》,将土地分配给农民①。

毛泽东同志率领秋收起义的部队到达井冈山地区后,迅速建立了民主政权,并于 1928 年 12 月颁布了《井冈山土地法》②。该法共 9 条,规定没收一切土地归苏维埃政府所有,规定了没收土地的分配方法和山林的分配法,土地没收分配后禁止买卖,还规定了分配土地的数量标准、土地税的征收。

毛泽东后来在《农村调查》一书中用"按"指出:

> 此土地法是一九二八年冬天在井冈山(湘赣边区苏区)制定的,这是一九二七年冬天至一九二八年冬天一整年内土地斗争经验的总结,在这以前,是没有任何经验的。这个土地法有几个错误:(一)没收一切土地而不是没收地主土地;(二)土地所有权属政府而不是属农民;(三)禁止土地买卖。这些都是原则错误,后

---

① 参见本书编写组:《为什么说"〈井冈山土地法〉是中国共产党历史上第一个土地法"这个说法不正确?》,见《中国共产党历史上的 1000 个为什么》,中共党史出版社 2006 年版。

② 《井冈山土地法》,见中共中央党校党史教研室选编:《中共党史参考资料(三)》,人民出版社 1979 年版,第 35—37 页。

来都改正了①。

1929年4月,《兴国土地法》颁布②。该法共8条,毛泽东在《农村调查》中也用"按语"指出:

这是前一个土地法制定后的第四个月,红军从井冈山到赣南之兴国发布的。内容有一点重要的变更,就是把"没收一切土地"改为"没收公共土地及地主阶级土地",这是一个原则的改正。但其余各点均未改变。这些是到了一九三〇年才改变的。这两个土地法,存之以见我们对于土地斗争认识之发展③。

这两个土地法简单粗泛,缺点很明显,毛泽东在按语中已经说得很清楚了,但是很快改正了一部分。其难能可贵之处就是从无到有,是"最先"的开创意义,是"第一个吃西红柿的"。

中央苏区1933年开始的查田运动是土地革命战争时期一件重要的历史事件。这场运动持续了一年的时间。当时,不仅是把它当作土地运动中的一场"经济仗来打",而且更是作为一场"政治仗"来对待的。

所谓"查田",就是清查"斗地主分田地"过程中存在的缺陷和不足,主要是把隐藏的地主和富农清查出来。

在"斗地主分田地"的过程中,确实有一些地主和富农隐藏身份的现象。他们往往冒充贫农和中农,隐匿土地和各种财产。清查出来后要没收地主阶级的一切土地财产,没收富农的土地和多余的财产,分配给原来分田不足或尚未分到田地的工人、贫农和中农,富农则分给他们较坏的劳动份地。

---

①　《井冈山土地法》,中共中央党校党史教研室选编:《中国党史参考资料(三)》,人民出版社1979年版,第37页。

②　《兴国土地法》,见中共中央党校党史教研室选编:《中共党史参考资料(三)》,人民出版社1979年版,第38—40页。

③　《兴国土地法》,中共中央党校党史教研室选编:《中国党史参考资料(三)》,人民出版社1979年版,第39—40页。

　　根据中华苏维埃共和国临时中央政府《关于查田运动的训令》，1933 年 6 月 2 日，中央苏区中央局通过《中央局关于查田运动的决议》①。

　　决议认为"虽然在瑞金及其他县份中，个别区域里查田运动得到了很大的成绩与丰富的经验，但是整个的说来，查田运动还仅仅在开始的阶段上"。

　　决议指出了存在的一些错误和问题，如"对于土地问题解决的不正确的路线（如'抽多补少，抽肥补瘦'、'小地主的土地不没收'等），在许多区域中，土地问题还没有得到彻底的解决，有些区域中虽然已经分配了土地，但是地主、豪绅、与富农常常利用各种方法……来阻止雇农、贫农的积极性的发展，以便利他们的土地占有，甚至窃取土地革命的果实。这种现象除了个别的先进的县区之外，在大多数区和乡中间，都是或多或少的存在着"②。

　　显然，决议对中央苏区的"打土豪分田地"情况是不满意的，认为存在着严重的问题。所以决议认为"查田运动成为发动群众，深入农村中的阶级斗争，彻底解决土地问题与肃清封建、半封建势力的有力的方法。查田运动无疑的是一个剧烈与残酷的阶级斗争，是粉碎扑灭斗争豪绅的抵抗的顽强的阶级斗争"。所以这一斗争必然要碰到很多困难、挫折，甚至是危险，因此号召全党"要依靠雇农、贫农，巩固地与中农群众联合着，……适时的、无情的揭露、粉碎与镇压一切地主残余与富农的抵抗"③。看来，对于查田运动的复杂性和艰巨性，中央苏区中央局还是有清醒认识的。

────────────

　　① 全文参见《中央局关于查田运动的决议》，见彭明主编：《中共近现代史资料选辑》第四册，本册编者，洪京陵，中国人民大学出版社 1989 年版，第 302—306 页。

　　② 《中央局关于查田运动的决议》，见彭明主编：《中共近现代史资料选辑》第四册，本册编者，洪京陵，中国人民大学出版社 1989 年版，第 302—303 页。

　　③ 《中央局关于查田运动的决议》，见彭明主编：《中共近现代史资料选辑》第四册，本册编者，洪京陵，中国人民大学出版社 1989 年版，第 303—304 页。

决议制定了查田运动的总的策略路线,旗帜鲜明地指出要"依靠在雇农及贫农(乡村中无产阶级及半无产阶级)与中农群众结成巩固的联盟,并使雇农群众在查田运动中起先锋队的领导作用,来消灭地主阶级的残余势力,削弱富农经济上的势力,与打击他们窃取土地革命果实的企图"①。

对于富农问题的处理相当重要,该决议提到的需要特别注意的三个问题里这是其中的一个:"必须把地主和富农分别清楚,在无情的消灭地主残余的斗争中,决不能容许任何消灭富农的企图。当然我们应对富农窃取土地革命果实的企图给以严厉的打击,没收他们多余的农具与好的田地,分给他们以坏的'劳动份地'"②。重视富农问题是正确的,但分给他们坏的田地显然也是不正确的。

各地查田运动中新情况新问题不断出现,苏维埃政府也不断给予指导。1934年3月15日,中华苏维埃共和国临时中央政府人民委员会发布了《关于继续开展查田运动的问题》,作了八项规定,包括"在暴动后查田运动前已经决定的地主与富农,不论有任何证据不得翻案,已翻案者作为无效"、"在查田运动中中农被错误决定为富农的须尽量补还其原有数量的土地,如富农被错误决定为地主的,则可补给以相当坏地与荒田,在查田运动中工人所分的土地不再抽回"③,等等。

查田运动确实收到了一定的成效,查出了一些隐藏的地主富农,净化了苏维埃根据地的生存环境,扫除了前进道路上的一些"隐患"和"绊脚石",调动和激发了根据地军民的积极性,也在一定程度上改善了中央苏区的经济状况,其积极意义还是很明显的。但是,不足之处也

① 《中央局关于查田运动的决议》,见彭明主编:《中共近现代史资料选辑》第四册,本册编者,洪京陵,中国人民大学出版社1989年版,第304页。
② 《中央局关于查田运动的决议》,见彭明主编:《中共近现代史资料选辑》第四册,本册编者,洪京陵,中国人民大学出版社1989年版,第305页。
③ 《关于继续开展查田运动的问题》,见彭明主编:《中共近现代史资料选辑》,第四册,本册编者,洪京陵,中国人民大学出版社1989年版,第316—317页。

一目了然,主要是对中农的伤害和打击比较严重,同时对富农的政策也不公正,挫伤了他们的积极性,甚至把他们推上了对立面,为苏维埃政府"树立了敌人",增加了革命的难度。

中央苏区是当时建立的最大的革命根据地。"斗地主分田地"工作也是卓有成效的。随着前几次反围剿斗争的不断胜利,中央苏区不断地扩大和巩固,土地建设工作及其相关工作也轰轰烈烈地开展起来。下面是当时的一些报道:

当春耕到来的时候,在政府和党的领导之下,全苏区动员起来了。……春耕运动,在苏区中犹如盛大的节期①。

"灌田区各乡组织了开荒大队,大队下又分许多小队,每乡组织了开荒突击队,于 4 月 8 日的一天,……开了 756 担","在两年的土地建设中:一、1933 年开荒 7.9 万担,1934 年开荒 8.3 万担。有些县份(兴国)完全消灭了荒田,连荒了几十年的'死地'也苏生起来了","红军家属的田,不但有耕田队替他耕种,并且在各种互助社合作中都有优待","在杂粮种植方面,1933 年已经超过革命前的水平"②。

从这些报道可以看出,中央苏区人民在土地革命的进程中极大地调动出了积极性,全身心地投入这场革命。分到田地的他们在中国共产党和苏维埃政府的领导下开垦荒地、发展农业生产,参加红军保卫"红色果实",在这块赤色土地上创造出了辉煌的奇迹。

综上所述,中国共产党人从成立之初到踏上抗日征途止,在大半个中国燃起了"打土豪分田地"的熊熊烈火。虽然在土地主张政策实践上走过一些弯路错路,但最终还是基本走向了正确的道理上来,并取得

①　《中央苏区农业生产与劳动互助的概况》,彭明主编,《中共近现代史资料选辑第四册》,本册编者,洪京陵,中国人民大学出版社 1989 年版,第 318 页。

②　《中央苏区农业生产与劳动互助的概况》,彭明主编,《中共近现代史资料选辑第四册》,本册编者,洪京陵,中国人民大学出版社 1989 年版,第 318—321 页。

了骄人的业绩。虽然,由于中央苏区第五次反围剿的失败和其他革命根据地的普遍失利,中国革命暂时跌入低潮,土地革命失败了,但是,在中国共产党人的顽强坚持下,终于又迎来了抗日战争开始后的伟大复兴!

第二节　抗日战争时期的土地
主张、政策和实践

中华民族的抗日战争是发生在 20 世纪 30 年代的一场生死大决战,极其深刻地影响了中国乃至世界历史的发展进程。在这场殊死的民族战争面前,中国政治经济社会的方方面面都发生了深刻的变化。中国共产党人以民族大任为己任,方针政策都紧紧围绕着打败日本侵略者这个中心任务。土地问题在这一时期当然也成为更加敏感的问题,而且是非常棘手的政治问题。能否处理好不仅关系到中国共产党的发展壮大,也直接关系到抗日民族统一战线的稳固团结,更关系到取得这场战争的胜利。

一、土地政策的演变

早在全面抗战爆发的前夕,中国共产党的土地政策已经开始发生了变化。

中央红军胜利到达陕北地区与红 15 军团成功会师,这是中国共产党和中国工农红军走向胜利的伟大转折点;与此同时,日本帝国主义对中国全面侵略的步伐也日益加快,国内国际形势的变化要求中国共产党人必须在政策上作出适时的调整。

1935 年 12 月 6 日,中共中央对富农政策进行了调整。认为"1929年共产国际给中国党与在反对农村中主要敌人豪绅地主的斗争中,加紧反对富农的指示"是特定时期的策略,"党在执行这一正确的指示

中,曾经得到了伟大的成绩,确立了党在广大农村中对于基本农民群众的领导作用"①。

然而,此刻国际国内的形势都发生了深刻的变化,"特别是民族革命战争急迫的时候,……富农也开始参加反对帝国主义侵掠(略)及豪绅地主军阀官僚的革命,或采取同情与善意的中立态度,不论是富农自己参加革命,或采取同情甚至中立态度,对于我们现在不是可怕的,而是有利的",如果继续执行那些政策,"是在把富农推到反革命的怀抱中去"②。

因此,在白区,"故意排斥富农(甚至一部分地主)参加革命斗争是错误的","在苏区当土地革命深入时,我们应当集中力量消灭地主阶级。对于富农,我们只取消其封建式剥削的部分,即没收其出租的土地,并取消其高利贷。富农所经营的(包括雇工经营的)土地、商业以及其他财产则不能没收。苏维埃政府并应保障富农扩大生产(如租佃土地、开辟荒地、雇用工人等)与发展工商等的自由"③。

决定还强调,"对于那些积极参加苏维埃革命的地主、富农出身的知识分子,我们是欢迎的。他们应该受到苏维埃工作人员同等的待遇,取得选举权和被选举权"④。

在大敌当前、国难当头之际,特别是当中日民族矛盾已日益上升为最主要矛盾的时候,这一政策的改变是很必要的,也是很及时的。特别引起我们注意的是,这里虽然是关于富农政策的改变,其实也牵扯到了

---

① 《中共中央关于改变对富农策略的决定》,见彭明主编:《中国现代史资料选辑》第四册,本册编者,洪京陵,中国人民大学出版社1989年版,第423页。

② 《中共中央关于改变对富农策略的决定》,见彭明主编:《中国现代史资料选辑》第四册,本册编者,洪京陵,中国人民大学出版社1989年版,第423—424页。

③ 《中共中央关于改变对富农策略的决定》,见彭明主编:《中国现代史资料选辑》第四册,本册编者,洪京陵,中国人民大学出版社1989年版,第425页。

④ 《中共中央关于改变对富农策略的决定》,见彭明主编:《中国现代史资料选辑》第四册,本册编者,洪京陵,中国人民大学出版社1989年版,第426页。

对部分地主政策的部分改变。如当强调在白区故意排斥富农参加革命斗争不正确时也包括了排斥"甚至一部分地主";同样欢迎地主出身的知识分子参加苏维埃革命等。

1935 年 12 月 17 日至 25 日,中共中央在陕北瓦窑堡召开政治局扩大会议,决定了建立抗日民族统一战线的策略,会议通过了《中央关于目前政治形势与党的任务的决议》,郑重承诺"苏维埃工农共和国及其中央政府宣告:把自己改变为苏维埃人民共和国"①,进一步明确强调"改变对富农的政策。富农的财产不没收。富农的土地,除封建剥削之部分外,不问自耕的与雇人耕的,均不没收。当农村中实行平分一切土地时,富农有与贫农中农分得同等土地之权"②。

这次会议关于共和国名称的改变含义非常深刻。"工农"变更为"人民",内涵丰富了,范围扩大了,不仅包含了工农兵,还包含了富农、地主等一切拥护抗日民族统一战线的人。这一转变的确很迫切积极,有重大的现实意义和历史意义。

1936 年 7 月 22 日,中共中央公布了《中央关于土地政策的指示》,进一步放宽了对富农的政策,对地主的政策也开始改变。指示强调了土地政策的重要性和意义,肯定了 1935 年 12 月以来对这一政策的转变:"土地政策在苏维埃各种政策中,至今占着主要的地位,实现土地革命的意义,不但是给占全国人民百分之八十的农民群众解除封建的剥削,而且同时就是推动这百分之八十的人民积极参加民族解放,强大民族革命力量。自去年十二月中央政治局会议后,苏维埃在土地政策方面作了许多重要的改变(如富农政策、小地主政策、分析阶级及一些特殊问题的决定等),这种改变已经得到了广大人民的拥护,在苏区里

---

① 《中央关于目前政治形势与党的任务的决议》,见《中共党史教学参考资料(二)》,人民出版社根据 1957 年 9 月第 1 版重排,1980 年 9 月北京第 3 次印刷,第 55 页。

② 《中央关于目前政治形势与党的任务的决议》,见《中共党史教学参考资料(二)》,人民出版社根据 1957 年 9 月第 1 版重排,1980 年 9 月北京第 3 次印刷,第 56 页。

面已经收到了实际的成效"①。

指示明确要求："富农的土地及其多余的生产工具（农具、牲口等），均不没收，如果在基本农民的要求之下，实行平分一切土地时，富农土地也当拿出一起平分，但富农应照一般平分条件得到土地（即与一般农民得到同等土地）"②。这里的变化更加明显，对于富农的所有土地和所有的生产工具都不再没收。

对于地主的政策也发生了明显的转变，要求将其土地和财产没收之后，还要"分给以耕种份地，及必需的生产工具和生活资料"，对于"生活情况很坏的小地主"、"原非地主，因失去劳动力而不得不出租土地的"、"将土地出租而自己仍受雇于人的"等则不应没收，至于"一切抗日军人及献身于抗日事业的土地"也不能没收③。

1937 年 2 月 10 日，在国民党五届三中全会即将召开之际，中共中央致电会议提出五项要求四项保证，其中第四项就是"停止没收地主土地之政策，坚决执行抗日民族统一战线之共同纲领"④。这是中国共产党第一次明确向中国国民党提出有条件地放弃停止没收地主土地的政策，比上述政策又前进了一大步。

三个月后，"1937 年 5 月，在党中央召开的白区工作会议上，刘少奇代表党中央宣布我们党已将土地革命政策改为减租减息政策"⑤。

1937 年 7 月 15 日，中共中央向国民党交付了国共合作宣言，郑重

---

① 《中央关于土地政策的指示》，见中国人民大学中共党史系编：《中共党史教学参考资料（第二次国内革命战争时期）》（下），本系专业课用，内部发行，第 222 页。

② 《中央关于土地政策的指示》，见中国人民大学中共党史系编：《中共党史教学参考资料（第二次国内革命战争时期）》（下），本系专业课用，内部发行，第 223 页。

③ 《中央关于土地政策的指示》，见中国人民大学中共党史系编：《中共党史教学参考资料（第二次国内革命战争时期）》（下），本系专业课用，内部发行，第 222—223 页。

④ 《中共中央给中国国民党三中全会电》，见《中共党史教学参考资料（二）》，人民出版社根据 1957 年 9 月第 1 版重排，1980 年 9 月北京第 3 次印刷，第 86 页。

⑤ 林筱璟、张敏：《抗日战争时期中国共产党的土地政策》，《海南师范大学学报（社会科学版）》2011 年第 5 期，第 82 页。

宣布"当此国难极端严重民族生命存亡绝续之时,……取消一切推翻国民党政权的暴动政策,及赤化运动,停止以暴力没收地主土地的政策"①。在这里不仅再次重申了停止没收地主土地的政策,而且承诺放弃一切推翻国民党政权的暴动政策。

卢沟桥事变爆发后,中国进入了全面抗战阶段。在中华民族生死存亡的关键时刻,1937 年 8 月 22 日至 25 日,中共中央在陕北洛川召开了政治局扩大会议,对抗日战争作了全面的部署,提出了抗日救国十大纲领。在第七大纲领"改良人民生活"里,明确提出"减租减息",表明土地革命战争时期执行的没收地主土地的政策的正式废除。第十大纲领是"抗日的民族团结",提倡号召"在国共两党彻底合作的基础上,建立全国各党各派各界各军的抗日民族统一战线,领导抗日战争,精诚团结,共赴国难"②。也就是说,在民族存亡的关键时刻任何人只要抗日就是精诚团结的对象,"斗地主分田地"的政策当然不合时宜了。以"减租减息"取而代之确实是明智之举,是十分必要和切实可行的。

抗日战争全面爆发之初,中国军民全身心地投入这场大决战,再加上其他种种原因,减租减息政策并没有得到认真地执行,正像彭德怀 1939 年 10 月指出的,各根据地"都颁布了比较进步的法令,如五一减租、减息分半,但真正深入下层过细检查,这些法令大多数没有被执行,或者表面上执行了,实际上穷人所纳的租税、利息和负担没有得到应有的减轻"③。应该说,彭德怀所说的情况还是具有普遍性的。

正是因为如此,1939 年 11 月 1 日,中共中央作出决定,强调进一步

---

① 《中国共产党为公布国共合作宣言》,见彭明主编:《中国现代史资料选辑》第五册(上),本册编者,武月星、杨若荷,中国人民大学出版社 1989 年版,第 214—215 页。

② 《中国共产党抗日救国十大纲领——为动员一切力量争取抗战胜利而斗争》,见彭明主编:《中国现代史资料选辑》第五册(上),本册编者,武月星、杨若荷,中国人民大学出版社 1989 年版,第 195—196 页。

③ 彭德怀:《巩固敌后抗日根据地》,《解放》1934 年 10 月第 87 期;转引自何东等编:《中国共产党土地改革史》,中国广播出版社 1993 年版,第 256 页。

依靠群众,深入群众工作,认真做好群众工作,切实实行减租减息。认为这是"克服投降危险与反共危险,巩固统一战线,争取继续抗日,争取民主政治,准备反攻力量"的必要条件,如做不到是不可能完成这些任务的。要求"在八路军新四军活动区域,……必须实行减租减息,废止苛捐杂税与改良工人生活,凡已经实行的,必须检查实行程度。凡尚未实行的,必须毫不犹豫的立即实行"①。

　　三个月后,1940 年 2 月 1 日,中共中央公布了目前时局与党的任务的决定,指出"为了力争时局好转,克服逆转危险,必须强调抗战团结进步三者不可缺一。并在这个基础之上坚决执行下列的十大任务",其中第 6 项就是"认真实行减租、减息、减税与改良工人生活,给民众以经济上的援助,才能发动民众的抗日积极性,否则是不可能的",在决定最后提出的目前宣传鼓动的口号里,给予了再次强调:"发展民众运动,实行减租、减息、减税,改良工人生活"②。

　　减租减息取代没收地主土地的政策确定后,面临着如何确定减租减息数额的问题。各地在具体执行时还是有差异性的,但一般说来在减租上是按照"二五减租"的原则来确定减租额的,笼统地讲就是佃农所缴纳的田租不能超过收获物的 37.5%。减息则是"一分减息"或"分半减息",即利息不能超过 1 分或 1 分半,也就是年息不能超过本金的 10%或 15%。由于各地执行起来并不一致,为了规范这一关系到抗日民族统一战线大局的问题,毛泽东在 1940 年 12 月写了一个党内指示,对此专门予以了说明和规定:"关于土地政策,必须向党员和农民说明,目前不是实行彻底的土地革命的时期,过去土地革命时期的一套办法不能适用于现在。现在的政策,一方面,应该规定地主实行减租减

---

① 《中央关于深入群众工作的决定》,见中共中央党校党史教研室选编:《中共党史参考资料(四)》,人民出版社 1979 年版,第 123—124 页。

② 《中共中央关于目前时局与党的任务的决定》,见中共中央党校党史教研室选编:《中共党史参考资料(四)》,人民出版社 1979 年版,第 141—142 页。

息,方能发动基本农民群众的抗日积极性,但也不要减得太多。地租,一般以实行二五减租为原则;到群众要求增高时,可以实行到四六分,或到三七分,但不要超过此限度。利息,不要减到超过社会经济借贷关系所许可的程度。另一方面,要规定农民交租交息,土地所有权和财产所有权仍属于地主。不要因减息而使农民借不到债,不要因清算老帐而无偿收回典借的土地"①。

1941 年 4 月 19 日,毛泽东又再次重申:"现在的政策,是综合'联合'和'斗争'的两重性的政策。……在土地政策方面,是要求地主减租减息又规定农民部分地交租交息的两重性的政策。……片面地简单地看问题,是无法使革命胜利的"②。

随着抗日根据地的不断拓展和发展,中国共产党领导的抗日军民数量不断增加,区域不断扩大,这对保证抗日战争的胜利起到了重要作用。另一方面,各地情况千差万别,在具体执行减租减息政策时也存在着差别,水平参差不齐。虽然毛泽东在 1940 年底曾在党内指示里对此有过规范,后来又反复强调过,但还是不尽如人意。有鉴于此,1942 年 1 月 28 日中央政治局会议通过了《中共中央关于抗日根据地土地政策的决定》③。

这是关于土地政策的"总结的决定",是统一施行的原则。同时,考虑到了各根据地情况不同及在一根据地内情况亦有不同,关于解决土地问题的具体办法,不能统一施行整齐如一的制度,另外又专门制定了三个附件一并公布④。附件是根据原则提出具体办法,以供各地采用。并且要求附件内所列各项凡与各地实际情况相合者,均应坚决执

---

① 毛泽东:《论政策》,《毛泽东选集》第二卷,人民出版社 1991 年版,第 766—767 页。

② 毛泽东:《农村调查·跋》,《毛泽东选集》第三卷,人民出版社 1991 年版,第 792—793 页。

③ 《中共中央关于抗日根据地土地政策的决定》,见《中共党史教学参考资料(三)》,人民出版社根据 1959 年 6 月第 1 版重排,1979 年 2 月北京第 1 次印刷,第 13—17 页。

④ 参见《解放日报》1942 年 2 月 6 日。

行。其有不合情况而须变通办理者,各地得加以变通,但须将变通之点报告中央,并取得中央之批准。

为了更好地贯彻执行这一决定,1942 年 2 月 6 日①,中共中央又发出了一个指示,这就是《中央关于如何执行土地政策决定的指示》②。这个决定和指示是指导中国共产党领导的抗日根据地实行土地政策和减租减息方针的纲领性的文件,具有重要的意义。

这一时期抗日战争已进入最艰难时期,根据地在缩小,困难在不断增加。为了解决问题,渡过难关,需要全党上下齐心协力,需要认真贯彻执行各项政策,特别是敏感而又十分重要的减租减息政策,更需要不折不扣地认真贯彻执行。为此,中共中央政治局在 1943 年 10 月 1 日发出关于减租生产拥政爱民及宣传十大政策的指示。

开卷明义,指示的第一句话就是:"秋收已到,各根据地须责成各级党政检查减租政策实行情形",紧接着要求"凡未认真实行减租的,必须于今年一律减租;减而不彻底的,必须于今年彻底减租。党部应即根据中央土地政策及当地情形发出指示,并亲手检查几个乡村,选出模范,推动他处,同时在报上发表社论及减租运动的模范消息。减租是农民的群众斗争,党的指示与政府的法令是领导与帮助这个群众斗争,而不是给群众以恩赐,凡不发动群众自动积极性的恩赐减租,是不正确的,其结果是不巩固的。在减租斗争中产生农民团体,或改造农民团体。政府应站在执行减租法令及调节东佃利益的立场上"。指示强调指出:"现在根据地已缩小,我党在根据地上细心地认真地彻底地争取群众,和群众共生死存亡的任务,较之过去六年有更加迫切的意义。今秋如能检查减租政策实施程度,并实行彻底减租,就能发扬农民群众的

---

① 一说 2 月 4 日,参见何东等编:《中国共产党土地改革史》,中国广播出版社 1993 年版,第 262 页。

② 参见中共中央党校党史教研室选编:《中央关于如何执行土地政策决定的指示》,见《中共党史参考资料(五)抗日战争时期(下)》,人民出版社 1979 年版,第 24—27 页。

积极性,加强明年的对敌斗争,推动明年的生产运动。"指示最后重申:
"此指示主要的说明今年减租,……我党在各根据地所实行的各项政
策中,举其现实最切要的,共有十项。……第十,减租减息"①。

　　显然,中国共产党此时已把减租减息看作克服困难、取得胜利的必
要保证和条件。事实也的确如此,在这个指示的指引下,各抗日根据地
纷纷展开了减租减息等项工作,取得了巨大的成效,为抗日战争的胜利
打下了坚实的基础。

　　1945 年 2 月 9 日,《解放日报》发表社论,再次强调了减租政策的
坚决贯彻执行。社论先强调了成绩:"我党中央自一九四二年二月六
日颁布了土地政策后,敌后各解放区在执行这个政策上,是有巨大成绩
的。因之,各解放区两年来不论在对敌斗争,在发展生产,在各阶级的
团结及一切工作上,都有空前的收获"。但是,结合该报当日刊出的
《太行平顺县路家口村检查减租经验》报道中存在的"有问题,减租不
彻底,非重新减不行",以及佃户减租后土地被夺、老婆离婚等情况,再
加上根据该报掌握的材料,社论指出这些情形"在各个解放区都或多
或少的存在着。即使在经过减租减息运动的基本地区,也还存在着这
样的一些现象:有在减租运动中,被隐瞒过去没有发觉,根本没有减过
租的;有明减暗不减的;有把定租改为活租,抵抗减租的;有把租分为虚
租(名义地租)、实租(实际地租),虚租减了,实租未减的;有农民不懂
法令,被地主欺骗了的。而比较严重的是减租后,地主借口夺地,使佃
户有的失掉土地无以为生,有的怕夺地把减的租又退还地主,有的明知
租重,也不敢要求减租"②。

　　①　中共中央党校党史教研室选编:《中共中央政治局关于减租生产拥政爱民及宣传十
大政策的指示》,见《中共党史参考资料(五)抗日战争时期(下)》,人民出版社 1979 年版,第
182—185 页。
　　②　中共中央党校党史教研室选编:《贯彻减租》,见《中共党史参考资料(五)抗日战争
时期(下)》,人民出版社 1979 年版,第 309—310 页。

针对这些情况,社论认为"贯彻减租减息,乃是一种艰苦的长期的工作,必须充分的发动群众,进行连续不断的督促检查,反复几次始能贯彻"。并强调"减租减息是根据地巩固发展,各阶级团结共同对敌及农民摆脱贫困的'命运'发展生产最基本的一环",并提出希望"党的减租减息政策,今年在老的解放区彻底贯彻,在新的解放区普遍实行,完成毛主席所给予我们的任务"①。

这个社论是在抗日战争即将取得胜利前夕发表的,既一针见血地指出了减租工作存在的问题,又高瞻远瞩地指出了解决问题的方法、途径,并对贯彻执行好减租政策充满了信心,对各地做好减租工作、迎接抗战的彻底胜利具有积极的意义。

二、《中共中央关于抗日根据地土地政策的决定》和《中央关于如何执行土地政策决定的指示》

这个决定和指示是抗日战争时期中国共产党关于土地政策和减租减息方针的纲领性文件,对于开展这方面的工作起到了重要的指导作用,对抗战胜利的取得功不可没。两个文件都简单明了、通俗易懂,下面我们简要地介绍一下。

决定首先对抗战以来各抗日根据地执行减租减息政策的情况进行了分析,认为这一政策在各根据地实行以后,曾经获得了广大群众的拥护,团结了各阶层的人民,支持了敌后的抗战。凡在比较普遍比较认真比较澈(彻)底的实行了减租减息,同时又保障交租交息的地方,当地群众参加抗日斗争与民主建设的积极性就比较高,而且能够保持工作的经常状态,安定社会的生活秩序,那里的根据地就比较巩固。但是这一政策,在许多根据地内还没有普遍的认真的澈(彻)底的实行。在有

---

① 中共中央党校党史教研室选编:《贯彻减租》,见《中共党史参考资料(五)抗日战争时期(下)》,人民出版社 1979 年版,第 310—314 页。

些根据地内,还只在一部分地方实行了减租减息,而在另一部分地方,或则还只把减租减息当作一种宣传口号,既未发布法令,更未动手实行。或则虽已由政府发布了法令,形式上减了租息,实际并未认真去做,发生了明减暗不减的现象。在这些地方,群众的积极性不能发扬,也就不能真正将群众组织起来,造成热烈抗日的基础。在这些地方,抗日根据地就无法巩固,经不起敌人的扫荡,变成软弱无力的地区。但是在另外若干地方,则又犯了某些"左"的错误,虽然这种错误只发生在一部分地方,并且经过中央指示后已经大体上纠正了,但是还有引起各地同志加以注意之必要。

决定共有 12 条,具体包括:

(一)承认农民(雇农包括在内)是抗日与生产的基本力量。故党的政策是扶助农民,减轻地主的封建剥削,实行减租减息,保证农民的人权、政权、地权、财权,借以改善农民的生活,提高农民抗日的与生产的积极性。

(二)承认地主的大多数是有抗日要求的,一部分开明绅士并是赞成民主改革的。故党的政策仅是扶助农民减轻封建剥削,而不是消灭封建剥削,更不是打击赞成民主改革的开明绅士。故于实行减租减息之后,又须实行交租交息,于保障农民的人权、政权、地权、财权之后,又须保障地主的人权,政权、地权、财权,借以联合地主阶级一致抗日。只是对于绝对坚决不愿改悔的汉奸分子,才采取消灭其封建剥削的政策。

(三)承认资本主义生产方式是中国现时比较进步的生产方式,而资产阶级、特别是小资产阶级与民族资产阶级,是中国现时比较进步的社会成分与政治力量。富农的生产方式是带有资本主义性质的,富农是农村中的资产阶级,是抗日与生产的一个不可缺少的力量。小资产阶级,民族资产阶级与富农,不但有抗日要求,而且有民主要求。故党的政策,不是削弱资本主义与资产阶级,不是削弱富农阶级与富农生产,而是在适当的改善工人生活条件之下,同时奖励资本主义生产与联合资产阶级,奖励富农生产与联合富农。但富农有其一部分封建性质的剥削,为中农贫农所不满,故在农村中实行减租减息时,对富农的租息也须照减。在对富农减租减息后,同时须实行交租交息,并保障富农的人权、政权、地权、财权。一部分用资本主义方式经营土地的地主(所谓经营地主),其待遇与富农同。

(四)上述三条基本原则,是我党抗日民族统一战线及其土地政策的出发点。四年以来的经验证明,只有坚持这些原则,才能巩固抗日民族统一战线,才能正确的处理土地问题,才能联合全民支持民族抗战,而使日寇完全陷于孤立。一切过左过右的偏向,都是不能达到这个目的的。

(五)在农村统一战线中,地主与农民间的矛盾,例如地主反对或妨碍农民关于民主民生的要求等,必须按照上述原则作适当的处理。双方的合理要求必须满足,但双方都应服从于整个民族抗战的利益。在处理农村纠纷中,党与政府的工作人员,不是站在农民或地主的某一方面,而是根据上述基本原则,采取调节双方利益的方针。

(六)三三制政权,就是调节各抗日阶级内部关系的合理的政治形式。这一制度,必须在参议会系统中与政府系统中坚决的认真的普遍的实行。认为这一制度不过是一种敷衍党外人士的办法的那种观点,是不正确的。

(七)政府法令应有两方面的规定,不应畸轻畸重,一方面,要规定地主应该普遍的减租减息,不得抗不实行。另一方面,又要规定农民有交租交息的义务,不得抗不缴纳。一方面要规定地主的土地所有权与财产所有权仍属于地主,地主依法有对自己土地出卖、出典、抵押、及作其他处置之权。另一方面,又要规定当地主作这些处置之时,必须顾及农民的生活。一切有关土地及债务的契约的缔结,须依双方自愿,契约期满,任何一方有解约之自由。

(八)抗日经费,除赤贫者外,一切阶级的人民均须按照累进的原则向政府交纳,不得畸轻畸重,不得抗拒不交。

(九)减租减息实行之后,给予了提高农业生产的必要的前提,而农业生产是抗日根据地的主要的生产,党与政府的工作人员必须用最大力量推动发展之。政府应举行大量的农业贷款,以解决农民借贷的困难。

(十)农救会的任务,在减租减息之前,主要的是协助政府实行减租减息的法令。在减租减息之后,主要的是协助政府调解农村纠纷与发展农业生产,而不是以自己的决定代替政府的法令,不是以农救代替政府。在调解农村纠纷的任务上,应取仲裁的方式,而不是专断的方式。在发展农业生产的任务上,应动员所有农救会员起模范的领导的作用。

(十一)既然减租减息与保障农民的人权、政权、地权、财权是我党土地政策的第一个方面,既然各根据地内尚有许多地方并未普遍的认真的澈(彻)底的实行减租减息,而其原因,不是地主抗不实行,就是党与政府的工作人员采取漠不关心与官僚主义的态度。因此,各根据地内党与政府的工作人员,必须对自己工作加以严格的检查,派员下乡分途巡视各地实行的程度,加以周密的调查研究,全部地总结各地经验,发扬正确实行的例子,批评官僚主义的例子。须知发布口号发布法令与实行口号实行法令之间,是常常存在着很大的距离的,如不严惩官僚主义,反对右倾观点,就无法使口号法令见之实行。

(十二)既然交租交息与保障地主的人权、政权、地权、财权,是我党土地政策的第二个方面,既然各根据地内曾经发生过忽视这一方面的"左"倾错误,而其原因,不是农民不了解我党的土地政策,就是党与政府的工作人员也不了解或不完全了解我党的政策。为着防止今后重复这种错误,就必须在党内在农民群众中明确的解释党的政策,使他们明白现在我党的抗日民族统一战线的土地政策,是与内战时期的土地政策有根本区别的,使他们不限制于眼前的狭隘的利益,而应把眼前利益与将来利益联系起来,把局部利益与全民族利益联系起来。必须劝告农民,在实行减租减息与保障农民的人权、政权、地权、财权之后,同时实行交租交息与保障地主的人权、政权、地权、财权。正如在减租减息与保障农民的人权、政权、地权、财权的问题上,必须劝告地主不应该限制于眼前的狭隘的利益,而要顾及将来与全民族的利益,是一样的。

上述原则是土地政策的"总结的决定",是总的方针。另外,还有三个附件,分别是关于地租及佃权问题、关于债务问题和关于若干特殊土地的处理问题。三个附件则针对具体问题具体情况制定了具体的解决方法和方案。

关于地租及佃权问题是这样规定的:

(一)一切尚未实行减租的地区,其租额以减[租]低原租额百分之二十五(二五减租)为原则,即照抗战前租额减低百分之二十五,不论公地、私地、佃租地、伙种地,也不论钱租制、物租制、活租制、定租制,均适用之。各种不同形式的伙种地,不宜一律规定为依地主所得不超过十分之四,或十分之六,应依业佃双方所出劳动力,牛力,农具,肥料,种子及食粮之多寡,按原来租额比例,减低百分之二十五。在游击区及敌占点线附近,可比二五减租还少一点,只减二成、一成五或一成,以能相当发动农民抗日的积极性及团结各阶层抗战为目标。

(二)地租一律于产物收获后交纳,出租人不得向承租人预收地租,并不得索取额外报酬。

(三)定租(铁租),因天灾人祸,其收成之全部或大部被毁时,得停付或减付地租。

(四)多年欠租,应予免交。

(五)公粮公款,按累进原则,由业佃双方负担。土地税,由土地所有者负担之。

(六)地租原约定以货币支付者,因纸币跌价而发生争议时,政府应召集业佃双方协议调解,并得将货币地租之一部或全部,改为实物地租。

（七）如设有评租委员会等调解机关的地方，须有农民地主政府三方代表参加，但政府有最后决定权。

（八）在租佃契约上及习惯上有永佃权者，应保留之。无永佃权者，不应强迫规定。保可奖励双方订立较长期的契约，例如五年以上，俾农民得安心发展生产。

（九）无永佃权之地及契约期满之地，出租人有依约处置之自由，包括转让、出典、出卖、自耕，及雇人耕种等项在内。但在抗战期间，地主收地，占顾及农民生活，并须于收获前三个月通知承佃人。原承佃人太穷苦者，应由政府召集双方加以调剂，或延长佃期，或只退佃一部。

（十）出租人于契约期满，招人承佃或出典出卖时，原承租人依同等条件有承佃承典承买之优先权。

（十一），出租人出卖有永佃权或契约期限未满之地，原承租人有继续佃耕之权，非原约期满，新主不得另佃他人。

（十二）承租人在二年内无故不耕，或力能付租而故意不付者，出租人有收回土地之权。

关于债务问题规定：

（一）减息是对于抗战前成立的借贷关系，为适应债务人的要求，并为团结馈权人一致抗日起见，而实行的一个必要政策，应以一分半为计息标准。如付息超过原本一倍者，停利还本，超过原本二倍者，本利停付。至于抗战后的息额，应以当地社会经济关系，听任民间自行处理，政府不应规定过低息额，致使借贷停滞，不利民生。

（二）债权人不得因减息而解除借贷契约，债务人亦不得在减息后拒不交息，债权人有依法诉追债务之权。

（三）凡抗战后新成立的借贷关系，债务人到期不能付息还本，债权人有依约处理抵押品之权。如有争议，由政府判处。同一抵押品而担保数债权者，其卖得之价格，按各债权契约先后，依次并比例清偿之。

抵押品如为土地（押地），照此办理。

（四）凡典地尚未转成买卖关系者，出典入随时可用原典价依约赎回土地，不得用抽地换约的办法。如已转成买卖关系者，不得续回。因纸币跌价而在续回典地时所生之争议，由政府调处之。

（五）凡抗战后成立的借贷关系，因天灾人祸及其他不可抗之原因，债务人无力履行债约时，得请求政府调处，酌量减息，或免息还本。

（六）因纸币跌价，债务人用纸币还债而生之争议，由政府适当调处之。

关于若干特殊土地的处理问题规定：

（一）凡罪大恶极之汉奸的土地，应予没收，归政府管理，租给农民耕种，以示惩罚。其家属如未参加此种汉奸活动，或其情节较轻者，不在此例。

（二）被迫汉奸的土地不应没收，以示宽大，争取其悔过自新。无人管理者，内政府代管，租给农民耕种，俟其回家抗日，即发还之。

（三）凡逃亡地主，不论其逃至何处，其土地不得没收。无人管理者，由政府代管，招入耕种，并保存其应得地租，代交田赋公粮。原主回家时，将其土地及应得地租一并发还之。

（四）凡没有税过契或没有纳过税的黑地，不许没收，而限期责令业主税契纳粮。如逾期仍不税契不纳粮时，由政府给予相当的处罚。

（五）族地、社地，由本族本社人员组织管理委员会管理之，以其收入作为本族本社或本地公益事业之用。

（六）学地留作教育经费，由政府或本地人员组织教育基金管理委员会管理之。

（七）宗教土地（基督教、佛教、回教、道教及其他教派的土地），均不变动。

（八）公荒，由政府分配给抗属、难民、贫农开垦，并归其所有。在一定期限内，免除或减少其税收。

(九)私荒,不论生荒熟荒,应先尽业主开垦。如业主无力开垦任其荒芜时,政府得招人开垦,并在一定期限内,免除或减少其租税。土地所有权仍属于原主,但开垦者有永佃权。

关于如何执行土地政策的指示也很详细具体,便于操作执行。指示规定:

(一)一月二十八日中央政治局所通过的关于抗日根据地土地政策的决定及其三个附件,是综合五年来各地经验而得的结论。他的基本精神是先要能够把广大农民群众发动起来,如果群众不能起来,则一切无从说起。在群众真正发动起来后,又要让地主能够生存下去。所以在经济上只是削弱(但一定要削弱)封建势力,而不是消灭封建势力,对富农则是削弱其封建部分而奖励其资本主义部分。在经济上,目前我党的政策,以奖励资本主义生产为主,但同时保存地主的若干权利,可以说是一个七分资本三分封建的政策。在政权上则实行"三三制",使地主、资产阶级觉得还有前途。所有这些,都是为着拆散地主资产阶级与敌人及顽固派的联合,争取地主资产阶级的大多数站在抗日民主政权方面,而不跑到敌人与顽固派方面去,跑去了的,也可以争取回来。

(二)联合地主抗日,是我党的战略方针。但在实行这个战略方针时,必须采取先打后拉,一打一拉,打中有拉,拉中有打的策略方针。当广大群众还未发动起来的时候,一般地主阶级是坚决反对减租减息与民主政治的。在这种时候,我们必须积极帮助群众打击地主的反动,摧毁地主阶级在农村中的反动统治,确立群众力量的优势。才能使地主阶级感觉除了服从我们的政策便不能保持他们的利益,便无其他出路。在这种广大群众的热烈斗争中,不可避免地要发生一些过"左"行动,而这些过左行动,如果真正是最广大群众自愿自觉的行动,而不是少数人脱离群众蛮干的(这是绝对不许可的原则问题),则不但无害,而且有益,因为可以达到削弱封建发动群众之目的。在这种时候,畏首畏尾,束缚群众手足,就是右倾错误,这是策略斗争的第一阶段(打的阶段)。但是这个阶段应被联合抗日的战略方针所限制,不能拖得过长,不能听其自然发展下去,以致迫使地主阶级跑到敌顽方面坚决反对我们,或跑去了也不愿回来,妨害抗日战争与妨害根据地的巩固。因此,党的策略,不是在事先限制这些过"左"行动不发生,以致妨害群众之充分发动与充分起来,而是在群众已经充分发动充分起来之后,能够及时的说服群众,纠正过"左"行动,给予地主以交租交息及政治上的"三三制",保障地主的人权、政权、地权、财权,使其感恩怀德,愿与我们合作,达到团结抗战之战略目的,这就是策略斗争的第二阶段(拉的阶段)。在策略斗争的第一阶段中,也不是一切打倒,而是争取一部分倾向我们的地主(打中有拉),中立(麻痹)一部分动摇不定的地主,集中火力打击一部分最顽固的地主(但与内战时期打击地主的内容与形式都不相同)。在策略斗争的第二阶段中,我们必须极力表示宽大,认真实行"三三制"与交租交息,认真保障地主的人权、政权、地权、财权、公开批评自己内部的宗派主义(关门主义),纠正过火行动。在这种时候,如不着重说服党员,说服农民,争取地主,就不能拆散地主与敌顽的联合,就有使我党与农民陷于孤立以至失败的危险。但在纠正过火行动与作自我批评中,必须同时注意到保护干部与群众的积极性,热烈情绪或热气,须知我们正确地批评过火行动与宗派主义,决不是向这种热气泼冷水,以致造成干部消极,群众失望,地主反攻的局面。在正常的斗争过程中,应该有一个酝酿斗争的准备阶段,在这个阶段中,地主过〔还〕是优势,农民还正在准备斗争。如果把这个作为第一阶段,则实行斗争(打)为第二阶段,团结抗日(拉)为第三阶段。在晋察冀区域,除了雁北及平西两区尚未普遍与彻底按照党的政策解决土地问题以外,其他基本区域是都经过了酝酿斗争团结这样三个阶段的,这是最正常的策略模范。在其他若干根据地中,也有这种模范。所有这些,都是为着执行联合抗日这个战略方针的总过程中,应该极力注意的策略阶段。

（三）各地过去在执行土地政策中所发生的过左错误,大体已经纠正。在今天,一切为广大群众所拥护,而地主又已不生严重争议的事件,应作为已经解决,不再变动,维持良好的抗日秩序。但对三三制之没有彻底实行及地主农民间尚有重大争议的事件,仍须着重纠正错误。

（四）目前严重的问题,是有许多地区并没有认真实行发动群众向地主的斗争,党员与群众的热气,都未发动与组织起来,这是严重的右倾错误。这种错误,不但在较差的根据地中,是严重存在着,就是在最好的根据地中,亦有一部分区域尚未实行减租减息与发动群众斗争。因此,目前应当强调反对这种右倾,要求一切没有实行减租减息,没有发动群众热情的地区,在广大农民群众自愿自觉而不是少数人包办蛮干的基础之上,迅速实行减租减息,迅速把群众热情发动起来。各地党部必须检查这一问题,对此问题如有某些人采取漠不关心与官僚主义的态度,就须向他指明加以纠正。

（五）在农民已经充分发动彻底执行了减租减息,经过了打的阶段,因而进入了拉的阶段的地区,由于我们开展自我批评,纠正过火行动,彻底实行三三制与保障地主的人权、政权、地权、财权,地主阶级必然要抓住新政策之有利于己的方面,加以扩大,和农民作斗争。由于今天根据地内部在此阶段(拉的阶段)内,各阶级的争议只能采取民主的合法的说理的方式去进行,而文化落后的农民群众甚至区村干部,遂容易被老奸巨猾的地主所欺骗,或被地主收买操纵区村政权,或被地主打击而不敢回击。因此必须教育县区村三级干部,学会与地主作合法斗争的本领,熟习政府的法令,熟习拉中有打的策略,以便对付某些奸猾地主的无理进攻,同时须防止被收买。

（六）减租是减今后的,不是减过去的,减息则是减过去的,不是减今后的,大体上以抗战前后为界限。在减息问题上,第一,应当允许农民清算旧账(包括算公账与算私账),以此作为发动群众的手段。到了群众已经充分发动，才把双方争论加以调停，使归平允。第二，抗战以后，是借不到钱的问题，不是限制息额的问题。各根据地，都未认清这个道理，强制规定今天息额不得超过一分或一分半，这是害自己的政策。今后应该听任农村自由处理、不应规穷息额。目前农村只要有借贷，即使利息是三分四分，明知其属于高利贷性质，亦于农民有济急之益。同时政府每年的建设费中，应以百分之七十至八十投于农村，作为对农民的低利贷款（包括合作社贷款在内），以发展各根据地的基本的农业经济。而只以百分之二十至三十投于公营工商业及私人商业。须知发展农业不但是农民的利益，而且就是扩大政府税收的最大与最可靠的来源，就是解决财政问题基本政策。

（七）中央关于抗日根据地土地政策决定及其三个附件，都已公开发表，各地应即公布，广为宣传，认真实行。这是我党在新民主主义革命阶段的长时期的土地政策，不但今天必须实行，而且还有很长时期要实行的。至于本指示，则是专门对党内的，不得公开发表。每一根据地内，应利用会议党校及文电使党的基本干部懂得中央的战略与策略方针，然后经过他们，使下级干部懂得，使这种具体的策略教育确实收到成效。

这个决定和指示既是对此前中国共产党减租减息土地政策的总结，又是对未来贯彻执行这一政策的指导，具有承前启后的伟大意义和作用。在抗日战争时期中国共产党土地政策发展史上具有重要的里程碑式的地位。

三、减租减息政策的实施

减租减息的实施以 1942 年 1 月中央政治局决定为界分为二个阶段：一是从 1938 年 8 月至 1942 年 1 月，是减租减息政策的酝酿和局部初步实施阶段；二是从 1942 年 2 月至抗日战争的胜利，是减租减息政策的全面实施和检查巩固阶段。

抗战以来,中国共产党不断发展壮大敌后武装,在全国开辟建立了几十个抗日根据地。领导区域的范围越来越广,面积越来越大。由于各根据地开辟的时间、面积的大小、所处的位置、稳固的程度等的不同,在具体实施减租减息方面也存在着差异。但总的说来,在执行减租减息土地政策时,其精神、方法、情形、状况、措施等还是基本一致的。下面我们以陕甘宁边区的减租减息的贯彻执行情况为例简单分析一下。

陕甘宁边区是中共中央机关所在地,是中国共产党领导敌后抗日军民的指挥枢纽,是全国抗日根据地的根据地。在地位上具有明显的特殊性。由于有一部分地区在抗战前已经进行过土地分配,"因此它的土地问题与敌后各解放区的情况有所不同。在1940年以前,主要是处理地权关系,土地关系维持土地分配后的状况。而减租减息运动从提出到普遍实行起来则是在1940年以后"①。

1942年初,"西北中央局组织了一个规模较大的考察团,到绥德、米脂一带进行考察,西北局边区研究室的同志全部参加了这次考察工作"②。根据这次考察他们当年就印出《绥德、米脂土地问题初步研究》一书,保留了当时许多珍贵的历史资料。

1940年7月,"警区临时参议会,通过了减租减息案绥德分区减租减息暂行条例,……这个条例已实行了二年,现在仍为有效"。该条例共14条。第3条规定:"减租之标准租额以本年主佃双方约定之租额为标准,此后租额不得增加",第4条按照丰收年、平年和歉收年三种情况规定了减租标准:"丰年按标准租额减百分之二十五(即一石给七斗五升)","平年按标准租额减百分之四十(即一石给六斗)","歉年按标准租额减百分之五十五(即一石给四斗半)",第5条规定"歉年普通耕地收成在三斗以下免租",第12、13条是对减息的规范:"借贷金钱者,其利

---

① 何东等编:《中国共产党土地改革史》,中国广播出版社1993年版,第268页。

② 柴树藩、于光远、彭平:《绥德、米脂土地问题初步研究》,人民出版社1979年版,第1页。

率不得超过月息一分五厘",“借粮食者,年息不得超过十分之三"①。

然而,根据调查,这一条例执行得并不好,“地主对于地租,比任何其他兴趣都高,……对收租他们是处心积虑想出各种办法来多收"。作者列举了地主对于减租条例采取的 12 种抵制办法②,认为“减租政策的执行在绥、米还很差,没有彻底减租是一般情形",最后得出结论:“大体上说,在经过土地革命的地区,工作深入的地区,党的力量强的地区,减租的比例大些;在没有经过土地革命的地区,工作不深入的地区,党的力量弱的地区,大部分未执行政府减租条例。租种制减了租的比例大些,伙种制,按庄稼制大部分没有执行减租。在收成坏的地区减租的比例大些,在收成好的地区减租的比例就小些。大地主的租地执行了减租的多些,中小地主的租地则大半没有执行减租"③。

也就是说,从条例制定实施到 1942 年该书作者调查成书这二年的时间里,减租减息政策并没有得到认真地执行,可以说相当不尽如人意。应该说,这种情况在当时还是很普遍的,是具有代表性的,不仅在陕甘宁边区地区如此,其他抗日根据地的情形也相差无几。

在陕甘宁边区第二届参议会举行选举之际,1941 年 5 月 1 日,中共陕甘宁边区中央局提出、经中共中央政治局批准的《陕甘宁边区施政纲领》公布,向边区二百万人民提出了 21 条施政纲领。第 10 条是:“在土地已经分配区域,保证一切取得土地的农民之私有土地制。在土地未经分配区域(例如绥德、鄜县、庆阳),保证地主的土地所有权及债主的债权,惟须减低佃农租额及债务利息,佃农则向地主缴纳一定的租额,债务人须向债主缴纳一定的利息,政府对租佃关系与债务关系加

---

① 柴树藩、于光远、彭平:《绥德、米脂土地问题初步研究》,人民出版社 1979 年版,第 54—56 页。

② 柴树藩、于光远、彭平:《绥德、米脂土地问题初步研究》,人民出版社 1979 年版,第 58—61 页。

③ 柴树藩、于光远、彭平:《绥德、米脂土地问题初步研究》,人民出版社 1979 年版,第 62—64 页。

以合理的调整"①。

这个施政纲领是在西北中央局 1942 年派出调查团前一年的春季公布的。西北局边区研究室的同志的调查结果说明减租减息的纲领政策并没有得到好的贯彻执行,结论是在调查地区"还很差"。其他地区和各抗日根据地的情况也基本相似。这一点,1942 年 1 月 28 日中央政治局会议通过的《中共中央关于抗日根据地土地政策的决定》已经说得很清楚。也正因为如此,才有这一决定及三个附件和《中央关于如何执行土地政策决定的指示》的出台。

中共中央的决定和指示发出后,陕甘宁边区的减租减息政策执行的力度也很不够。1942 年 12 月,毛泽东在中共中央西北局高级干部会议上发表了著名的《经济问题与财政问题》的演讲,在谈到陕甘宁边区农业工作中的教训时指出:"很大一部分地区的农民至今还是重租重息,减租减息的政策没有彻底执行。农民一面要向地主负担租息,一面要向政府负担公粮公款,自己所得太少,提不起生产的积极性,也就不可能增加生产量。从此得出结论,我们要认真执行减租减息的法令"②。

正是在这种情况下,这年 10 月中共中央西北局发出了《关于彻底实行减租的指示》以及《关于减租实施的补充办法》,12 月 29 日,边区政府又颁布了《陕甘宁边区土地租佃条例(草案)》,条例规定陕甘宁边区的地租分定租、活租、伙种、安庄稼四种。定租,以土地面积计算定租额,亦称死租;活租,以土地上收获由双方按成分配,即指地分粮;伙种,出租人除出土地外,并借给承租人各种生产工具,以收获按成分配;安庄稼,出租人出土地、生产工具,并借给承租人粮食瓦窑,以庄稼收获双方按成分配。在未经分配的地域,定租减租率,一般不得低于二五,即

---

① 《陕甘宁边区施政纲领》,《中共党史教学参考资料》(三),人民出版社根据 1959 年 6 月第 1 版重排,1979 年 2 月北京第 1 次印刷,第 1—2 页。

② 毛泽东:《关于发展农业》,见彭明主编:《中国现代史资料选辑》第五册(下),本册编者,武月星、杨若荷,中国人民大学出版社 1989 年版,第 522—523 页。

按原租额减去二成半；活租按原租额减 25%—40%，减租之后，出租人所得最多不得超过收获量 30%；伙种按原租额减 10%—20%，减租之后，出租人所得最多不得超过收获量 40%；安庄稼按原租额减 10%—20%，减租之后，出租人所得最多不得超过收获量 45%。条例还规定出租人必须依法减租，承租人必须依法交租，按减租后租额在收获季节终了后交纳，禁止预收地租，佃农免交 1939 年年底前的欠租。租佃契约满期，出租人仍将土地出租时，原承租人有依契约继续承租权①。

1943 年 10 月 10 日，中共中央西北局发布了《关于进一步实行减租斗争的决定》，要求在尚未实行减租和实行减租不彻底的地区，党应该加强发动、组织、领导农民群众的减租运动。要召开租户会议，成立群众组织如农会、减租会、租户会、减租保地会等②。

土地所有权是全部土地问题的核心。为了充分保护地权，1944 年 1 月，边区政府颁布了《陕甘宁边区地权条例（草案）》。规定地权包括农地、林地、牧地、荒地、宅地、基地、石地及一切水陆天然富源之所有权。规定在土地已经进行了分配的地区，土地的所有权为一切依法分得该土地的人所有；在土地尚未进行分配的地区，土地仍为原合法所有人所有③。

这些指示、办法、条例等都是根据陕甘宁边区土地方面的问题和减租减息的状况、现状制定的，是符合当时实际情况的，是切实可行的。既维护了广大农民群众特别是佃农的利益，也保护了土地出租人的权益，对于陕甘宁边区的稳定团结起到了积极的作用。

其他抗日根据地如晋察冀、晋绥、晋冀豫、晋鲁豫、山东、华中、华南等抗日根据地都根据当地的实际情况遵照中共中央的指示决定广泛深

---

① 陕西省地方志编纂委员会编：《陕西省志》第 50 卷，见陕西省政务志编纂委员会主编：《政务志》第五编，《施政概略（上）》，第三章《陕甘宁边区政府施政概略》第四节《发展边区经济事业》，陕西人民出版社 1997 年版。

② 参见何东等编：《中国共产党土地改革史》，中国广播出版社 1993 年版，第 269 页。

③ 《陕甘宁边区地权条例（草案）》，见《榆林地区审判志》附录十二，陕西人民出版社 1999 年版。

入地贯彻执行了减租减息政策,其情形和陕甘宁边区大同小异,在此就不一一分析了。

第三节　解放战争时期的土地
主张、政策和实践

抗日战争胜利后,国际国内的形势都发生了翻天覆地的变化。国际上帝国主义势力大大削弱了,美国成为资本主义世界"一枝独秀"的领袖,另一方面以苏联为首的社会主义的阵营也明显强大起来。就国内而言,中国共产党在中国政治舞台上迅速崛起,成为一个拥有百万军事武装的重要政党,在历史的大舞台上具有举足轻重的重要地位。连年的战争已使中国千疮百孔,人心思念和平。当时的美国也不希望看到国共双方再起硝烟,而是主张建立一个以蒋介石为领袖的容纳共产党人的联合政府,国内更是到处充满了希望"采菊东篱下,悠然见南山"这种田园诗般生活局面出现的声音。在这种情况下,国民党把国内和平作为宣传的重心;中国共产党也不断呼吁和平、民主、团结。在国内外一片和平之声里,中国共产党的土地政策也紧紧围绕着这一主题拉开了帷幕……

一、土地政策的演变

(一)减租减息政策的继续实施

抗战胜利后,中国共产党并没有立即恢复土地革命时期的"斗地主分田地"的做法,而是继续执行抗日战争时期的减租减息政策。这是从当时的客观实际情况出发的必然选择,是正确的。一方面,当时的国际国内形势对和平的促成是有利的,蒋介石国民党不管其真实意图究竟怎样,短时间内表面上他们都不敢冒天下之大不韪公然挑起战争;另一方面,为了争取更多的人站到中国共产党这方面来,使他们支持、拥护,或者至少保持中立、不反对中国共产党,当时确实有必要继续实行减租减息。

　　本来,早在 1940 年 1 月,毛泽东同志就设想过抗日战争胜利后中国共产党土地政策的改变,认为届时"将采取某种必要的方法,没收地主的土地,分配给无地和少地的农民,实行中山先生'耕者有其田'的口号,扫除农村中的封建关系,把土地变为农民的私产"①。这一思想是在抗日战争开始进入最艰难的战略相持阶段和国民党开始发动第一次反共高潮之时提出的,有其特定的背景因素。但是,又经过了 5 年艰苦卓绝的斗争,社会历史条件都发生了巨大的变化。抗战一结束就立即实行没收地主土地政策显然不合时宜。

　　1945 年 4 月 24 日,在抗战即将取得伟大胜利的关键时刻,毛泽东在中共"七大"上作了《论联合政府》的工作报告,庄严宣告:"抗日期间,中国共产党让了一大步,将'耕者有其田'的政策,改为减租减息的政策。这个让步是正确的,推动了国民党参加抗日,又使解放区的地主减少其对于我们发动农民抗日的阻力。这个政策,如果没有特殊阻碍,我们准备在战后继续实行下去,首先在全国范围内实现减租减息,然后采取适当方法,有步骤地达到'耕者有其田'"②。在这里,毛泽东既肯定了中国共产党抗战期间减租减息这一"大让步"的正确性,又强调了战后将继续执行下去,但同时也表示不会无限制地实行下去,将会用适当方法适当步骤逐步过渡实行"国父"孙中山的"耕者有其田"的伟大理想。

　　1945 年 11 月 7 日,毛泽东为中共中央起草了《减租减息和生产是保卫解放区的两件大事》的党内指示,要求"整个解放区,特别是广大的新解放区,在最近几个月内发动一次大的减租运动,普遍地实行减

---

　　①　毛泽东:《新民主主义论》,见《毛泽东选集》第二卷,人民出版社 1991 年版,第 678 页。

　　②　毛泽东:《论联合政府》,见《毛泽东选集》第三卷,人民出版社 1991 年版,第 1076 页。

租,借以发动大多数农民群众的革命热情。……目前我党方针,仍然是减租而不是没收土地。在减租中和减租后,必须帮助大多数农民组织在农会中"①。

12月15日,毛泽东为中共中央起草了另一份党内指示《一九四六年解放区工作的方针》,要求各解放区在工作中要注意十个方面的问题。第四个就是关于减租的:"按照中央一九四五年十一月七日指示,各地务必在一九四六年,在一切新解放区,发动大规模的、群众性的、但是有领导的减租减息运动。……在新解放区,如无此项坚决措施,群众便不能区别国共两党的优劣,便会动摇于两党之间,而不能坚决地援助我党。在老解放区,则应复查减租减息的工作,进一步巩固老解放区"②。

上面两份文件都特别强调了当时做好减租减息工作的极端重要性。毛泽东在这里连续使用了程度比较重的几个词语,如"大的减租运动"、"务必"、"大规模的"、"坚决"等,足见对减租减息工作的高度重视,是正确的,必要的,及时的。

当时,重庆谈判刚刚结束,"双十"协定刚刚签订,政协会议即将召开。国民党蒋介石一面在前方磨刀霍霍,一面在后方释放烟幕弹大玩和平游戏,筹备召开所谓的重庆政治协商会议。在这种军事形势剑拔弩张、政治形势敏感复杂的背景下,中国共产党一方面三令五申严令各解放区努力做好减租减息工作,同时在重庆政协会议上和会后也继续反复强调这一思想。

重庆政协会议是在1946年1月10日开幕的。会议的前一天,《解放日报》发表社论《努力发动解放区群众》指出:"有些新解放区已由控

---

①　毛泽东:《减租减息和生产是保卫解放区的两件大事》,见《毛泽东选集》第四卷,人民出版社1991年版,第1172—1173页。

②　毛泽东:《一九四六年解放区工作的方针》,见《毛泽东选集》第四卷,人民出版社1991年版,第1175页。

诉清算运动,转入减租减息运动。在老解放区的查租工作,亦有部分地区开始实行"。但是,社论认为总的说来"特别是减租减息运动,无论在新解放区或老解放区,都还没有大规模地发动起来"①。

针对这种情况,社论强调"进一步开展群众工作(特别是查租和生产),仍是当前刻不容缓的中心任务,……要深刻认识大规模有领导的减租运动,是发动群众最重要的关键,是农民群众翻身的必经之途,是开展生产运动的必要前提"②。

正因为如此,社论希望在新解放区能够尽快及时地展开减租减息运动,在新解放区主要是展开查减,指出"事实上贯彻减租是一种艰巨的工作,不少地区减租还未贯彻。例如临县六百余村庄,还有二百余村子减租不彻底,太岳老区七个县,群众发动不充分的村庄占百分之四十三"③。

社论是把当时减租减息工作看成做好群众工作最重要的一环,是关键,是必经之路,是必要的前提条件,是重中之重。这是符合当时群众工作实际情况的。

1946 年 1 月 16 日,中国共产党代表团向正在召开的政治协商会议提出了《和平建国纲领草案》。在第八部分"财政经济改革"中再次重申"实行农业改革,扶助农民组织,推行全国减租,适当地保证佃权并保证交租,严禁高利盘剥"④。

显然,这一主张延续了抗战时期以来的一贯思想。当然,我们也能从中感悟出些微的变化,这就是某种程度上减弱了减租减息的过分强

---

　　① 《努力发动解放区群众》,见中共中央党校党史教研室选编:《中共党史参考资料(六)第三次国内革命战争时期》,人民出版社 1979 年 11 月版,第 55—56 页。
　　② 《努力发动解放区群众》,见中共中央党校党史教研室选编:《中共党史参考资料(六)第三次国内革命战争时期》,人民出版社 1979 年 11 月版,第 56 页。
　　③ 《努力发动解放区群众》,见中共中央党校党史教研室选编:《中共党史参考资料(六)第三次国内革命战争时期》,人民出版社 1979 年 11 月版,第 58 页。
　　④ 《和平建国纲领草案》,见中共中央党校党史教研室选编:《中共党史参考资料(六)第三次国内革命战争时期》,人民出版社 1979 年 11 月版,第 68 页。

调,而代之以特别强调了"保证佃权并保证交租"。这是一种策略,考虑到这是政协会议,既要考虑国民党政权的阶级属性,又要顾及参加会议各方代表的阶级属性、立场、观点甚至感情,当然最根本的还是不能违背广大人民群众的根本利益。

政协会议最后基本接受了中国共产党代表团的这一思想。在1月31日政治协商会议第十次会议全体一致通过的《和平建国纲领》里,也有类似的表述:"实行减租减息,保护佃权,保证交租,扩大农贷,严禁高利盘剥,以改善农民生活,并实行土地法,以期达到'耕者有其田'的目的"①。也就是说,政协会议采纳了中国共产党的主张,并且更进一步强调了要实行土地法,实现"耕者有其田"。

政协会议通过的一系列决议是有利于和平势力的,一些政治上天真幼稚之人似乎看到了和平的曙光,在他们欢呼雀跃之时,中国共产党始终是保持着清醒头脑的,在做好备战的同时也在努力地维护着国内的和平局面。

1946年3月26日,《解放日报》发表了《减租减息是一切工作的基础》的社论。认为"春耕时期到了,⋯⋯再次阐明减租减息运动的重要性,是很必要的"。再次重申"减租减息是我党的一个最基本的政策。⋯⋯使农民翻身的最基本的政策就是减租减息和减租减息以后的发展生产。⋯⋯如何坚决赞助农民解决民主民生问题? 如何使中国民主运动取得广大农民的援助和参加? 今天最根本的办法之一,就是要实行减租减息政策"②。

社论提及了八年艰苦抗战的卓越战绩,认为中国共产党能够取得如此辉煌的成就,"解放区的这种伟大力量的一个根本的来源,就是由

---

① 《和平建国纲领》,见中共中央党校党史教研室选编:《中共党史参考资料(六)第三次国内革命战争时期》,人民出版社1979年11月版,第72—73页。

② 《减租减息是一切工作的基础》,见中共中央党校党史教研室选编:《中共党史参考资料(六)第三次国内革命战争时期》,人民出版社1979年版,第105—106页。

于实行了减租减息,解决了农民的土地问题,而获得了广大群众的援助"。并进而强调,现在"解放区的任务不但没有比抗战中间减轻,而且更沉重了,发动广大农民群众运动之需要更增加了。……而这个运动的最基本的环节,就是减租减息"①。

社论对如何开展减租减息运动提出了具体详细的要求、方法和建议。强调"除了那些已经开展减租减息运动而且成绩很好的地区之外,新解放区应该以开展减租减息运动为中心工作,老解放区在开展生产运动中应切实深入查减。在目前,减租主要是清算过去违反减租法令的额外剥削,实行退租与订立新约,并准备在麦收时依照新的租约交租"。希望各解放区"组织关于减租减息的训练班、座谈会之类,以便研究政策,检讨经验,推广好的范例。各解放区的报纸、杂志,应该对减租减息的报道、宣传、讨论加以更多的注意"②。

1946年4月15日,中共中央批转了晋冀鲁豫局关于进一步发动群众工作的指示,认为"晋冀鲁豫区最近数月内群众工作的经验,对各解放区均有意义",要求各局"作为党内文件,转达各省委、区党委及地委,配合当地经验,加以研究"③。

晋冀鲁豫局的指示共12条,其中多处涉及减租减息和土地问题。指示认为"目前新区的群众运动,从反奸清算、诉苦、复仇开始,是合乎实际要求的。……这个斗争很快就可以转变到赎地、清债、和减租、减息的斗争中来。……在这一斗争过程中,有计划的发现和培养雇农、贫农、中农中的积极分子,提高他们的阶级觉悟,加强其策略教育作为下一斗争阶段(减租、减息)的骨干,完全必要。……各地均须很快吸收

---

① 《减租减息是一切工作的基础》,见中共中央党校党史教研室选编:《中共党史参考资料(六)第三次国内革命战争时期》,人民出版社1979年版,第106页。

② 《减租减息是一切工作的基础》,见中共中央党校党史教研室选编:《中共党史参考资料(六)第三次国内革命战争时期》,人民出版社1979年版,第107—108页。

③ 《中央批转晋冀鲁豫局关于进一步发动群众工作的指示》,见中央档案馆编:《中共中央文件选集》第16册,中共中央党校出版社1992年版,第120页。

这一经验,转变方向,从广泛统一战线的反奸诉苦清算做起"①。

紧接着,指示强调"诉苦清算决不可拉得过长",这种情况"必须立即纠正,转到减租、减息。在减租、减息斗争中,应注意中央所说发动大规模的(不是部分地区、个别地区)群众性的(就是反对束缚群众手足的右和干部代替包办的左)减租、减息运动"②。

指示指出了存在的均产均地和打击面过宽过"狠"的错误:"有些地区发展了均产均地运动,过分地打击了富农与中小地主。在那些地方,提出三亩推平口号,即每人三亩平均分配,经济上消灭地主、富农。同时,也重重地打击了中农,他们主张中农不分斗争果实,中农亦在推平之列。……根据各区多次斗争经验,仅以贫农为骨干而将中农除外的农民自发运动,只能产生均产主义。……我们一定要发动群众,解决农民土地问题……但是我们又一定要使地主还能生活下去"③。

晋冀鲁豫中央局的指示反映的该解放区的减租减息状况和存在的问题是具有普遍性的,其他各解放区的情况也大致相同。正因为如此,中共中央才给予了批转。

(二)土地政策转向没收土地和实现"耕者有其田"

重庆政协会议后,国民党并没有认真地执行政协决议,而是不断地向解放区步步进逼。中国共产党人在加紧进行"自卫战争"的同时,也在继续努力做好减租减息工作,以争取更多人的同情和支持。随着国民党向解放区全面进攻的脚步声日益临近,中共中央于1946年5月4日召开会议通过了关于清算减租及土地问题的指示,这就是著名的

---

① 《中央批转晋冀鲁豫局关于进一步发动群众工作的指示》,见中央档案馆编:《中共中央文件选集》第16册,中共中央党校出版社1992年版,第121—122页。

② 《中央批转晋冀鲁豫局关于进一步发动群众工作的指示》,见中央档案馆编:《中共中央文件选集》第16册,中共中央党校出版社1992年版,第122页。

③ 《中央批转晋冀鲁豫局关于进一步发动群众工作的指示》,见中央档案馆编:《中共中央文件选集》第16册,中共中央党校出版社1992年版,第123页。

"五四指示"①。以此为标志,中国共产党的土地政策开始逐步转向了实行"耕者有其田"。

这次会议讨论了关于土地问题的指示。刘少奇同志主持了会议。他认为,现在实际上是群众在解决土地问题,中央只有一个1942年土地政策的决定。已经落在群众的后面了。今天如果不支持农民,就要泼冷水,就要重复大革命失败的教训,而农民也未必"就范"。失去农民又仍然得罪了地主,对我们将极为不利。另一方面,要看到这是一个影响全国政治生活的大问题,可能会影响统一战线,使一部分资产阶级民主派退出与中国共产党的合作,影响到我们的军队、干部与国民党军队的关系,影响国共关系和国际关系。刘少奇特别强调,要使群众了解只有遵守各项正确的原则,才能取得真正巩固的利益。中农必须坚决联合,富农不可过分侵犯,一切必须要照顾的地方都要照顾到,以便运动得以正确的执行。土地问题的方针,今天就做这样的决定,实行耕者有其田②。

对于"五四指示",我们在下一部分里还要介绍。

当时国民党虽然已将大部分兵力调至前线,国共战争一触即发,但毕竟国民党还没有彻底撕下"面纱"。为了维护摇摇欲坠的"国共团结"局面,为了执行重庆政协会议决议,为了团结争取更多的人于中国共产党周围,"五四指示"并没有立即公布,而是在党内一定的范围内予以传达贯彻。

5月6日,中共中央就解决东北、热河等地的土地问题发出指示,指出:"中央五月四号通过的关于土地问题指示,已开始发给农民。在

---

① 全文参见《中国共产党中央委员会关于清算减租及土地问题的指示》,见中共中央党校党史教研室选编:《中共党史参考资料(六)第三次国内革命战争时期》,人民出版社1979年版,第128—133页。

② 参见《〈五四指示〉和〈中国土地法大纲〉的制定与实施》,农业部农村经济研究中心当代农业史研究室编:《中国土地改革研究》,中国农业出版社2000年版,第141—142页。

东北、热河等地,除坚决实行没收分配开拓地、满拓地及其他敌人所经营的公私土地与大汉奸土地外,必须根据中央指示和当地情况,运用反奸清算减租减息等各种形式及当地广大群众所创造的各种形式,使地主阶级的土地转移到农民手中,普遍的来解决土地问题"①。

但是,考虑到蒙古地区的特殊性,指示也表现出了高度的灵活性,要求对蒙古地区的土地问题先搁置起来不要急于解决,待详细调查之后再行处理。

5月8日,中共中央将毛泽东、刘少奇在讨论和通过土地问题指示时的发言要点下发通知,认为"值得全党同志注意"。这些要点主要包括:七大时说"寻找适当方法解决土地问题,实现耕者有其田"。中央"五四指示"就是这种为群众所创造,为中央所批准的适当方法;解决了土地问题,即可使解放区人民长期支持斗争不觉疲倦;这是一个最基本的问题,是一切工作的基本环节,必须使全党干部认识其重要性;由于广大群众的行动推平了土地(即平均分配)的地方,不要去批评农民的平均主义,相反的,农民这种彻底地消灭了封建势力的行动应该批准,但无止的推平,不联合中农的推平,不照顾应当照顾的各色人等的推平,就要不得,群众未提出推平的地方照群众所提方法办理,也不要推平。对自由资产阶级及中间派应作正确而有力的解释,指出减租与耕者有其田都是实行政协决议,其方式又与内战时期大不相同②。

5月13日,中共中央就土地改革的宣传方针发出了指示,指出了这一土地变革的重要性、必要性和意义:"中央'五四'关于土地问题的指示,将要更加促进各解放区的群众运动,实现土地关系的根本转变,极大地巩固解放区,极大地增加我们反对国民党政治进攻与军事进攻

---

① 《中央关于解决东北、热河等地的土地问题的指示》,见中央档案馆编:《中共中央文件选集》第16册,中共中央党校出版社1992年版,第155页。

② 《毛泽东、刘少奇关于土地政策发言要点》,见彭明主编:《中国现代史资料选辑》第6册,本册编者,金德群、杜建军,中国人民大学出版社1989年版,第507—508页。

的力量"，强调了农民对于土地渴望的急迫性、必要性、正义性和合法性："农民的土地要求与土地改革的行动，是完全正当的与正义的，并且符合于孙中山的主张及政协决议，对于中国政治的进步与经济的发展，完全必要"。接着，规定了宣传中的方针："在各地报纸上除开宣传反奸、清算、减租、减息的群众斗争外，暂时不要宣传农民的土地要求、土地改革的行动以及解放区土地关系的根本改变，暂时不要宣传中央一九四二年土地政策的某些改变，以免过早刺激反动派的警惕性，以便继续麻痹反动派一个时期，以免反动派借口我们政策的某些改变，发动对于群众的进攻"。指示最后要求："中央五四土地指示，各地应即当作党内文件印发给进行群众工作的干部及其他广大干部阅读，使大家明白党的政策，迅速实现土地改革"①。

此后，到全面内战爆发前，中共中央又发出一些相关指示，如5月17日给冀热辽分局（加发冀察晋中央局及冀中）发出关于清算运动解决农民土地问题的指示，5月29日给各军区首长及政治部主任发出关于通令全军协同地方党政和农民解决土地问题的指示，6月20日给晋察冀局、冀热辽分局发出关于在土地改革中应注意的几个问题的指示等等②。这些指示除了指令军队配合地方党政农民解决土地问题外，所强调的贯彻执行五四指示精神的思想是基本一致的，反复强调"中央'五四'指示……望坚决执行"③。

上述一系列的指示文件既反映了中国共产党对于土地问题政策转变的高度重视，又反映了对这一问题的慎重态度；既不急于公布，又要贯彻执行；既要根本改变解放区的土地关系，又要争取团结大多数。这

---

① 《中央关于目前解放区土地改革宣传方针的指示》，见中央档案馆编：《中共中央文件选集》第16册，中共中央党校出版社1992年版，第159—160页。

② 分别参见中央档案馆编：《中共中央文件选集》第16册，中共中央党校出版社1992年版，第164—165、179、198—199页。

③ 中央档案馆编：《中共中央文件选集》第16册，中共中央党校出版社1992年版，第164页。

是在国民党全面进犯解放区的炮声已时隐时现的特定历史条件下制定发出的,是这一时代特点的必然反映和结果。

1946年6月26日,国民党军终于撕下伪装,大举侵犯中国共产党领导的中原解放区,全面内战爆发。

战争初期,国民党的气焰十分嚣张,凭借绝对的军队数量优势和武器装备,在各解放区展开了凶猛凌厉的全面攻势。但是,10月份攻下华北重镇张家口后,其全面进攻的态势就逐渐减弱了。中国共产党一方面在战场上沉着应对军事进攻,一方面也在有条不紊地展开土地工作,深入贯彻执行"五四指示",同时,根据不断变化的军事情况和土地改革的情况不断地加以补充、调整,准备制定新的土地政策。其中最重要的变化是,1947年7月—9月召开了全国土地会议,通过了《中国土地法大纲》;毛泽东1948年4月1日在晋绥干部会议上提出了土地改革的总路线;1949年9月29日中国人民政治协商会议第一届全体会议通过的《中国人民政治协商会议共同纲领》。这些变化在中国共产党土地政策发展史上都具有重要的里程碑式的意义。

1946年7月19日,中共中央指示各中央局和分局,要求答复制定土地政策中几个重要问题。指示表示"中央正在研究一种可以公布的土地制度,准备选择适当时期向各解放区提议,由各解放区制定土地法令,加以颁布"。

这些重要问题较多,如:没收敌伪及大汉奸的土地、没收旗地与地主黑地与霸占土地;地主土地超过一定数额者由政府以法令征购;地主可保留一定数额的土地,免于征购,每人所保留的土地可等于中农每人所有土地的两倍;抗战期间服务、积极协助军队政府的地主保留免于征购土地数额多于一般地主一倍左右等,此外还包括大地主的土地征购、地主多余农具、耕牛、房屋等农民必需品的征购、征购土地的地价确定、征购方法、地主保留土地、财权、人权的保护、土地征购的免除、逃亡地主土地的处置、其他一些特殊土地的处置等。指示强调"上述是需要特别研究的一些问题,至于宣布耕者有其田及将没收的、征购的土地及公地、荒地分给无地和少地农民等容易解决的问题,不再列举"。指示最后"希望你们仔细考虑给我们答复,以及将你们对于照顾地主生活采取的办法,群众在运动中所创造的办法告诉我们,以便我们能更周密的考虑与制定一公开的土地政策,在一个月到二个月内加以公布"①。

这个指示有这样几个特点值得注意:一是特别强调对地主权益的保护。没有强调没收地主的一般土地,只是对其"黑地"没收;二是对地主多余的土地实行征购;三是要求对这一指示不能向下传达;四是表示要在一、二个月内就制定一公开的土地政策公布。

这些特点有着鲜明的时代特征。之所以会这样,指示一开始其实说得很清楚:"为了公开宣布保障地主在土地改革后必需的生活,以缓和地主逃亡,分化地主内部,并减少民族资产阶级分子和中间人士的动摇怀疑以巩固反对内战独裁,争取和平民主的统一战线,使土地问题得到顺利的解决"②。

然而,后来中国共产党并没有在一两个月内制定出新的土地政策,而是推后了一年有余。上述指示中所说的原因是推后的主要因素之一。在同日中央关于向民盟人士说明我党土地政策给周恩来、董必武的指示中,也表达了类似的思想。

我们知道,民盟主要是代表民族资产阶级利益的,中央希望民盟明白:"各地农民在抗战八年中,曾三次起来要求土地,我党均用了极大的说服解释工作,推延下去。自日本投降后,各解放区广大农民起来清算汉奸恶霸,自己动手解决土地问题,我党无法和不应阻止这种群众的正当要求",所以必须"实行孙中山耕者有其田的主张和政协会议耕者

---

① 《中央关于要求各地答复制定土地政策中的几个重要问题的指示》,见中央档案馆编:《中共中央文件选集》第16册,中共中央党校出版社1992年版,第252—255页。
② 《中央关于要求各地答复制定土地政策中的几个重要问题的指示》,见中央档案馆编:《中共中央文件选集》第16册,中共中央党校出版社1992年版,第252页。

有其田的决议"。希望民盟研究这一问题，提供意见，可以和他们开座谈会共同探讨，他们也可提出想要特别照顾的抗战民主有功具体人士①。争取团结以民盟为代表的中间势力和中间人物的思想昭然若揭。

　　同年 7 月，中央还起草了一个实现耕者有其田的草案，交各地区讨论提出意见。这个草案有 34 条原则之多。草案指出"农民获得土地，实现耕者有其田，则是中国走向独立、自由、民主统一和富强的基础。中国共产党中央委员会特根据孙中山先生关于耕者有其田的主张，及政治协商会议实行耕者有其田的决议向各解放区政府提议，以下列各项为原则，制定并颁布土地法令，实现耕者有其田"。这些原则涉及以法律形式保障农民的耕者有其田、没收土地的范围、地主土地的征购、各种特殊土地的处置、土地分配的种种问题、土地累进税的征收、土地纠纷的处理等②。

　　8 月 8 日，中央给华中局就富农、中小地主的土地政策发出指示，认为"对于富农自耕土地不宜推平的意见，是正确的。……我们必须自觉的向富农，坚持中央不变动富农自耕土地的原则。但在已经解决并取得多数人民同意的地方，不要再变动。此外，对待一般中小地主亦应与对待汉奸豪绅恶霸有所区别"③。9 月 21 日，在给山东地区土地改革的指示中也有相似的规定④。

　　这个时候，中央一直在考虑用何种方式方法满足各地人民对土地的要求，解决好土地问题，实现土地关系的根本变更，实行耕者有其田。

------

　　① 《中央关于向民盟人士说明我党土地政策给周恩来、董必武的指示》，见中央档案馆编：《中共中央文件选集》第 16 册，中共中央党校出版社 1992 年版，第 256—258 页。

　　② 《中共中央为实现耕者有其田向各解放区政府的提议》，见彭明主编：《中国现代史资料选辑》第 6 册，本册编者，金德群、杜建军，中国人民大学出版社 1989 年版，第 513—518 页。

　　③ 《中共中央关于对富农土地不宜推平给华中局的指示》，见彭明主编：《中国现代史资料选辑》第 6 册，本册编者，金德群、杜建军，中国人民大学出版社 1989 年版，第 518 页。

　　④ 参见《中央关于山东地区土地改革给张云逸、黎玉的指示》，见中央档案馆编：《中共中央文件选集》第 16 册，中共中央党校出版社 1992 年版，第 295—296 页。

发行土地债券对地主的土地实行征购就是当时考虑的一种方法。国民党大举进攻中原解放区的次日,毛泽东以中央的名义致电周恩来叶剑英,表示"中央正考虑由各解放区发行土地公债给地主,有代价地征收土地分配给农民"。对于已经进行了土地分配的地区,要"补发公债,如此可使地主不受过大损失"①。

如上所述,7月19日,中共中央同时发出两个关于土地政策的指示,一个是要求各地答复制定土地政策中的几个重要问题的指示,一个是给周恩来董必武的指示。在后者的指示中,特别强调:"向他们说明我党中央正在研究和制定土地政策,除敌伪大汉奸的土地及霸占土地与黑地外,对一般地主土地,不采取没收办法,拟根据孙中山照价收买的精神,采取适当办法解决"②。

1946年12月13日,《陕甘宁边区征购地主土地条例草案》公布,要求各地立即征购地主土地,并要在次年春耕前彻底解决土地问题③。随后,这一工作逐步召开,"总的来看,陕甘宁边区征购地主土地的试点是成功的,达到了预期的效果"④。

为了推广这一经验,1947年2月8日,中央发出刘少奇起草的通报,认为这种做法"很可在各解放区采用,……再加一个由上而下的由政府颁布法令以公债征购土地的办法来配合,就更能发动群众,更能使土地问题迅速彻底而完全的解决"⑤。

---

①　中共中央文献研究室:《毛泽东年谱(1893—1949)》(下卷),中共中央文献出版社1993年版,第99页。

②　《中央关于向民盟人士说明我党土地政策给周恩来、董必武的指示》,见中央档案馆编:《中共中央文件选集》第16册,中共中央党校出版社1992年版,第257页。

③　参见陕西省档案馆、陕西省社会科学院:《陕甘宁边区政府文件选编》第11辑,档案出版社1991年版,第40页。

④　彭厚文:《论解放战争初期中国共产党有偿赎买地主土地的政策》,《信阳师范学院学报》(哲学社会科学版)第30卷第3期,2010年5月,第151页。

⑤　《中央关于陕甘宁边区若干地方试办土地公债经验的通报》,见中央档案馆编:《中共中央文件选集》第16册,中共中央党校出版社1992年版,第410页。

　　然而,当时大多数解放区已经实行了直接平分土地的办法,且效果比较理想,所以他们纷纷如实反映实际情况。结果,这一做法"没有能够推广实施。只有山东解放区曾经试图实施这一政策,并颁布了有关文件,但无果而终"①。

　　上面说过,1946 年 10 月国民党军进占张家口后全面进攻达到了顶峰,到 1947 年 3 月只好改为重点进攻陕北和山东解放区,但很快也被粉碎了。与此形成鲜明对比的是,中国共产党及其领导的人民军队日益强大。中共中央在撤离延安时将中共中央分为三个委员会。刘少奇率领的中共中央工作委员会在前往河北途中对土地工作有了切身的了解。再加上此前此后的反复调研,以刘少奇为代表的中共中央对新的土地政策已胸有成竹。就是在这种情况下,1947 年 7 月 17 日至 9 月 13 日,全国土地工作会议在河北省平山县西柏坡村召开,并通过了《中国土地法大纲》。

　　1947 年 4 月 22 日,刘少奇给晋绥同志写了一封信,谈了途经晋绥地区的所见所闻,认为"虽然有些地方农民已分得若干土地,有些地主被斗争,有些地方也正在进行工作,但群众运动是非常零碎的,没有系统的,因此也是不能彻底的"。指出"没有一个有系统的普遍的彻底的群众运动,是不能普遍彻底解决土地问题的。目前你们的任务,就是要有计划地去组织这样一个群众运动,并正确的把这个运动领导到底"②。毛泽东 7 月 25 日在这封信的评语中强调:"少奇同志这封信写得很好,很必要。少奇同志在这封信里所指出的问题,不仅是在一个解放区存在,而是在一切解放区在不同的程度上存在着;他所指出的原

---

① 彭厚文:《论解放战争初期中国共产党有偿赎买地主土地的政策》,《信阳师范学院学报》(哲学社会科学版)第 30 卷第 3 期,2010 年 5 月,第 151 页。

② 《刘少奇关于彻底解决土地问题给晋绥同志的一封信》,见中央档案馆编:《中共中央文件选集》第 16 册,中共中央党校出版社 1992 年版,第 487—488 页。

中国土地法大纲封面

则,则是在一切解放区都适用的"①。

　　9 月 5 日,中央工委请示中央,汇报这次会议"讨论原集中在党内问题及农民组织与民主问题,因新华社社论提出彻底平分土地,便又集中到土地政策问题上来",最后"决定普遍实行彻底平分,由土地会议通过一个公开的土地法大纲,同时通过一个党内决议,以总结一年来土改经验,并提出执行政策的方法,及整党、组织农民与进行农村民主运动及生产运动的方法等"②。次日,中央复电同意。

_____

　　① 《毛泽东对刘少奇关于彻底解决土地问题给晋绥同志的一封信的批示》,见中央档案馆编:《中共中央文件选集》第 16 册,中共中央党校出版社 1992 年版,第 486 页。
　　② 《中央工委关于彻底平分土地的原则向中央的请示》,见中央档案馆编:《中共中央文件选集》第 16 册,中共中央党校出版社 1992 年版,第 529—530 页。

9月13日,全国土地会议通过了《中国土地法大纲》。但由于种种原因当时并没有公布,直到10月10日,才连同中央的决议一并公布。决议指出:"中国的土地制度极不合理。就一般情况来说,占乡村人口不到百分之十的地主富农,占有约百分之七十至八十的土地,残酷地剥削农民。……中国共产党召集了全国土地会议,在这个会议上,详细地研究了中国土地制度的情况,土地改革的经验,制度了中国土地法大纲,作为向各地民主政府,各地农民大会、农民代表会及其委员会的建议。中国共产党中央委员会完全同意这个土地法大纲,并予以公布"[①]。

《中国土地法大纲》的内容,下面我们还要介绍分析。

《中国土地法大纲》公布后,各解放区迅速行动起来,开始了急风暴雨般的平分土地运动,虽然取得了很大的成绩,但同时也出现了严重的"左"的错误。

由于农民的阶级局限性,在中国共产党土地改革史上,"左"的错误或隐或现。土地革命战争时期,就有"地主不分田,富农分坏田"的现象。解放战争开始后,类似的情况也存在。

1946年4月11日,中央在给陈毅的信中就指出了这种"左"的错误及纠正,对"'左'的错误,其中首先应当注意的是侵犯中农利益,一经发现,必须迅速纠正。其次,是除减租减息外,过分地打击了富农与中小地主"。信中同时规定了对有过火行为者的处置方法,要求"纠正'左'的错误,即纠正干部与群众对于中农、富农及中小地主的过火行动时,应当用极大的善意与热忱去说服他们,绝对不可泼冷水,绝对不可使他们感觉受了挫折"[②]。

---

① 《中国共产党中央委员会关于公布中国土地法大纲的决议》,见中央档案馆编:《中共中央文件选集》第16册,中共中央党校出版社1992年版,第546页。
② 《中央关于纠正群众工作中的错误问题给陈毅的指示》,见中央档案馆编:《中共中央文件选集》第16册,中共中央党校出版社1992年版,第115—116页。

《中国土地法大纲》公布后，各解放区"左"的错误明显泛滥，表现多样。上面提及的对中农、富农和中小地主的错误继续存在着，并有扩大趋势，农民的绝对平均主义思想泛滥，划分阶级时过火明显，对待老区、半老区和新解放区没有注意区别对待，甚至滥杀乱打等等。

1947 年 12 月 31 日，中共中央工委就阶级分析发出指示，指出了划分阶级上存在的种种"左"的错误，如划分阶级的标准有好几条；追历史、查三代；将富农定成地主，将富裕中农订成富农；确定地主富农未经全体农民讨论通过等，指示强调"上述错误，如不及时更正，将妨碍土改在进行，并使将来难于纠正。望各地党委立即检查本地土改工作，如已发生上述错误，应立即纠正、补救，如尚未发生应早加防止，不要使这种错误发展"，明确指出"划分阶级应只有一个标准，即占有生产手段（在农村中主要是土地）与否，占有多少，及与占有关系相连带的生产关系（剥削关系）"①。

1948 年 2 月 21 日，毛泽东为中共中央起草了《纠正土地改革宣传中的"左"倾错误》的党内指示，指出"最近几个月中，许多地方的通讯社和报纸，不加选择地没有分析地传播了许多包含'左'倾错误偏向的不健全的通讯或文章"，这些错误缺点"其特点就是过左。其中有些是完全违背马克思列宁主义原则立场和完全脱离中央路线的"，要求"各中央局、中央分局及其宣传部，新华社和各地总分社，以及各地报纸的工作同志们，根据马克思列宁主义原则和中央路线，对过去几个月的宣传工作，加以检查，发扬成绩，纠正错误"②。这个指示连同上述相关指示对于纠正土地改革工作中"左"的错误起到了很大的作用，具有重要的意义。

---

① 《中央工委关于阶级分析问题的指示》，见中央档案馆编：《中共中央文件选集》第 16 册，中共中央党校出版社 1992 年版，第 602—603 页。
② 毛泽东：《纠正土地改革宣传中的"左"倾错误》，见《毛泽东选集》第四卷，人民出版社 1991 年版，第 1280—1281 页。

《中国土地法大纲》公布后,为了深入贯彻执行全国土地会议精神和"大纲",中共中央发出了一系列的指示(包括局部的、全局的),还有领导人的相关讲话及新闻媒体的社论、评论及报道等,如 1947 年 12 月 25 日毛泽东在中共中央扩大会议上所作的《目前形势和我们的任务》的报告;1948 年 1 月 12 日任弼时就土地改革问题在西北野战军前线委员会扩大会议上发表的讲话;1948 年 1 月 18 日毛泽东为中共中央起草的决定草案中第二部分关于土地改革和群众运动中的几个具体政策问题;2 月 3 日毛泽东给刘少奇发出关于在不同地区实施土地法的不同策略的电报;2 月 15 日,毛泽东为中央起草了新解放区土地改革要点的党内指示;2 月 22 日,周恩来为中央起草了老区半老区的土地改革与整党的指示;2 月 27 日,毛泽东为中央起草了关于工商业政策的指示;同日,新华社刊出了《平山老解放区的土改经验》电讯稿,次日又刊出《陕甘宁绥德县老区黄家川调整土地的经验》;3 月 1 日,又起草了关于民族资产阶级和开明绅士的党内指示;3 月 12 日,毛泽东对谭政文 2 月 8 日关于山西崞县(今原平县)召开土地改革代表会议情况的报告作了批示;5 月 14 日,中央作出地主富农知识分子入伍后改变成分的规定;5 月 25 日,中央发出毛泽东起草的《一九四八年的土地改革工作和整党工作》的党内指示;同日,中共中央还发出了关于 1933 年两个文件的决定,这两个文件是指《怎样分析阶级》和《关于土地斗争中一些问题的决定》;9 月 29 日,中央发出由新华社答复划阶级成分中诸问题的通知;10 月 9 日,中央发出关于晋南、晋中新收复区实行土地改革的通知;10 月 16 日,中央就地主、旧富农的选举权与被选举权发出指示;1949 年 8 月 10 日,中央发出关于新区农村土地改革工作的指示。这些举措对于保证《中国土地法大纲》的有效实施,对于平分土地实现耕者有其田,对于保障人民解放军取得军事上的胜利起到了不可低估的作用。

1948 年 4 月 1 日,毛泽东在晋绥干部会议上发表了讲话。他肯定了晋绥解放区的土改成绩，认为土地改革是成功的，纠正"左"的错误是成功的，认为晋绥解放区在过去存在的划分阶级成分过火、侵犯工商业和乱打乱杀三方面的"左"的错误已经纠正了。毛泽东并相信，其他解放区同样都能纠正"左"的错误，走上健康发展的道路。

毛泽东强调了紧紧地掌握党的总路线的重要性，指出"新民主主义的革命，不是任何别的革命，它只能是和必须是无产阶级领导的，人民大众的，反对帝国主义、封建主义和官僚资本主义的革命"。

接着，毛泽东明确指出："土地制度的改革，是中国新民主主义革命的主要内容。土地改革的总路线，是依靠贫农，团结中农，有步骤地、有分别地消灭封建剥削制度，发展农业生产"①。

本来，此前毛泽东在中共中央十二月会议上所作的《目前形势和我们的任务》的报告中就指出过，土地改革的"方针是依靠贫农。巩固地联合中农，消灭地主阶级和旧式富农的封建的和半封建的剥削制度"②，这个报告"是整个打倒蒋介石反动统治集团，建立新民主主义中国的时期内，在政治、军事、经济各方面带纲领性的文件"③。毛泽东在4月1日晋绥干部会议上的讲话在土地改革方面又进一步丰富和完善了。报告和讲话是在人民解放军战略反攻已经取得了重大胜利、解放战争即将进入战略决战的大背景下发表的。毛泽东强调了新民主主义革命的性质，指出了中国共产党的总路线，规定了土地改革的总路线，对于完成土地改革任务和指导中国新民主主义革命取得胜利起到了十分重要的作用。

此时，解放战争的步伐已经大大加快。一方面，各解放区的土改工

①　参见毛泽东：《在晋绥干部会议上的讲话》，见《毛泽东选集》第四卷，人民出版社1991年版，第1305—1314页。

②　毛泽东：《目前形势和我们的任务》，见《毛泽东选集》第四卷，人民出版社1991年版，第1250页。

③　毛泽东：《目前形势和我们的任务》，见《毛泽东选集》第四卷，人民出版社1991年版，第1243页。

作在如火如荼、有条不紊地进行着；另一方面，人民解放军的战略决战即将拉开帷幕。不久，随着济南战役和三大战役的胜利展开，随着渡江战役的成功推进，国民党南京政府如秋风扫落叶般被历史和人民淘汰出大陆。历史掀开了新的篇章。

1949 年 9 月 29 日中国人民政治协商会议第一届全体会议通过的共同纲领庄严宣告：

> 土地改革为发展生产力和国家工业化的必要条件。凡已实行土地改革的地区，必须保护农民已得土地的所有权。凡尚未实行土地改革的地区，必须发动农民群众，建立农民团体，经过清除土匪恶霸、减租减息和分配土地等项步骤，实现耕者其田。①

二、"五四指示"和《中国土地法大纲》的内容

"五四指示"和《中国土地法大纲》是中国共产党解放战争时期重要的两个土地政策。从上面的介绍就能够对其精神和内容窥豹一斑。下面，我们再略加介绍分析。

"五四指示"先分析了当时土地改革的形势和现状，指出根据各地区最近来延安的同志报告，在山西、河北、山东、华中各解放区，有极广大的群众运动，在反奸、清算、减租、减息斗争中，直接从地主手中取得土地，实现"耕者有其田"，群众情绪极高。在群众运动深入的地方，基本上解决了和解决着土地问题。

指示认为有些地方，运动的结果，甚至实现了"平均土地"，所有的人（地主在内）都得了三亩土地。而另一方面，一部分汉奸、豪绅、恶霸、地主逃跑到城市中，则大骂解放区的群众运动。有些中间人士，则发生怀疑。党内有少数人感觉群众运动过火。

---

① 《中国人民政治协商会议共同纲领》，彭明主编：《中国现代史资料选辑》第 6 册，本册编者，金德群、杜建军，中国人民大学出版社 1989 年版，第 556 页。

指示接着强调在此种情况下,我党不能没有坚定的方针,不能不坚决拥护广大群众这种直接实行土地改革的行动,并加以有计划的领导,使各解放区的土地改革,依据群众运动发展的规模和程度,迅速求其实现。

因此,指示要求各地党委在广大群众运动前面,不要害怕普遍的变更解放区的土地关系,不要害怕农民获得大量土地而地主则丧失了土地,不要害怕消灭了农村中的封建剥削,不要害怕地主的叫骂和污蔑,也不要害怕中间派暂时的不满和动摇。相反,要坚决拥护农民一切正当的主张和正义的行动。批准农民已经获得和正在获得的土地。

对于汉奸、豪绅、地主的叫骂,应当给以驳斥;对于中间的怀疑应当给以解释,对于党内的不正确观点,应当给以教育。

指示强调各地党委必须明确认识解决解放区的土地问题是我党目前最基本的历史任务;是目前一切工作的最基本环节。必须以最大的决心和努力,放手发动与领导目前的群众运动来完成这一历史任务。

指示制定了 18 项原则,要求各地据此正确的指导当前的群众运动。这就是:

在广大群众要求下,我党应坚决拥护群众从反奸、清算,减租、减息、退租、退息等斗争中,从地主手中获得土地,实现耕者有其田。

坚决用一切方法吸收中农参加运动,并使其获得利益,决不可侵犯中农土地,凡中农土地被侵犯者,应设法退还或赔偿,整个运动必须取得全体中农的真正同情和满意,包括富裕中农在内。

一般不变动富农的土地,如在清算退租土地改革时期,由于广大群众的要求,不能不有所侵犯时,亦不要打击得太重。应使富农和地主有所区别,应着重减租而保存其自耕部分。如果打击富农太重,即将影响中农发生动摇,并将影响解放区的生产。

对于抗日军人及抗日干部的家属属于豪绅地主成分者,对于在抗日期间无论在解放区和国民党区与我们合作而不反共的开明绅士及其他人等,在运动中应谨慎处理,适当照顾。一般的应采取调解仲裁的方式,一方面说服他们不应该拒绝群众的合理要求,自动采取开明态度,另一方面,应教育农民念及这些人抗日有功,或是抗属,给他们多留下一些土地,及替他们保留面子。

对于中小地主的生活应给以相当照顾,对待中小地主的态度应与对待大地主豪绅恶霸的态度有所区别,应多采取调解仲裁方式解决他们与农民钓纠纷。

集中注意于向汉奸、豪绅、恶霸作坚决的斗争,使他们完全孤立,并拿出土地来。但仍应给他们留下维持生活所必需的土地,即给他们饭吃。对于汉奸、豪绅、恶霸所利用的走狗之属于中农、贫农及贫苦出身者,应采取争取分化政策,促其坦白反悔,不要侵犯其土地。在其坦白反悔后,并须给以应得利益。

除罪大恶极的汉奸分子的矿山、工厂、商店应当没收外,凡富农及地主所设的商店、作坊、工厂、矿山,不要侵犯,应予以保全,以免影响工商业的发展。不可将农村中解决土地问题反对封建阶级的办法,同样的用来反对工商业资产阶级,我们对待封建地主阶级与对待工商业资产阶级是有原则区别的。有些地方将农村中清算封建地主的办法,错误的运用到城市中来清算工厂商店,应立即停止,否则,即将引起重大恶果。

除罪大恶极的汉奸分子及人民公敌为当地广大人民群众要求处死,应当赞成群众要求,经过法庭审判,正式判处死刑者外,一般的应施行宽大政策,不要杀人或死人,也不要多捉人,以减少反动派方面的借口,不使群众陷于孤立。反奸清算是必要的,但不要牵连太广,引起群众恐慌,给反动派以进攻的借口。

对一切可以教育的知识分子,必须极力争取,给以学习与工作机会。对开明绅士及其他党外人士,或城市中的自由资产阶级分子,只要他们赞成我们的民主纲领,不管他们还有多少毛病,或对于目前的土地改革表示怀疑与不满,均应当继续和他们合作,一个也不要抛弃,以巩固反对封建独裁争取和平民主的统一战线。对于逃亡地主及其他人等,应让其回家,并给以生活出路,即使其中有些分子,其回家目的在于扰乱解放区,亦以让其回家置于群众监督之下为有利。如此,可以减少城市中反对群众的力量。

各地群众尚未发动起来解决土地问题者,应迅速发动解决,务必在今年年底以前全部或大部获得解决,不要拖到明年。但在进行斗争时,必须完全执行群众路线,酝酿成熟,真正发动群众,由群众自己动手来解决土地问题,绝对禁止使用反群众路线的命令主义包办代替及恩赐等办法来解决土地问题。

解决土地问题的方式,群众已创造了多种多样。例如:没收分配大汉奸土地;减租之后,地主自愿出卖土地,而佃农则以优先权买得此种土地;由于在减租后保障了农民的佃权,地主仍自愿给农民七成或八成土地,求得抽回二成或三成土地自耕;在清算租息、清算霸占、清算负担及其他无理剥削中,地主出卖土地给农民来清偿负欠。农民用以上各种方式取得土地,且大多数取得地主书写的土地契约,这样就基本上解决了农村土地问题,而和内战时期在解决土地问题时所采用的方式大不相同。使用上述种种方式来解决土地问题,使农民站在合法和有理地位,各地可以根据不同对象,分别采用。

在运动中所获得的果实,必须公平合理的分配给贫苦的烈士遗族、抗日战士,抗日干部及其家属和无地及少地的农民,在农民已经公平合理得到土地之后,应巩固其所有权,发扬其生产热忱,使其勤勉节俭,兴家立业,以便提高解放区生产。在解决土地问题后,凡由于自己的勤勉劳俭,善于经营,因而发财致富者,均应保障其财产不以侵犯。因此不可有无底止的清算和斗争,妨碍农民生产兴趣。对于一部分人的游惰情绪及二流子,应加以教育,使他们从事生产,改良生活。

在运动中及土地问题解决后,应注意巩固与发展农会和民兵,发展党的组织,培养提拔干部,改造区乡政权,并教育群众为保卫已得的土地和民主政权而斗争,为国家民主化而斗争。

凡我之政权不巩固,容易受到摧残的边沿地区,一般的不要发动群众起来要求土地,就是减租减息亦应谨慎办理,不能和中心区一样,以免造成红白对立及受到摧残。但在情况许可地区,又当别论。

各地党委应当放手发动与领导解放区的群众运动,依照上述各项原则,坚决地去解决土地问题。只要能遵守上列各项原则,保持农村中90%以上人口和我们党在一道(农村中雇农、贫农、中农、手工工人及其他贫民共计约占92%,地主、富农约占8%),保持反封建的广泛统一战线,我们就不会犯冒险主义的错误。相反,如果我们能够在一万万数千万人口的解放区解决了土地问题,就会大大巩固解放区,并大大推动全国人民走向国家民主化。但是如果我们不能遵守上述各项原则给运动以正确的指导,如果侵犯中农土地或打击富农太重,或不给应该照顾的人们以必要的照顾,那会使农村群众发生分裂,因而就不能保持90%以上人口和我们党一道,就要使贫农、雇农和我们党陷于孤立,就要增加豪绅、地主和城市反动派极大的力量,就要使群众的土地改革运动受到极大的阻碍,这对于群众是很不利的。因此,必须说服群众和干部遵守上述各项原则,对于群众方为有利。

因此,各地必须召开干部会议,总结经验,讨论中央指示,向一切党的干部印发并解释中央指示,根据当地具体情况,确定实施中央指示的计划,调动大批干部,加以短期训练,派到新区去进行这一工作。同时向党外人士作必要与适当的解释,指出这是百分之九十以上人民群众的正当要求,合乎孙中山主张与政协决议,又对各色人等及地主富农有相当照顾,因此应当赞助农民的要求。同时各地应当教育干部,特别是区乡干部,发挥共产党员为人民服务的精神,不要利用自己的领导地位取得过多的利益,引起群众不满,转向干部作斗争。如果此种斗争已经发生,则应劝告干部采取公平态度解决问题,以免脱离群众。

1942 年中央土地政策决定,几年来正确地发动了广大群众运动,支持了抗日战争。但由于清算减租运动的发展和深入,实际上不能不依照目前广大群众的要求,而有重要的改变,虽然不是全部改变,因为并没有全部废止减租政策。

指示最后号召全党对于土地问题所发生的右的与左的偏向,各地应根据本指示,以充分的热情与善意进行教育,加以纠正,以便领导广大群众为完成土地改革巩固解放区群众基础而奋斗。

"五四指示"总结了中国共产党成立二十多年来土地问题的经验教训,特别是抗战胜利后土地关系的调整变革。既考虑到人民群众在土地问题上的自发自觉行为要求,又顾及了国共内战还没爆发和中间势力团结的问题。但是,维护广大人民群众的根本利益和满足他们的土地要求是"五四指示"的基本精神和主基调。

《中国土地法大纲》共 16 条,是中国共产党解放战争时期解决土地问题的最基本最重要的法规。其中心思想就是平分土地,实现耕者有其田。

大纲规定:废除封建性及半封建性剥削的土地制度,实行耕者有其田的土地制度;废除一切地主的土地所有权;废除一切祠堂、庙宇、寺院、学校、机关及团体的土地所有权;废除一切乡村中在土地制度改革以前的债务。中共中央 1948 年对大纲规定加注:本条所称应予废除之债务,系指土地改革前劳动人民所欠地主富农高利贷者的高利贷债务。

大纲规定了土地制度变革的权力机关:乡村农民大会及其选出的委员会,乡村无地少地的农民所组织的贫农团大会及其选出的委员会,区、县、省等级农民代表大会及其选出的委员会为改革土地制度的合法执行机关。

大纲规定了平分土地的范围方法:除本法第九条乙项所规定者外,乡村中一切地主的土地及公地,由乡村农会接收,连同乡村中其他一切土地,按乡村全部人口,不分男女老幼,统一平均分配,在土地数量上抽多补少,质量上抽肥补瘦,使全乡村人民均获得同等的土地,并归各人所有。中共中央1948年对大纲规定加注:在平分土地时应注意中农的意见,如果中农不同意则应向中农让步,并容许中农保有比较一般贫农所得土地的平均水平为高的土地量。在老区半老区平分土地时,应按照1948年2月22日中共中央关于在老区半老区进行土地改革工作与整党工作的指示进行。

大纲规定土地分配,以乡或等于乡的行政村为单位,但区或县农会得在各乡或等于乡的各行政村之间,作某些必要的调剂。在地广人稀地区,为便于耕种起见,得以乡以下的较小单位分配土地。

乡村农会接收地主的牲畜、农具、房屋、粮食及其他财产,并征收富农的上述财产的多余部分分给缺乏这些财产的农民及其他贫民,并分给地主同样的一份。分给各人的财产归本人所有,使全乡村人民均获得适当的生产资料及生活资料。

大纲规定了若干特殊的土地及财产之处理办法,包括:山林、水利、芦苇地、果园、池塘、荒地及其他可分土地,按普通土地的标准分配之;大森林、大水利工程、大矿山、大牧场、大荒地及湖沼等,归政府管理;名胜古迹,应妥为保护。被接收的有历史价值或学术价值的特殊的图书、古物、美术品等,应开具清单,呈交各地高级政府处理;军火武器及满足农民需要后余下的大宗货币、资财、粮食等物,应开具清单,呈交各地高级政府处理。

大纲对土地分配中的若干特殊问题规定了处理办法,包括:只有一口或两口人的贫苦农民,得由乡村农民大会酌量分给等于两口或三口人的土地;一般的乡村工人、自由职业者及其家庭,分给与农民同样的土地,但其职业足以经常维持生活费用之全部或大部者,不分土地,或分给部分土地,由乡村农民大会及其委员会酌量处理;家居乡村的一切人民解放军、民主政府及人民团体的人员,其本人及其家庭,分给与农民同样的土地及财产;地主及其家庭,分给与农民同样的土地及财产;

家居乡村的国民党军队官兵、国民党政府官员、国民党党员及敌方其他人员,其家庭分给与农民同样的土地及财产;汉奸、卖国贼及内战罪犯,其本人不得分给土地及财产。其家庭在乡村、未参与犯罪行为,并愿自己耕种者,分给与农民同样的土地及财产。

大纲规定分配给人民的土地,由政府发给土地所有证,并承认其自由经营、买卖及在特定条件下出租的权利。土地制度改革以前的土地契约及债约,一律缴销;保护工商业者的财产及其合法的营业,不受侵犯。

大纲规定了违法的惩罚:为贯彻土地改革的实施,对于一切违抗或破坏本法的罪犯,应组织人民法庭予以审判及处分,人民法庭由农民大会或农民代表会所选举及由政府所委派的人员组成之。

在土地制度改革期间,为保持土地改革的秩序及保护人民的财富,应由乡村农民大会或其委员会指定人员,经过一定手续,采取必要措施,负责接收、登记,清理及保管一切转移的土地及财产,防止破坏、损失、浪费及舞弊。农会应禁止任何人为着妨碍公平分配之目的而任意宰杀牲畜,砍伐树木,破坏农具、水利、建筑物、农作物或其他物品,及进行偷窃、强占、私下赠送、隐瞒、埋藏、分散、贩卖这些物品的行为。违者应受人民法庭的审判及处分。

为保证土地改革中一切措施符合于绝大多数人民的利益及意志,政府负责切实保障人民的民主权利,保障农民及其代表有全权得在各种会议上自由批评及弹劾各方各级的一切干部,有全权得在各种相当会议上自由撤换及选举政府及农民团体中的一切干部。侵犯上述人民民主权利者,应受人民法庭的审判及处分。

大纲最后规定在本法公布以前土地业已平均分配的地区,如农民不要求重分时,可不重分。

《中国土地法大纲》内容既涉及二千年来封建地主阶级的土地剥削制度的彻底废除和消灭,又立足于保护和发展新民主主义革命的经济,同时又特别强调了广大人民群众的主人翁的地位,充分发挥和体现了他们当家做主的思想。这是中国共产党解放战争时期公开公布的第一个土地政策法令,对于废除封建地主阶级的土地剥削制度、实现平分土地和耕者有其田起了极其重要的作用。

　　总之,中国共产党成立后,经历了极其艰难曲折的奋斗历程。关于土地问题的航船,同样也是一步三折,跌宕起伏,从主张土地共有到斗地主分田地,从减租减息二五减租到平分土地实现耕者有其田,可谓波澜叠起,挫折不断,但终究还是波澜不惊,随着人民解放军军事上的成功,随着国民党南京政府在大陆的狼狈败北,随着中华人民共和国的成立,最终还是安全胜利地驶向了理想的彼岸……

主要参考文献

一、资料

1.《马克思恩格斯全集》第 4 卷,人民出版社 1958 年。

2.《马克思恩格斯全集》第 19—20 卷,人民出版社 1971 年版。

3.《马克思恩格斯全集》第 25、46 卷,人民出版社 1974 年版。

4.《列宁全集》第 3 卷,人民出版社 1984 年第 2 版。

5.《毛泽东选集》第 1—4 卷,人民出版社 1991 年版。

6.《孙中山全集》第 1—10 卷,中华书局 1981—1986 年版。

7. 彭明主编:《中国现代史资料选辑》第 1—6 册,中国人民大学出版社 1987—1989 年版。

8. 彭明主编、金德群副主编:《中国现代史资料选辑第一、二册补编》,本册编者,金德群,中国人民大学出版社 1991 年版。

9. 中共中央党校党史教研室选编:《中共党史参考资料》,人民出版社 1979 年版。

10.《中共党史教学参考资料》,人民出版社根据 1957 年 9 月第 1 版重排,1980 年 9 月北京第 3 次印刷。

二、著述

1. 金德群主编:《中国国民党土地政策研究》,海洋出版社 1991 年版。

2. 金德群:《民国时期农村土地问题研究》,红旗出版社 1994 年版。

3. 金德群:《金德群史志文丛》,知识产权出版社 2008 年版。

4. 金德群主编:《桥头镇志》,海洋出版社 1989 年版。

5. 郭德宏:《中国近现代农民土地问题研究》,青岛出版社 1993 年版。

6. 陈守实:《中国古代土地关系史稿》,上海人民出版社 1984 年版。

7. 王昉:《中国古代农村土地所有权与使用权关系:制度思想演进的历史考察》,复旦大学出版社 2005 年版。

8. 李朝远:《西周土地关系论》,上海人民出版社 1997 年版。

9. [日]长野郎:《中国土地制度的研究》,强我译,袁兆春点校,中国政法大学出版社2004年版。

10. 傅筑夫:《中国经济史论丛》,三联书店1980年版。

11. 傅筑夫:《中国经济史论丛·续集》,人民出版社1988年版。

12. 王国维:《殷周制度论》,《观堂集林》卷十,中华书局1957年版。

13. 俞伟超:《中国古代公社组织的考察》,文物出版社1988年版。

14. 《谭嗣同全集》,中华书局1981年版。

15. 《敦煌资料》第一辑,中华书局1961年版。

16. 漆侠:《中国经济通史》(宋代经济卷),经济日报出版社1999年版。

17. [美]保罗·肯尼迪:《大国的兴衰》,中国经济出版1989年版。

18. 中国社会科学院历史研究所清史研究室:《清史论丛》,中华书局1982版。

19. 梁方仲:《中国历代户口、土地、田赋统计》,上海人民出版社1980年版。

20. 赵冈、陈钟毅:《中国土地制度史》,台北联经出版公司1985年版。

21. 孙毓堂、张寄谦:《清代的垦田与丁口的记录》,《清史论丛》第一辑,中华书局1979年版。

22. 陈支平:《清代赋役制度演变新探》,厦门大学出版社1988年版。

23. 吴廷璆等编:《郑天挺纪念论文集》,中华书局1990年版。

24. 白凯(Kathryn Bernhardt):《长江下游地区的地租、赋税与农民的反抗斗争(1840—1950)》,林枫译,上海书店出版社2005年版。

25. 高王凌:《租佃关系新论——地主、农民和地租》,上海书店2005年版。

26. 中央档案馆明清档案部编:《太平天国史料》。该史料1963年编成,没有正式出版。

27. 张德坚:《贼情汇纂》,《中国近代史资料丛刊》之《太平天国》,本书编委会编,上海人民出版社、上海书店出版社2000年版。

28. 翦伯赞、郑天挺主编:《中国通史参考资料·近代部分》(修订本),中华书局1985年版。

29. 南开大学历史系编:《清实录经济资料缉要》,中华书局1959版。

30. 李文治:《中国近代农业史资料》第1—3缉,三联书店1957年版。

31. 刘厚生:《张謇传记》,上海书店影印出版,1985年4月。

32. 《张謇存稿》,上海人民出版社1987年版。

33. 陈翰笙等编:《解放前的中国农村》(三),中国展望出版社1989年版。

34. 薛农山:《中国农民战争之史的研究》,神州国光社1935年版。

35. 高启宇:《垦殖学》,商务印书馆1936年版。

36. 翦伯赞等编:《戊戌变法》(第2册),上海人民出版社1957年版。

37.《梁启超选集》，上海人民出版社 1984 年版。

38. [德]威廉·马察特：《单威廉与青岛土地法》，江鸿译，台北中国地政研究所 1986 年版。

39.《中华民国大事记》第 2 册，中国文史出版社 1997 年版。

40.《宋庆龄选集》上卷，人民出版社 1992 年版。

41.《中国年鉴》第一回，上海商务印书馆 1924 年版。

42. 张丕介：《垦殖政策》，商务印书馆 1942 年版。

43. 张静如、刘志强：《北洋军阀统治时期中国社会之变迁》，中国人民大学出版社 1992 年版。

44. 朱子爽：《中国国民党土地研究》，国民图书出版社 1943 年版。

45. 杨士泰：《清末民国地权制度变迁研究》，中国社会出版社 2010 年版。

46. 陈顾远：《土地法》，商务印书馆 1936 年版。

47. 萧铮：《土地改革五十年》，台湾"中国"地政研究所 1980 年版。

48. 中国档案汇编，荣孟源主编：《中国国民党历次代表大会及中央全会资料》，光明日报出版社 1985 年版。

49.《鲍罗廷在中国的有关资料》，中国社会科学出版社 1983 年版。

50.《恽代英文集》，人民出版社 1984 年版。

51.《抗日战争时期国民政府财政经济战略措施研究》课题组：《抗日战争时期国民政府财政经济战略措施研究》，西南财经大学出版社 1988 年版。

52. 张其昀：《先总统蒋公全集》，中国文化大学出版社 1984 年版。

53. 李新：《中华民国史》第 3 编第 6 卷，中华书局 2000 年版。

54. 朱剑农：《扶植自耕农问题》，中华书局出版社 1944 年版。

55. 严中平等编：《中国近代经济史统计资料选辑》，科学出版社 1955 年版。

56. 农业部农村经济研究中心当代农业史研究室编：《中国土地改革研究》，中国农业出版社 2000 年版。

57. 陈荷夫：《土地与农民——中国土地革命的法律与政治》，辽宁人民出版社 1988 年版。

58.《瞿秋白选集》，人民出版社 1984 年版。

59. 中国社会科学院经济研究所中国现代经济史组：《第一二次国内革命战争时期土地斗争史料选编》，人民出版社 1981 年版。

60. 本书编写组：《中国共产党历史上的 1000 个为什么》，中共党史出版社 2006 年版。

61. 何东、清庆瑞等编著：《中国共产党土地改革史》，中国广播出版社 1993 年版。

62. 柴树藩、于光远、彭平：《绥德、米脂土地问题初步研究》，人民出版社 1979 年版。

63. 陕西省地方志编纂委员会编:《陕西省志》第 50 卷,陕西人民出版社 1997 年版。

64.《榆林地区审判志》,陕西人民出版社 1999 年版。

65. 中央档案馆编:《中共中央文件选集》第 16—18 册,中共中央党校出版社 1992 年版。

66. 中共中央文献研究室:《毛泽东年谱(1893—1949)》,中共中央文献出版社 1993 年版。

67. 陕西省档案馆、陕西省社会科学院:《陕甘宁边区政府文件选编》第 11 辑,档案出版社 1991 年版。

三、期刊论文

1. 方行:《清代前期北方的小农经济》,《历史研究》1991 年第 2 期。

2. 吕新雨:《近代以来中国的土地问题与城乡关系的再认识》,《开发时代》2012 年第 7 期。

3. 姜涛:《太平天国〈百姓条例〉考》,《盐城师专学报》1984 年第 1 期,中国人民大学复印报刊资料《中国近代史》1984 年第 5 期。

4. 李积新:《江苏盐垦事业概况》,《东方杂志》21 卷 11 号,1924 年 6 月。

5. 林金枝:《近代华侨投资国内企业的几个问题》,《近代史研究》1980 年第 2 期。

6.《孙中山的学医行医历程》,《中山日报》2002 年 5 月 19 日。

7. 影文:《孙中山首创农学会》,《汕头特区晚报》2011 年 7 月 22 日。

8.《历史上的今天——孙中山返广州重组军政府》,《海外网·文史·历史上的今天·正文》2013 年 11 月 28 日。

9.《南方建立正式政府推孙中山为非常大总统》,《海外网·文史·历史上的今天》2013 年 4 月 7 日。

10. 孙家红:《再回首已百年身——孙中山"平均地权"思想探析》,《社会科学论坛》,2013 年第 1 期。

11. 张晓辉:《孙中山与广东革命根据地的建设》,《广州日报》2011 年 10 月 25 日。

12. 陈霞、张松:《单威廉的土地政策评述》,《德国研究》2009 年第 3 期。

13. 王桂云:《曾被孙中山先生聘用的德人单威廉》,《辛亥革命网·辛亥写真·人物·曾被孙中山先生聘用的德人单威廉》2011 年 11 月 3 日。

14. 虞和平:《民国时期的资源勘查和开发》,《近代史研究》1998 年第 3 期。

15. 曹明:《南京国民政府初期〈土地法〉研究(1928—1936 年)》,东北师范大学中国近现代史专业 2004 届硕士研究生学位论文,编号 20041101。

16. 王萍:《北洋政府时期的农业政策》,山东大学中国近现代史专业 2005 届硕士研究生学位论文,编号 20050510。

17. 王婷婷:《北洋政府时期的土地政策探析》,《大观周刊》2012 年第 29 期。

18. 王丹:《试论北洋军阀政府的垦殖政策——以民国三年颁布的〈国有荒地承垦条例〉为例》,《兰台世界》2009 年 6 月上半月。

19. 杨俊海:《清末民初东北移民政策的法制化进程—基于招垦章程的分析》,《黑龙江史志》2008 年第 22 期。

20. 罗旭南、陈彦旭:《民国十九年土地法研究——以民生主义为视角》,《广东社会科学》2012 年第 5 期。

21. 左用章:《评国民党政府 1930 年颁布的〈土地法〉》,《教学与研究》1984 年第 4 期。

22. 成全:《国民党土地政策战时实施纲要研究》,《解放日报》1942 年 5 月 27 日。

23. 万国鼎:《扶植自耕农概论》,《地政月刊》1937 年第 5 卷第 2、3 期合刊。

24. 石攀峰:《从"扶植自耕农"看民国时期土地政策之实施》,《求索》2012 年第 11 期。

25. 万国鼎:《农地改革法案要旨说明》,《土地改革》第 1 卷第 8、9 期合刊。

26. 杜敬:《土地改革中没收和分配土地问题》,《中国社会科学》1982 年第 1 期。

27. 曲丰霞:《毛泽东土地改革理论和政策研究综述》,《毛泽东思想研究》第 20 卷第 6 期。

28. 何东、清庆瑞、黄文真:《中国新民主主义革命中的土地所有权问题》,《教学与研究》1982 年第 6 期。

29. 林筱璟、张敏:《抗日战争时期中国共产党的土地政策》,《海南师范大学学报》(社会科学版)2011 年第 5 期。

30. 彭厚文:《论解放战争初期中国共产党有偿赎买地主土地的政策》,《信阳师范学院学报》(哲学社会科学版)第 30 卷第 3 期,2010 年 5 月。

后　记

　　土地是万物之本，万物之根，万物之源，万物之母。土地问题对于任何时期的任何政府和人民来说都十分重要。在封建时代，对于普通民众和大多数人来讲，土地是最重要的生产资料和家庭财富。

　　土地的这种属性必然造成土地利用的极不合理和社会贫富的严重不均两极分化等社会问题，这就决定了政府必须对土地进行严格的管理，也昭示了土地管理问题的严肃性、急迫性和艰巨性。社会动荡不安的年代这些问题其实更加突出，但此时由于政府行政能力的减弱、权力实施的"不畅通"以及政府关注的重点的不同等原因，对这一问题更是有"力不从心"之感。但是，一旦当政局稳定下来后，作为执政者，对土地问题就会不可避免地也理所当然地要如实面对并采取积极有效措施进行科学规范管理，不管其代表什么阶级的利益，也不管其真实的意图究竟是什么，更不管其是否真正想贯彻实施这些法律法规，也不管其是否考虑实施的可行性和有效性。征诸往事，莫不如此。

　　沉舟侧畔千帆过，病树前头万木春。水能载舟，亦能覆舟。土地问题也是水。历史一再表明，土地问题是关系到民族富强人民幸福、关系到经济社会健康前行、关系到国家稳固科学发展、关系到政权稳定人心向背的大问题，应该引起足够的重视。前事不忘后事之师，我们万万不可疏忽大意！

　　这本书称为研究有点惭愧。考虑到中国近代社会如果正常发展，资产阶级将是政治舞台上的主角；而中国共产党的成功确与继承发展了孙中山平均地权思想并实现了耕者有其田密切相关,所以对资产阶级革命党人的平均地权理论作了比较深入的探究,此外有一些则比较肤浅,有些甚至是史料的照录存史……

成书过程中吾师金德群先生细心指教,受益良多;中国人民大学出版社孟超、责任编辑赵圣涛博士提出了许多宝贵的建议,对付梓鼎力相助;我部主任丛松日教授亦给予了大力支持;撰写中参阅了大量的文献资料和研究成果。在此向他们一一致谢!

囿于学识水平,定有不当不周之处,敬请诸君赐教。

张　锋
甲午冬·青岛

责任编辑:赵圣涛
封面设计:肖　辉
责任校对:史　伟

图书在版编目(CIP)数据

中国近代土地问题研究/张锋 著. -北京:人民出版社,2015.6
ISBN 978 - 7 - 01 - 014829 - 8

Ⅰ.①中…　Ⅱ.①张…　Ⅲ.①土地问题-研究-中国-近代　Ⅳ.①F321.1

中国版本图书馆 CIP 数据核字(2015)第 095755 号

中国近代土地问题研究
ZHONGGUO JINDAI TUDI WENTI YANJIU

张　锋　著

人 民 出 版 社 出版发行
(100706　北京市东城区隆福寺街99号)

涿州市星河印刷有限公司印刷　新华书店经销

2015 年 6 月第 1 版　2015 年 6 月北京第 1 次印刷
开本:710 毫米×1000 毫米 1/16　印张:21
字数:265 千字　印数:0,001-3,000 册

ISBN 978 - 7 - 01 - 014829 - 8　定价:60.00 元

邮购地址 100706　北京市东城区隆福寺街 99 号
人民东方图书销售中心　电话 (010)65250042　65289539